AF589883

Chauvigny
Vouneuil-sur-Vienne
Saint-Julien-l'Ars
Sanxay
Lusignan
Chateau-Guillaume-en-Poitou

CHAUVIGNY

DE POITOU [1]

1° *Vue générale de la Ville haute de Chauvigny prise à l'Est, montée de Bellevue, route de S. Savin.*

2° *Eglise Saint-Pierre, Vue intérieure de l'église, chœur.*

3° *Eglise Notre-Dame, autrefois Saint-Just. Vue du chevet de l'église.*

4° *Vue des ruines du château baronnial, côté Nord-Ouest.*

5° *Eglise Saint-Pierre, chevet. Vue prise de la Cour d'entrée de la maison de M. Ch. Tranchant (La Chantellerie).*

6° *Vue générale de Chauvigny, prise à l'Ouest, sur la route de Poitiers.*

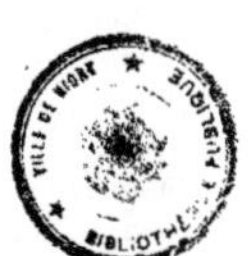

INDICATIONS PRÉLIMINAIRES

Le nom de « Chauvigny » ou de « Chauvigné », forme ancienne du même mot (en latin *Calviniacum)*, est commun à un certain nombre de localités de France. La petite ville dont nous avons à parler et qui appartient au département de la Vienne, était distinguée, sous l'ancien Régime, par l'addition du nom de la province. On dit encore maintenant, quand on veut spécialiser, *Chauvigny de Poitou ;* on dit aussi *Chauvigny sur Vienne.*

La ville de Chauvigny est située à 22 kilomètres Est de Poitiers et à 24 kilomètres N.-O. de Montmorillon, à l'endroit où la route nationale n° 151 de Poitiers à Avallon se croise avec la Vienne. Le territoire de la commune se développe sur un fond de calcaire jurassique, appartenant à la moyenne oolithe ; sa portion rurale est très restreinte et sa superficie totale est seulement de 532 hectares ; il s'étend sur les deux rives de la Vienne,

(1) Les détails qui suivent sont empruntés à un travail étendu que M. Tranchant a depuis longtemps entrepris au sujet de Chauvigny et dont les premières données sont résumées dans sa « Notice sommaire sur Chauvigny et ses monuments ». Les passages qu'on verra marqués de guillemets simples, dans notre texte, sont des citations de cette Notice.

mais les constructions sont presqu'exclusivement situées sur la rive droite. La ville se divise en deux portions bien distinctes malgré le lien de quelques constructions intermédiaires, — la *Ville haute* bâtie à l'extrémité des collines qui suivent en aval la rive droite de la Vienne, — la *Ville basse* située au-dessous, au Sud, en tête d'une grande plaine longeant la rivière en amont. La portion du territoire qui se trouve sur la rive droite est traversée par deux branches du ruisseau de la « Fontaine Talbat » : la source qui porte ce nom jaillit dans une charmante vallée qui s'étend à l'Est de la ville, à peu de distance des bâtiments de l'ancien fief de la Talbatière. Au fond de la vallée de la Fontaine Talbat, sur la gauche, débouche, au travers des terrains de l'ancien fief des Groges, la vallée du Pontereau qui a tout l'aspect d'un ancien lit de rivière et par laquelle arrive quelquefois, à des moments de grandes pluies, un torrent dévastateur, le Pontereau, qui a son origine du côté de Leignes; enfin, au S.-E. de Chauvigny, se dessine la vallée, dite « des Goths ».

D'après le recensement de 1876, le dernier publié, la population de la commune était de 2,122 habitants dont 1911 pour la population agglomérée; les indications non encore officielles du récent recensement indiquent une notable augmentation. Le principal commerce de la ville est celui des pierres. La pierre de Chauvigny est célèbre; très blanche et d'un grain très fin, elle est extrêmement recherchée pour les constructions. On l'extrait sur les deux rives, mais c'est sur la rive gauche qu'on a trouvé les meilleures pierres et que les exploitations se sont le plus développées; les pierres des carrières du Breuil ont une renommée particulière. Le pays a aussi des sablières; on y trouve des fours à chaux et à tuiles, une tannerie. La fabrication des chaussures occupe beaucoup d'ouvriers dans la ville. Le ruisseau de la Fontaine Talbat fait mouvoir des moulins à blé dont l'origine est fort ancienne. La culture de la vigne a pris une certaine extension dans les campagnes avoisinantes. Il se tient dans la ville basse un marché le samedi et une foire le 2e samedi de chaque mois.

Chauvigny est relié à Poitiers, d'une part, et au Berry de l'autre, par la route nationale n° 151, — à Châtellerault et à Montmorillon par la route départementale n° 4 de Châtellerault à Bellac; on rayonne, en outre, autour de la petite cité, dans des directions très variées, par des voies secondaires, les chemins vicinaux de grande communication n° 17 de Chauvigny à Tournon, n° 33 de Chauvigny à Lussac-les-Châteaux, n° 51 de Chauvigny à Gençay, les chemins d'intérêt commun n° 36 de Chenevelles à Chauvigny, n° 40 de Mirebeau à Chauvigny, n° 80 de Chauvigny à la Trimouille, n° 94 de Chauvigny à Lhommaizé, etc. La route nationale traverse la Vienne à Chauvigny sur un pont en pierres et à cinq arches construit en 1868 en remplacement d'un pont suspendu fort élégant mais insuffisant qui avait été établi en 1833.

Un chemin de fer d'intérêt général qui doit relier Poitiers au Blanc, passera sur le territoire de Chauvigny où il aura une station. Ce chemin de fer, qui est en voie de construction, sera prochainement achevé jusqu'à Chauvigny, il traversera la Vienne sur un pont qu'on élève un peu en amont de la ville.

Chauvigny, qui était avant la Révolution le siège d'une subdélégation de l'Intendance de Poitiers, est maintenant le chef-lieu d'un des cantons de l'arrondissement de Montmorillon, canton composé de onze communes. L'une des deux églises paroissiales de la ville, celle de Saint-Pierre, est le siège d'un doyenné comprenant douze paroisses : sous l'ancien Régime, Saint-Pierre était le siège du 24e archiprêtré du diocèse.

Le canton de Chauvigny compte environ 9,000 habitants, et a une étendue de 21,213 hectares. — D'après un relevé fait il y a quelques années et qui a pu se modifier depuis, on évaluait les terres labourables à 14,735 hectares, dont 9,970 affectés à la culture des céréales. On comptait 1,040 hectares de prés, 1,630 hectares de vignes, 160 hectares de jardins, 2,410 hectares de bois et 810 hectares de brandes. Les bois appartiennent surtout à la forêt de Mareuil ou de Chauvigny située à l'Est de Chauvigny, les brandes se trouvent particulièrement dans le voisinage de cette forêt ou dans la direction de Leignes.

———

HISTORIQUE DE LA VILLE

Les origines de Chauvigny sont extrêmement anciennes. Il y a eu, sur ce point, dès l'époque la plus reculée, un centre d'habitation. La caverne de Jioux placée dans les environs immédiats de la ville, sur le territoire actuel de la commune de Saint-Pierre-les-Eglises, est l'un des types les plus caractérisés des habitations primitives de la Gaule ; elle est creusée dans le rocher, sur la droite de la vallée des Goths. En avant, se dressent cinq blocs énormes qui laissent seulement une entrée assez étroite. On y a trouvé des débris dont quelques-uns remontent à la plus haute antiquité, des ossements, des silex, et des os taillés, des poteries.

Quand vint la civilisation, une agglomération d'une certaine importance se forma dans la plaine située au sud de Chauvigny, le long de la rivière et faisant maintenant partie du territoire de Saint-Pierre-les-Eglises. Des colonnes milliaires, des monnaies, des cercueils en pierre sont restés comme souvenirs de l'époque Gallo-Romaine et l'église du pays paraît renfermer, dans sa construction, quelques vestiges de cette époque : d'après une vieille tradition rappelée par une chronique locale, elle s'élèverait sur les débris d'un Temple romain consacré aux Dieux protecteurs de la navigation de la Vienne. La voie romaine tendant de Poitiers à Bourges par Argenton, traversait le pays dans ces parages. Les inscriptions des bornes milliaires retrouvées se rapportent aux règnes des empereurs Antonin le Pieux, Alexandre Sévère, Commode, peut-être à celui de Septime Sévère. La plus étendue est celle d'une borne du temps de l'empereur Antonin et qui est placée maintenant au musée de la *Société des Antiquaires de l'Ouest;* elle porte (nous indiquons la succession des lignes par des tirets) : IMP. CÆS. DIV.... — ANI FIL. DIVI T. — PARTHIC. NEPO.. — NERVÆ. PRON.... — HADRIAN. ANT... — AUG. PIUS P. M. T. — ... III... — ... FIN... — XI.. texte qu'on peut restituer comme suit : « Imperator Cœsar, divi Hadriani filius, divi Trajani parthici nepos, Nervœ pronepos, Titus Aurelius Hadrianus Antoninus Augustus, pius pontifex maximus, tribunitia potestate III, Consul III, Finibus XI ».

Au temps des invasions et de l'occupation des Barbares, la population, comme dans beaucoup d'autres localités, tendit à quitter, peu à peu, la plaine pour gagner les hauteurs où il était plus facile de se protéger. C'est là l'origine de la ville haute de Chauvigny noyau de la cité actuelle.

A l'époque où germait la féodalité, le pays paraît avoir eu à sa tête une famille qui en porta le nom et qui, établie dans diverses localités circonvoisines, a eu une grande célébrité dans le Berry où on la voit de 1189 à 1502, investie de l'importante seigneurie de Châteauroux (1), mais c'est seulement par voie indirecte qu'on arrive à retrouver dans Chauvigny sur Vienne le berceau de la famille de Chauvigny-Châteauroux. Les premiers seigneurs de Chauvigny dont on ait gardé la trace positive sont les évêques de Poitiers ; on les voit en possession au commencement du XIe siècle en la personne de l'évêque Isembert Ier et ils conservèrent la seigneurie jusqu'à la Révolution. On a de fortes raisons de croire qu'Isembert appartenait à la famille de Chauvigny et que la terre passa, par voie de donation, de ses mains ou de celles de son neveu et successeur Isembert II, à l'évêché de Poitiers. D'Isembert Ier au dernier des évêques seigneurs de Chauvigny, Mgr de Sainte-Aulaire, on compte 59 titulaires de la seigneurie parmi lesquels un prince du sang royal de France, Louis Ier d'Orléans, et six cardinaux Guy de Malsec, Simon de Cramaud, Jean VII de la Trémouille, Gabriel de Grammont, Claude de Longuy de Givry et Antoine Barberini. La seigneurie de Chauvigny était qualifiée de baronnie depuis les XIVe et XVe siècles.

(1) A partir d'André Ier de Chauvigny qui commença la seconde maison de Châteauroux et dont les exploits en Terre Sainte ont été popularisés par les récits légendaires du frère Jean de la Gogue, prieur de l'abbaye de S. Gildas de Châteauroux.

Il faut descendre jusqu'à une époque assez avancée du Moyen âge pour trouver le nom de la ville de Chauvigny mêlé d'une manière un peu apparente aux récits de l'histoire du pays. Au temps de la guerre de cent ans la situation de la ville devait forcément lui donner sa part des événements dont le Poitou fut le théâtre. Les 15 et 16 septembre 1356, le roi Jean s'y arrêta, en venant de Touraine pour aller livrer au prince de Galles la funeste bataille de Maupertuis ; le duc de Normandie y revint avec les débris de l'armée après le désastre. En 1369, le sénéchal du Poitou pour les Anglais, Jacques d'Audelée et Guichard d'Angle, maréchal de Guyenne, attaquèrent et brûlèrent Chauvigny, en allant faire le siège de Brosse. En 1372 dans la campagne de Poitou contre les Anglais, le duc Jean de Berry et le connétable du Guesclin assiégèrent les châteaux qui dominaient la ville. Les guerres intérieures qui déchirèrent la France au XVIe et au XVIIe siècles n'épargnèrent pas non plus Chauvigny. En 1562, le maréchal de S. André y fit prisonnière, après une vive défense, la petite garnison qu'y avaient mise les Protestants et fit pendre les soldats qui la composaient. En 1569, les Réformés conduits par l'amiral de Coligny reprirent la ville et la saccagèrent. En 1590, Louis Chasteigner, seigneur d'Abain, avec son fils le baron de Malval, occupait Chauvigny pour le roi ; ils y furent attaqués par le baron de la Guierche, gouverneur du Poitou pour la Ligue, et d'Abain fut fait prisonnier. En 1652, la ville fut occupée, au nom des Princes, par le Marquis Charles de la Roche-Posay et reprise, peu après, par le duc de Roannez, gouverneur du Poitou.

Pendant l'année qui précéda l'occupation par le Marquis de la Roche-Posay, Louis XIV encore presque enfant traversa la ville, lors d'un voyage de la cour dans le Berry, il y passa la nuit du 30 au 31 octobre dans une maison ancienne encore conservée et qui est un des spécimens les plus intéressants de l'architecture du Moyen âge à Chauvigny (1).

Les derniers incidents à signaler dans l'époque antérieure à la Révolution en ce qui concerne Chauvigny se rapportent aux souvenirs de la Réforme protestante. Le culte réformé s'était établi dans la baronnie vers 1562. Bien que l'Edit de Nantes indiquât, dans l'un de ses articles secrets, Chauvigny comme l'un des lieux assignés aux Réformés, ils y rencontrèrent presque toujours de grandes difficultés et, en 1642, un arrêt du Conseil du Roi finit par leur interdire d'y continuer l'exercice de leur religion ; ils résistèrent longtemps et même, à certain moment, par la force, mais enfin, après de longues procédures, un nouvel arrêt du Conseil, en date du 6 août 1665, réitéra l'interdiction et ordonna la démolition du Temple.

(1) D'après une vague tradition ce serait aussi dans cette maison qu'aurait logé le roi Jean lors de son passage à Chauvigny.

MONUMENTS DE CHAUVIGNY

La ville de Chauvigny était autrefois pourvue d'une double enceinte — enceinte très restreinte de la ville haute, — enceinte couvrant les faubourgs de la ville haute et la basse ville ; on retrouve des fragments des deux enceintes. Des portes, dont quelques-unes existent encore en partie, donnaient issue au dehors : pour l'enceinte intérieure, les portes de l'Orfraye, des Piliers, des Rampes et la porte de Gouzon ou le Porteau ; — pour l'enceinte extérieure, la porte Copin, la porte des Barrières, la porte de Châtellerault, la porte Chevreau, la porte Brunet. Un pont fort ancien détruit, dès avant la Révolution, et remplacé, pendant une certaine période, par un bac, continuait sur la Vienne le chemin reliant le Berry à Poitiers (1). — La ville renfermait un nombre relativement considérable de monuments civils et religieux qui subsistent encore presque tous, mais très inégalement conservés : — cinq châteaux, le château baronnial de Chauvigny ou château des Evêques, le château d'Harcourt, le château de Montléon, le château de Gouzon, la Tour de Flins ; — les églises de S. Pierre, de S. Martial, de N. D. de Grâce, de S. Léger, de S. Just actuellement Notre-Dame, — le Temple des Réformés, — l'Audience, — l'Hospice, — la Maladrerie, — les Maisons des Templiers, — le Couvent des Dames franciscaines, monuments auxquels il faut ajouter diverses maisons particulières dans lesquels se retrouvent des détails dignes d'être relevés. Dans la PLANCHE n° 1, on distingue une partie de ces édifices couronnant la ville haute et se développant au-dessus tant de la route de la Puye que la vallée de la Fontaine Talbat. Sur le premier plan se détachent, à gauche, le château baronnial, plus vers la droite le château d'Harcourt, à l'extrémité la Tour de Flins ; en arrière on aperçoit l'église S. Pierre et, sur sa droite, le château de Gouzon.

On ne peut guère citer comme monuments modernes que la mairie et la halle édifiés en basse ville sous le Gouvernement de la Restauration, le pont actuel de la Vienne construit sous le second Empire.

CHATEAUX

Château baronnial. — Le château baronnial de Chauvigny est construit sur la croupe des collines qui portent la ville haute. Il se compose de deux parties, — une partie dominante formée par un beau donjon en ruine pourvu, en arrière, d'une petite enceinte spéciale avec fossé (2), — au Sud, une partie basse environnée, elle aussi, de remparts et où s'élevait une résidence plus moderne dont il ne reste plus guère qu'un hardi pan de mur très admiré des connaisseurs.

Le donjon paraît remonter, au moins comme origine (car il a été remanié), aux Isembert ; c'est un édifice tout militaire en forme de carré long, de seize mètres sur près de dix-neuf, appuyé à l'extérieur par des contreforts et flanqué de tours à ses angles N. O. et S. O. L'angle S. E. s'est écroulé à la fin du siècle dernier ; l'angle N. E n'a pas de tour, mais un massif supportant une plate-forme. Hormis la partie S. E. et quelques détails, l'édifice s'est conservé jusqu'à une grande hauteur, mais il est évidé. On y entre, au N., par une porte basse et étroite, en plein cintre, dépouillée de ses parements ; elle donne accès dans l'étage inférieur où se trouvait autrefois la salle d'armes prenant jour seulement par d'étroites meurtrières : on gagnait de là, intérieurement, l'étage placé au-dessus et qui servait pour le logement des châtelains. Cet étage était éclairé

(1) Ce chemin n'arrivait pas à Chauvigny exactement au même endroit que la route actuelle, mais un peu plus bas et il revenait, par un coude, rejoindre le pont qui était encore un peu au-dessous de la route et du pont maintenant existant. On trouve mention de l'ancien pont dès le XIe siècle ; on avait eu plus d'une fois à le reprendre : il en reste encore quelques débris.

(2) A certaine époque, on a fait usage de ce fossé pour un jeu de paume et il en a conservé le nom.

par des baies très amples ; les parements, en sont, en général, arrachés, mais l'une d'elles, ouverte dans la muraille orientale, est à peu près complètement conservée ; elle a un cintre unique à l'intérieur et un double cintre à l'extérieur, le meneau destiné à soutenir les cintres extérieurs manque.

Une citerne comblée et dont la voûte est entamée se voit au pied du donjon, à l'Ouest.

Les murs du donjon et de son enceinte sont formés de massifs en maçonnerie faits avec un mortier extrêmement résistant et revêtus à l'intérieur, comme à l'extérieur, de pierres d'appareil dont les dimensions ne sont pas les mêmes dans toutes les parties. La construction des contreforts du donjon est particulièrement soignée ; l'on peut citer surtout ceux qui forment son angle N. E. L'enceinte est détruite du côté Ouest.

Le bâtiment de la partie basse datait de l'épiscopat (1394 environ - 1405), d'Ithier de Martreuil dont les ruines portent les armes : c'était un parallélogramme allongé unissant, du côté Ouest, le rempart de l'enceinte inférieure à l'enceinte supérieure. Le pan de mur conservé et qui formait la muraille Sud du bâtiment, est d'une très belle construction ; sa face extérieure est revêtue de pierres d'appareil taillées et posées avec une netteté des plus remarquables : il repose sur un glacis construit lui-même en belles pierres d'appareil, mais fort dégradé. Vers le sommet apparaît un machicoulis encore presqu'intact. A la partie interne du pan de mur, on voit des conduits de cheminée et un de ces conduits qui, dans les châteaux du Moyen âge, permettaient de communiquer avec le dehors, d'y envoyer où d'en recevoir des objets, même assez volumineux, sans avoir à lever les herses ou à baisser les ponts levis (1). A une assez grande hauteur, on aperçoit les traces très apparentes de la chapelle du château, l'amorce de trois voûtes ogivales, un petit oratoire latéral, le montant d'une fenêtre qui devait éclairer le fond du sanctuaire, le déversoir des ablutions. Au pied du bâtiment, à l'Est, commence un escalier à vis assez large qui conduisait dans son intérieur. Cet escalier dont la cage faisait saillie sur l'esplanade avait son entrée par une porte réduite maintenant au bas de l'un des montants. Tout à côté débouchait le passage étroit qui, de l'extérieur du château, donnait accès dans l'enceinte inférieure. L'entrée en était fermée par un pont levis ; une petite porte existait à côté pour les communications habituelles. Sur la façade étaient placées les statues des patrons de la ville, S. Pierre, S. Martial, S. Léger, S. Just, et aussi la statue de la Vierge.

L'esplanade formée par l'enceinte inférieure et qui est assez étendue se développe au Sud et à l'Est du donjon ; la différence entre les deux niveaux est d'environ sept mètres cinquante centimètres à huit mètres. On a égalisé le sol de l'esplanade par des remblais provenant des décombres du château, l'aspect était loin autrefois d'être aussi uniforme. Dans la partie qui fait saillie au Sud on aperçoit la cage d'un escalier circulaire qui conduisait à une cour basse ; un peu sur la gauche, dans ce qui reste du rempart Est, on distingue la base d'une tour qui recouvrait un puits. Sous la partie de l'esplanade qui se trouve de ce côté existe un souterrain taillé dans le rocher et qui paraît avoir abouti à la cour basse mentionnée ci-dessus. Le rempart, partout plus ou moins dérasé est extrêmement ruiné du côté Est où il aura été emporté par l'écroulement partiel du donjon. On voit encore, sur certains points, à la base des murailles, du côté du Sud, des fragments de glacis. A l'extrémité septentrionale du rempart Est existe une porte qui donnait un accès secondaire au château par quelque sentier rapide sur un terrain que des extractions de pierres ont rendu maintenant tout à fait abrupte ; il paraît avoir existé un accès un peu analogue par une poterne, au Sud.

Le château baronnial dont la ruine avait commencé sous l'ancien régime par suite de l'abandon ou avaient fini par le laisser les évêques de Poitiers, fût vendu comme bien national, le 7 janvier 1793, et devint, en grand, ce que son dernier seigneur, Mgr de Saint-Aulaire, avait commencé à le faire, une mine de matériaux. En 1843, le Gouvernement, sur la demande de la Société des Antiquaires de l'Ouest, le racheta pour assurer la conservation de ses débris et il en confia la garde à la Société. Quelques réparations de détail y ont été faites, ces dernières années, par les soins du Service des Monuments historiques, notamment à l'un des

(1) Le conduit de communication a son ouverture extérieure au haut du glacis sur lequel repose le mur.

contreforts de l'angle N. E. du donjon, au contrefort de son angle S. E. et au rempart Sud de l'enceinte inférieure.

La Planche n° 4 représente le château vu du côté du N. N. O. : on y distingue l'esplanade inférieure, les débris du logis d'Ithier de Martreuil, le donjon avec le mur et la brèche de son enceinte. Sur la Planche n° 1 qui donne le côté Est, on revoit les deux édifices avec la porte Est de l'enceinte inférieure, le massif de l'angle N. E. du donjon montrant la trace de sa réparation et l'ancienne fenêtre conservée de la muraille Est; la Planche n° 6, donne une vue lointaine du château prise du côté Ouest.

Château d'Harcourt. — Le château d'Harcourt est situé au N. du château baronnial et son enceinte est contiguë aux terrains qui en dépendent. Le fief appartenait de très ancienne date, aux vicomtes de Châtellerault. La Vicomté fût longtemps aux mains de la famille d'origine, la famille de Châtellerault; des mariages la mirent momentanément en la possession de la famille de Surgères, de la célèbre famille de Lusignan, puis définitivement aux mains de la grande famille normande d'Harcourt. Jean II d'Harcourt, baron d'Harcourt et de Nehou, en devint le titulaire à peu près vers l'année 1276, du chef de sa seconde femme Jeanne de Châtellerault. Le château siège du fief des vicomtes de Chatellerault à Chauvigny existait déjà à cette époque, depuis peu de temps, sans doute ; Jean II lui donna le nom d'Harcourt, pendant un séjour à Chauvigny. — Les descendants de Jean II et de Jeanne de Châtellerault conservèrent longtemps le fief. Durant quelques années, au xiv° siècle, il passa à un membre de la famille de Chauvigny-Châteauroux, André vicomte de Brosse qui avait épousé Alice, sœur de Jean IV d'Harcourt, mais André de Chauvigny fut tué à la bataille de Maupertuis ou dans un combat qui précéda de quelques heures la bataille et, comme il n'y avait pas d'enfant, le fief retourna aux Harcourt. L'arrière petit-fils de Jean IV, Jean VII, après l'avoir donné puis retiré à son fils naturel Loyset, le vendit, le 27 Mars 1447, à Charles Ier d'Anjou, comte du Maine qui lui-même l'échangea, peu après, avec l'évêque de Poitiers dont il relevait. — A partir de l'échange de 1447, la chatellenie d'Harcourt demeura unie à la baronnie de Chauvigny sous l'autorité directe des évêques.

Le château d'Harcourt qui, par sa construction, paraît remonter au xiii° siècle, se compose de deux corps de bâtiments juxtaposés, dont un seul, le corps méridional, est à peu près complètement conservé. Les remparts formant l'enceinte extérieure sont appuyés au dehors par des contreforts formés de tours pleines. Une grande porte d'entrée ogivale s'ouvre sur la rue du Château et on voit, en avant, les rainures de la herse qui la fermait.

Le corps de logis méridional est un quadrilatère de neuf mètres de large sur dix mètres de profondeur avec de fortes murailles, des galeries de guet dans le haut et des pignons élevés que surmontent de gros fleurons récemment restaurés : la toiture primitive a été un peu baissée. Au rez-de-chaussée est l'ancienne prison seigneuriale de la baronnie, pièce voûtée en plein cintre et éclairée au fond, par une étroite ouverture. A l'extrémité du mur de droite s'ouvre un conduit de communication analogue, en petite proportion, à celui dont nous avons signalé l'existence au château baronnial. Un plancher de bois sépare la pièce d'un caveau de même étendue, profond d'environ 2 mètres 50 c., coupé en deux par un mur et dans lequel on arrive par deux trappes. Un escalier extérieur, qui conduisait autrefois au premier étage, a été détruit il y a une soixantaine d'années ; on accède maintenant par un escalier moderne en bois établi dans l'ancien logis septentrional et aboutissant par une petite baie à cintre surbaissé. La salle qui occupe l'ensemble de l'étage était la grande salle du château ; elle est divisée en trois parties par des séparations modernes ; la voûte qui était en ogive est détruite ; l'ancienne cheminée existe encore. La pièce s'éclairait du côté de la vallée de la Fontaine Talbat, par deux fenêtres à double cintre extérieur dont les meneaux ont été brisés. On monte au-dessus par un escalier en pierre à vis, mais le haut du château fut partiellement détruit par l'artillerie dans une attaque du xvi° ou du xvii° siècle : la réparation fut faite alors très sommairement et la pièce du deuxième étage n'est plus qu'un grenier informe que surmontent les combles. C'est dans l'attaque dont nous venons de rappeler le souvenir que la voûte du premier étage a été emportée ; le plancher en bois par lequel on la remplaça a été baissé, sur une partie de sa surface, quand on a fait les séparations de la grande salle. La brèche du château s'aperçoit encore très bien à l'extérieur de la muraille Sud, cette muraille n'ayant été refaite, dans l'endroit détruit, que sur une portion de l'épaisseur. Le bâtiment méridional a, du côté du préau intérieur, du sol au commencement du toit, une hauteur d'environ quatorze mètres et, en arrière, du côté de la vallée, une hauteur d'un peu plus de vingt et un mètres.

Le corps de logis septentrional est ruiné de longue date ; on y a établi, en refaisant le mur Ouest et l'intérieur, l'habitation du gardien. Dans la partie supérieure du bâtiment, on a retrouvé dernièrement d'intéressantes peintures d'ornementation. Ces peintures ont été relevées et la reproduction en a été présentée à la Société des Antiquaires de l'Ouest en 1880. La chapelle du château se trouvait, d'après la tradition, dans le bâtiment septentrional.

Le pavillon dans lequel s'ouvre la porte d'entrée renferme une petite salle située au-dessus de la porte et à laquelle on monte par un escalier intérieur en pierre ; de cette salle on gagnait le chemin de ronde du rempart. Plus bas sur le côté Nord du pavillon, se trouve un petit poste de guet. Le pavillon qui a été dérasé n'a plus sa hauteur ancienne. — Dans les remparts, on voit très distinctement la trace des anciennes meurtrières maintenant bouchées. Le rempart Sud a été renversé lors des attaques dont il a été parlé plus haut et remplacé par un simple mur de clôture.

Dans la partie Sud du préau intérieur, se trouvait, autrefois, un puits ou une citerne : la citerne qui existe actuellement dans la partie Nord est moderne. Les cuisines du château se trouvaient, d'après la tradition, dans l'angle N. O. le long du rempart.

Devenu propriété nationale, comme le château de la Baronnie, pendant la Révolution, le château d'Harcourt est resté dans le domaine de l'Etat qui en a confié la conservation à la Société des Antiquaires de l'Ouest. Pendant d'assez longues années, le département avait été autorisé à y établir un dépôt de sûreté. On a commencé à y former un petit musée local dans lequel on a réuni divers débris rassemblés tant dans le château qu'en dehors. — Sur la PLANCHE n° 1, on distingue bien le pignon Est du corps de logis méridional du château d'Harcourt ainsi que les restes de l'autre corps de logis et portion des remparts avec le mur de clôture qui a remplacé le rempart Sud.

Les armes de la famille d'Harcourt sont de gueules à deux fasces d'or.

Château de Montléon. — Le château de Montléon est situé à peu de distance du château d'Harcourt, dans la direction du N. N. O. et au Sud de l'église S. Pierre qu'il longe. Dénommé d'abord « Tour Oger », il paraît avoir appartenu primitivement à la famille des Ogers, *Otgerii,* souvent mentionnée dans les vieux titres de la contrée. Il doit son nom actuel à la famille poitevine de Montléon issue, suivant toute vraisemblance, des Preuilly par les mâles et des anciens seigneurs de Montléon de Touraine par les femmes. Amenés en Poitou probablement par un mariage dans la famille de Montmorillon, les Montléon y eûrent outre le fief de la Tour Oger à Chauvigny, l'importante seigneurie de Montmorillon, celle de Toufou, etc. Il ne faut point les confondre comme on l'a fait souvent, avec la famille toute différente des seigneurs de Mauléon-sur-l'Ouin (Châtillon-sur-Sèvre). Le premier des Montléon poitevins dont il y ait trace et qui vivait au XIIIe siècle semble bien être celui même des membres de la famille de Preuilly qui avait dû relever le nom des Montléon. Son fils Guy Ier est mentionné dans divers textes. Son petit fils vendit, en 1295, la châtellenie de Montléon de Chauvigny à Gauthier de Bruges, évêque de Poitiers. Le château paraît avoir été ruiné au commencement du XVe siècle par les Anglais et ses débris furent sans doute aliénés, dès cette époque, par les évêques, à des particuliers qui l'adaptèrent tant bien que mal à l'usage d'habitations ordinaires. On ne voit point ses ruines dans la PLANCHE n° 1, où elles se trouvent masquées par le château d'Harcourt. Dans la PLANCHE n° 6, elles ne se distinguent pas de la masse des constructions placées au Sud de l'église de S. Pierre.

Comme le château d'Harcourt, le château de Montléon était composé de deux corps de logis. On arrive aux ruines du plus ancien par la rue qui isole l'église au Sud. Le bâtiment formait un quadrilatère un peu irrégulier d'environ 11 mètres 50 centimètres sur 8 mètres et 8 mètres 70. De cet édifice, appelé dans les vieux documents « la Tour de Montléon » et qui est l'ancienne Tour Oger, il ne reste plus que les quatre murs dérasés à des hauteurs inégales. L'intérieur, coupé en deux, forme maintenant une double grange à laquelle on a fait, dès l'époque du Moyen âge mais après l'abandon du château, une entrée assez large desservant la portion la plus étendue. L'entrée primitive existe encore mais murée ; elle est en plein cintre et s'ouvrait, dans la muraille Est, du côté de la partie la moins spacieuse pour laquelle on a percé, après coup, une autre porte. Un gros contrefort en forme de tour semi-circulaire domine encore au Sud : d'autres contre-forts appuient l'édifice ; il devait prendre jour par de simples meurtrières. La construction originaire paraît remonter au XIIe siècle.

Le second corps de bâtiment était placé en arrière du premier vers le Sud. C'est aussi une grange ; ses dimensions sont un peu plus grandes. L'ancienne porte n'existe plus : l'entrée actuelle de la grange, simple coupée faite dans la muraille, en aura pris la place. A côté se trouve une meurtrière.

Les deux bâtiments sont reliés entr'eux par des murs. Un souterrain venant du Sud et actuellement comblé pénétrait dans le bâtiment du Nord après avoir traversé le sol de l'autre.

On trouve autour des deux bâtiments, vers le Nord et l'Ouest, des vestiges plus ou moins anciens, plus ou moins bien conservés, d'une enceinte munie, dans la partie ouest, de contre-forts semi-circulaires.

Les armes de la famille de Montléon étaient de gueules, au lion passant d'argent, onglé et lampassé de sable.

Château de Gouzon. — Le Château de Gouzon est situé au N. de l'église S. Pierre. Il avait sa grande façade et son entrée du côté opposé, sur la place de la ville haute. C'est un gros donjon connu dans le pays sous le seul nom de « Donjon ». Dans la PLANCHE n° 1, on l'aperçoit sur la droite de l'Eglise. Il devait son nom aux Gouzon du Bourbonnais qui s'établirent dans le pays, suivant toute probabilité, au XIIIe siècle, à un moment ou Guy II de Gouzon aurait eu le domaine par suite de son mariage avec Blanche de Beaumont, de la famille des Beaumont du Chatelleraudais. Le fief semble avoir été, antérieurement, partagé entre les Beaumont et les Montléon ou une famille dont les Montléon descendaient par les femmes : certains indices sont de nature à faire supposer qu'il provenait originairement de la famille de l'évêque Isembert Ier. Après environ quatre-vingts ans de possession par les Gouzon, Guy III de Gouzon échangea la chatellenie avec son suzerain l'évêque de Poitiers, Fort d'Aux, contre la terre de la Châtre située près Montmorillon. Les évêques de Poitiers gardèrent la seigneurie jusqu'à l'époque de la Révolution, mais le château était depuis longtemps ruiné ; ils l'avaient arrenté, en 1767, à un habitant de Chauvigny qui en resta propriétaire. — Le vieux donjon sert actuellement de magasin.

Le donjon de Gouzon a environ dix-neuf mètres de l'Est à l'Ouest, sur environ treize mètres du Nord au Sud. Il conserve toute sa hauteur ou à peu près. Les séparations des étages et l'ancienne couverture ont disparu. Le château n'avait jour que par des meurtrières très évasées à l'intérieur sous la forme ogivale ou rectangulaire, très étroites à l'extérieur. La porte se trouvait à l'endroit où l'on a établi celle du magasin. Les murailles sont appuyées par des contre-forts généralement rectangulaires à leur base, affectant, à la partie supérieure, la forme de tours rondes engagées. L'appareil est assez grossier, sauf aux contre-forts.

Sur la face Est du donjon, était appliquée une construction paraissant destinée plus particulièrement à l'habitation et dont il ne reste plus que les bases. Cette construction assez peu étendue était précédée, vers le N. E., de deux tours dont l'une subsiste encore jusqu'à une certaine hauteur et dont l'autre a été démolie il y a peu d'années.

En avant du château, du côté de la place, il y avait des fossés.

Les armes de la famille de Gouzon ne paraissent pas être connues, au moins avec quelque certitude.

Tour de Flins. — La Tour de Flins qu'on aperçoit sur l'extrémité droite de la PLANCHE n° 1, est un petit château du Moyen âge qui, à la différence des châteaux décrits ci-dessus, s'est continué à l'état d'habitation jusqu'à l'heure actuelle, mais pour devenir modestement une auberge. Elle s'élève à peu de distance, au N. E., du château de Gouzon, le long de la rue de la Porte Brunet par laquelle on accède, et en face de la vallée de la Fontaine Talbat. C'est un édifice quadrangulaire de sept mètres vingt-cinq centimètres dans le sens N. S. sur huit mètres cinquante centimètres dans le sens E. O. Les angles sont appuyés par des contre-forts. La construction est divisée en quatre étages formant chacun une seule pièce, étage inférieur, premier, deuxième et troisième étage, puis viennent, au-dessus, des combles. — On a accolé à la Tour, sur sa gauche, un bâtiment moderne, par lequel on a établi la communication du premier au deuxième étage, communication qui était autrefois intérieure.

L'étage inférieur de la Tour est enterré du côté de la rue de la Porte Brunet ; on y descend par un escalier longeant le bâtiment ; la porte primitive de cet étage, maintenant murée, s'ouvrait à l'Est : elle est en plein cintre. D'autres portes de même forme, également murées, paraissent avoir conduit à des souterrains. La pièce n'a jour que par des meurtrières. Les baies qui éclairent les étages supérieurs, agrandies après coup en fenêtres, ont aussi, sans aucun doute, été d'abord des meurtrières. La porte ouverte, du côté Ouest, au premier étage, lors de la modification des vues, existe encore. Les solives des planchers qui séparent intérieurement les étages sont restées apparentes. La salle du premier étage a une grande cheminée en pierre dont les armoiries ont été malheureusement martelées : une cheminée analogue qui existait au deuxième étage a été récemment détruite. Le troisième étage est un grenier. La toiture a une forme assez aigue : sa charpente est très bien conservée et d'un agencement élégant.

La Tour de Flins remonte évidemment, comme origine première, à peu près à la même époque que la Tour de Montléon. On l'a remaniée ultérieurement pour les besoins de l'habitation. Elle est beaucoup moins en relief, dans les annales de Chauvigny, que les autres châteaux. Elle paraît tirer son nom du fait qu'elle aurait été, à certaine époque, en la possession des maîtres d'une des seigneuries de Flins sur la Vienne.

EGLISES ET TEMPLE PROTESTANT

Eglise de S. Pierre. — L'église de S. Pierre qui domine la ville haute de Chauvigny apparaît dans la PLANCHE n° 1 sur la droite et en arrière du château d'Harcourt, dans la PLANCHE n° 6 sur la droite du donjon de Gouzon. Elle se compose d'un sanctuaire avec déambulatoire et chapelles autour, d'un transept surmonté, dans son milieu, d'un clocher, puis d'une nef avec bas côtés ; elle se développe sur une longueur d'environ quarante-cinq mètres avec une largeur d'un peu plus de treize mètres dans la nef et d'un peu plus de vingt mètres au transept.

On n'a pas d'indications précises sur la date de la construction de l'église ; le sanctuaire et les parties avoisinantes appartiennent à l'époque romane, la nef appartient à la première période de l'art gothique. L'édifice paraît avoir été commencé au XIe siècle et terminé au XIIe.

L'entrée de l'église est, suivant l'usage, à l'Orient ; il y a, de ce côté, un grand portail d'un aspect assez simple. Toute la richesse de l'ornementation est réservée pour le sanctuaire et son enveloppe extérieure. On a souvent, et avec raison, loué le dessin de l'abside et des trois chapelles qui s'en dégagent. « Rien n'égale » disait, dans un rapport officiel en date du 15 décembre 1840, M. de Chergé, inspecteur des monuments » historiques de la Vienne, rien n'égale la richesse et la variété des ornements qui décorent l'extérieur de

» l'abside et des chapelles : les chapiteaux sont sculptés avec un soin prodigieux et les admirables détails qui » ornent les archivoltes offrent aux regards étonnés cette variété de formes qui caractérise l'art roman » parvenu à son dernier degré de perfection ».

L'abside est, comme le reste de l'église, couverte en tuiles, mais la disposition terminale des murs a été concertée de façon à faite croire, quand on regarde du sol de la place, à l'existence de couvertures voûtées en pierres.

« Le clocher forme, dans le dessin extérieur de sa construction, un triple étage ou apparaissent et l'ogive surbaissée et le plein cintre : dans le haut, à la jonction des arcs en plein cintre qui terminent les deux baies de chacune des faces, sont sculptées en saillie, sur le mur, des têtes volumineuses : celle de la face Sud est une tête d'évêque avec la mitre basse, celle du Nord est à triple visage (sans doute le présent, le passé et l'avenir) ; celle de l'Ouest représente le diable cornu et grimaçant, celle de l'Est représente une tête d'homme sans caractère bien déterminé.

» L'escalier du clocher dont l'entrée a été reportée, en 1824, du déambulatoire dans le bras droit du transept, monte, à l'extérieur, dans une tourelle à clocheton en pierre d'un bel effet.

» Le sanctuaire dans tout son développement, a sept travées ; elles sont formées par de grosses colonnes dont les chapiteaux ornés de sculptures variées sont extrêmement curieux. Ces chapiteaux ont été décrits par un des maîtres de la science, M. de Caumont. On doit remarquer particulièrement les chapiteaux des deuxième et quatrième colonnes de droite.

» Sur le chapiteau de la deuxième colonne, on aperçoit, entr'autres figures : — celle de l'ange Gabriel avec les légendes GABRIEL ANGELUS et DIXIT GLORIAM IN EXCELSIS DEO ; — sous chacune des ailes éployées de l'archange, un berger, le bâton à la main, PASTOR BONUS, PASTORES ; — puis, — l'image symbolique de Babylone avec la légende BABILONIA MAGNA MERETRIX, — Babylone abandonnée, BABILONIA DESERTA, — l'archange Saint Michel, MICAEL ARCANGELUS, pesant les âmes en présence du diable « ECCE DIABOLUS » qui cherche à faire pencher la balance de son côté.

» Sur le quatrième chapiteau, on voit l'adoration des mages, l'Annonciation, le vieillard Siméon recevant Jésus et la tentation dans le désert. Sur l'une des faces on lit les mots : GOFRIDUS ME FECIT.

» Dans les niches formées par l'arcature aveugle qui règne au-dessus des arceaux du sanctuaire, se trouvaient autrefois les figures peintes des apôtres, autant qu'on peut le supposer par la découverte faite, il y quelques années, des figures de S. Pierre, S. Jean et S. André, sous le badigeon de trois de ces niches (1). »

Le maître autel acheté, il y a une douzaine d'années, est sorti des ateliers de Saint-Hilaire-de-Poitiers (ateliers de MM. Charron et Beausoleil). Le tabernacle placé dans l'église provient de l'église S. Léger.

Les trois chapelles absidiales s'ouvrent sur le déambulatoire. La chapelle du chevet dédiée à la Vierge est de plus grande dimension et particulièrement remarquable.

« La statue qui orne l'autel de la chapelle de la Vierge est en bois, elle se trouvait dans l'église sous l'ancien Régime. Pendant la période révolutionnaire, elle devint l'effigie de la déesse Raison : l'enfant Jésus en avait été, bien entendu, alors détaché : son buste seul a été conservé. »

Dans la chapelle de droite dédiée à S. Joseph, autrefois à Ste Anne, se trouvent des reliquaires dont l'un paraissant remonter au règne de Louis XIII ou au commencement du règne Louis de XIV renferme le chef de S. Martial de Limoges et a appartenu autrefois à l'église S. Martial.

« Sur les quatre piliers du transept il y a lieu de remarquer quatre culs de lampe d'une grande richesse de

(1) NOTICE SOMMAIRE citée à la page 1. Les passages guillemetés ci-après en sont aussi tirés.

sculpture ayant, à leur base, deux têtes d'hommes et deux têtes de femmes qui sont évidemment des portraits. Sur le pilier S. E., qui est à la droite du sanctuaire, sont sculptées les armes d'Hugues de Combarel qui fût .... évêque de Poitiers de 1424 à 1441. Sur le pilier N. E., il y avait aussi, faisant pendant, un écusson qui a été malheureusement brisé. »

« Le tableau placé sur le mur du pignon du transept gauche et qui représente S. Martial provient de l'église Saint-Martial ». Le tableau placé en pendant et qui représente S. Pierre est moderne.

« Le haut de la partie centrale de la nef est occupé par des stalles formant un second chœur et qui sont modernes. Autrefois cette portion de l'église était, en arrière des stalles, fermée par un mur revêtu de boiseries s'élevant à une certaine hauteur ; à l'entrée, sur la droite et sur la gauche, était un autel. L'enceinte communiquait avec le bas de la nef par une porte à deux vantaux et à jour que surmontait un jubé ; elle était séparée du milieu du transept par une balustrade en bois.

» Dans le bas côté gauche de la nef se voient deux tombeaux sans inscriptions paraissant dater du XIVe siècle : l'un émerge un peu au-dessus du sol de la deuxième travée, l'autre est placé dans le mur de la troisième avec un arc ogival au-dessus. Sur chacun de ces tombeaux est une statue couchée en pierre portant le costume sacerdotal. Des anges mutilés sont placés autour et des animaux aux pieds.

» En 1810, la statue qui couvre le tombeau de la troisième travée enfonça ce tombeau ; on y trouva avec quelques ossements, des lambeaux de vêtements sacerdotaux. Le tombeau de la deuxième travée a été ouvert en 1824 ; il ne renfermait que des ossements.

» Dans le bas côté droit se trouvent deux tombes un peu en saillie sur le sol sans sculpture ni inscriptions ; l'une est placée dans la deuxième travée, l'autre dans la quatrième, le long du mur. Au-dessus de la seconde couverte par un assemblage de morceaux de pierre se trouvait un petit autel détruit en 1809 : la tombe fouillée en 1824 a mis à jour les ossements d'une jeune femme et d'un enfant avec quelques fragments d'un linge très fin et d'une riche étoffe.

» Il y avait autrefois beaucoup d'autres tombes dans l'église, mais elles ont disparu ou ont été employées comme matériaux lors du remaniement dont le dallage a été l'objet. »

L'orgue et les tribunes placés à l'entrée de l'église sont de date toute récente. Au commencement de la nef il y avait déjà anciennement des tribunes et, dans ces tribunes, un jeu d'orgues qui paraît avoir été enlevé au XVIe siècle par les Protestants. En tête des collatéraux existait un double étage de chapelles. Les chapelles inférieures recouvertes par des voûtes basses en ogive renfermaient des tombeaux et celle de gauche avait, d'après la tradition, la sépulture des Montléon. Les chapelles du haut étaient affectées, en dernier lieu, aux besoins de l'administration de l'église ; celle de droite renfermait les archives.

« L'ancien baptistère de l'église, cuve circulaire à huit lobes paraissant remonter au XIIe siècle, avait été, après avoir servi longtemps de bénitier, placé au dehors, et on avait fini par l'utiliser comme réservoir dans une maison voisine. Il a été recueilli dans la collection en formation au château d'Harcourt. »

La sacristie actuelle est toute moderne ; certaines portions du vaisseau étaient autrefois, comme cela arrivait souvent, affectées à cette destination.

Le cimetière, suivant l'ancien usage, environnait l'église ; on voit encore, sur le devant, une couverture de tombeau qui en provient et sa croix de pierre, portant la date de 1643, s'élève en arrière du chevet.

Sur la gauche du déambulatoire, se trouve un petit caveau formant maintenant passage pour sortir de ce côté ; il paraît avoir servi à la sépulture primitive du célèbre évêque Pierre II, mort à Chauvigny en 1115 et dont le corps fut ensuite transporté à l'abbaye de Saint-Cyprien de Poitiers puis à celle de Fontevrault.

L'église de S. Pierre a eu souvent à souffrir des luttes dont Chauvigny fût le théâtre dans l'époque antérieure à la Révolution. Depuis le commencement du siècle, elle a été l'objet, à différentes reprises, de travaux importants de réparation et, durant les années 1849-1850, elle a été complètement restaurée, aux frais de l'Etat, sous la direction de M. Joly le Terme, par les soins de M. Baptiste Dupré, architecte de Poitiers.

L'église était, sous l'ancien Régime, le siège d'un chapitre dont l'origine se perd dans la nuée des temps. Ce chapitre, qui avait à sa tête deux dignitaires dénommés le chevecier et le chantre, se composait de deux ordres de membres, les chanoines et les bacheliers. Les bacheliers étaient des prêtres auxiliaires qui assistaient les chanoines soit pour les offices de la Collégiale soit pour desservir les églises secondaires dont le chapitre avait le patronage. La bachelerie fut détruite vers la fin du XVIIe siècle.

Le second chœur établi en tête de la nef et qui paraît si peu nécessaire au point de vue des besoins actuels du culte est le dernier souvenir du chapitre ; les stalles qu'occupaient les chanoines ont été reléguées dans les bas côtés et remplacées par des stalles nouvelles, l'enceinte spéciale a été détruite, mais la disposition est la même.

Les armes du chapitre de S. Pierre étaient de gueules à une croisette d'or surmontée de deux clés d'argent posées en sautoir : on les voit figurées sur le chapiteau d'une des colonnettes engagées du bas côté gauche de l'église.

La PLANCHE n° 2 donne une vue intérieure de l'église S. Pierre prise du côté droit de la nef. On y distingue, avec une partie de la nef, trois des piliers du transept et leurs culs de lampe, le sanctuaire avec son maître autel, plusieurs de ses colonnes avec leurs chapiteaux et la légende GOFRIDUS ME FECIT, l'arcature aveugle et le fond de la voûte, — en arrière, l'entrée et le fond de la chapelle de la Vierge.

Eglise Saint Martial. — L'église S. Martial n'a pu avoir sa place dans les vues auxquelles on a dû se restreindre en ce qui concerne Chauvigny. Située au Nord de l'église S. Pierre et du château de Gouzon, elle n'est séparée de ce château que par la place de la ville haute et par un rideau de maisons. C'est une nef orientée d'aspect antique et austère, avec des fenêtres étroites et en plein cintre. La voûte qui autrefois couvrait le vaisseau est détruite. L'entrée principale, ouverte ou amplifiée après coup, donne accès, sur le côté au Sud ; elle est ogivale.

Le chapitre de Chauvigny avait, sous l'ancien Régime, le patronage de la cure de S. Martial. L'église a cessé, depuis le commencement du siècle, d'être affectée au culte et est devenue une grange.

La chapelle de N. D. de Grâce, qui était le siège d'une des chapellenies de S. Martial, s'élevait sur l'emplacement du cimetière actuel de la ville haute, à peu de distance de l'église ; elle a absolument disparu.

Eglise Notre Dame. — L'église N. D., église paroissiale de la ville basse de Chauvigny, est située au fond de la grande place de la ville, sur le bord de la route nationale. Elle portait autrefois le nom de S. Just qu'elle a conservé pendant de longs siècles et perdu seulement il y a soixante ans. « C'est un édifice roman d'environ 33 mètres 30 centimètres de longueur, composé d'une nef à plein cintre, d'un transept, d'une abside renfermant le sanctuaire, avec deux absidioles latérales formant chapelles. La nef communique avec les bas côtés par trois arcades en plein cintre reposant sur d'épais piliers. Un clocher surmonte la voûte octogonale de la croisée du transept. L'église a un double portail, — à l'occident, en bas de la nef, — et au commencement de son côté nord. Comme à S. Pierre, les constructions sont, à l'extérieur assez nues, sauf vers le chevet très travaillé et d'un fini remarquable. Le premier étage du clocher est orné d'une arcature à plein cintre ; au-dessus règne un larmier supporté par des modillons ; l'étage supérieur reconstruit après coup est d'un aspect tout massif.

» L'intérieur de l'église offre quelques détails intéressants.

» Les piliers d'angle du transept sont renforcés par des colonnes engagées et les chapitaux ont une ornementation très variée, monstres, feuillages, entrelacs, sujets spéciaux. A l'angle du sanctuaire à droite, du côté du transept, le chapiteau figure un calice placé entre deux animaux fantastiques. Au même chapiteau, sur une autre face, on voit Adam et Eve devant l'arbre de la science du bien et du mal autour duquel est enroulé le serpent. »

Dans le bras droit du transept, à l'extrémité, on voit sur le mur, une grande peinture à fresque qui a été découverte en mars 1848, sous le badigeon, par le curé, M. l'abbé Fr. du Bost; mise à jour par ses soins et par ceux de M. l'abbé Auber, membre de la Société des Antiquaires de l'Ouest, elle a été restaurée par M. Honoré Hivonnait, de Poitiers. Cette fresque représente le portement de la Croix à l'état d'allégorie, l'Humanité associée aux douleurs du Christ. De nombreux personnages appartenant aux diverses classes accompagnent le Sauveur et partagent son fardeau. L'inscription placée au-dessous et qui a été découverte en même temps n'est point relative à la peinture; MM. Auber et du Bost l'avaient ainsi relevée : « L'an mil quatre et cinq cens : » Jean Fransçois Morin de ceanx : prieur fist faire cest hospice : et les aultiers de cest oratoire *(mot illisible)*, » blanchir, marqueter : léglise de céans et paver : prions Dieu qu... *(plusieurs mots plus ou moins effacés et » illisibles)* et *(lacune)* pardon leurs face : Amen. » Dans le texte tel qu'il figure maintenant au bas de la fresque, on a un peu modifié l'orthographe et l'on n'a pas indiqué les lacunes. D'après les costumes, la fresque serait, à peu près, du même temps que l'inscription, un peu antérieure, de la fin du XVe siècle.

A la muraille du pignon du transept gauche, sont appendus deux tableaux dont l'un représente une religieuse prosternée devant le Christ, l'autre un guerrier prosterné devant un évêque. Le second de ces tableaux a son histoire consignée sur les anciens registres paroissiaux de l'église S. Léger dont il provient. Il avait été donné à cette église, le 17 août 1702, par Joseph de l'Isle, chirurgien, originaire de Chauvigny et habitant Rome où le tableau avait été béni par le pape Clément XI.

Les vitraux du chœur, l'Assomption de la Vierge, S. Just, S. Léger datent de 1874 et proviennent des ateliers de M. Ch. des Granges à Clermont-Ferrand. Le maître-autel provient des ateliers de Saint-Hilaire-de-Poitiers. Les statues qui ornent les chapelles absidiales ont été placées il y a quelques années.

L'église a, comme l'indique une charte du Cartulaire de l'Abbaye bénédictine de S. Cyprien de Poitiers, été fondée, sous le règne du roi Robert, par l'évêque Isembert Ier, sous le vocable du « S. Sépulcre » devenu peu après « S. Sépulcre et S. Just » puis simplement « S. Just ». Isembert la dota de divers biens et en fit don à l'abbaye de S. Cyprien dont elle devint un prieuré. En 1689, Mgr de Saillant, évêque de Poitiers, l'unit au grand séminaire. Fermée à la suite de la Révolution, elle fût rendue au culte en 1822, et à la paroisse fût annexée l'ancienne paroisse de S. Léger. A cette époque, une ordonnance épiscopale de Mgr de Bouillé attribua à l'église son nom actuel de N. D. En 1861, les bâtiments qui menaçaient ruine furent réparés, aux frais de la commune avec le concours de l'Etat et des Fidèles, sous la direction de l'un des architectes de l'Administration des cultes, M. de Mérindol. La partie antérieure du monument fût alors réédifiée. Depuis on a effectué quelques travaux complémentaires d'une véritable importance. Un rétable faisant complètement disparate avec le style de l'église coupait l'abside en deux parties et en masquait le fond où l'on avait installé une sacristie très exigue. La sacristie a été transportée dans un petit bâtiment attenant à l'église et construit *ad hoc*. L'abside a pu être, dès lors, affectée entièrement au sanctuaire et elle a été restaurée dans les conditions actuelles.

La PLANCHE n° 3 représente l'église N. D., vue à l'Est sur la route nationale qui forme maintenant la grande rue de la ville ; cette planche donne l'abside, les absidioles, les deux bras du transept et le clocher.

Eglise Saint-Léger. — L'église S. Léger a, depuis la suppression de la paroisse en 1822, été métamorphosée en halle pour la vente des grains. Elle était d'origine fort ancienne puisqu'elle existait déjà lors de la fondation de l'église du S. Sépulcre, mais elle avait été très remaniée et les portions qui restent actuellement les plus apparentes se rattachent à l'époque de l'art ogival. Les bâtiments se trouvent, au N. O. et à très peu de distance de Notre Dame, le long de la grande place de la ville basse, mais ils sont masqués, de ce côté, par les constructions accolées à la halle et ils ne se voient qu'en arrière.

Temple protestant. — Ses vestiges paraissent se retrouver dans une grange située près du Carroir Piet et attenant à l'école communale de garçons.

EDIFICES DIVERS

La nature de cette notice et l'étendue restreinte qu'elle comporte, nous permettent seulement de rappeler différents édifices plus ou moins bien conservés qui, comme l'église S. Léger et le Temple protestant, ne s'aperçoivent point ou se distinguent à peine dans les six PLANCHES consacrées à Chauvigny, l'ancienne Audience, siège de la justice seigneuriale de Chauvigny avant la Révolution, la chapelle de l'Hospice, les débris du couvent des Franciscaines et des manoirs des Templiers. Les demeures des Templiers et quelques maisons particulières, celle de M. Maché sur la grande place de la ville haute, celles de M. l'abbé Frédéric du Bost au bas de la rue du Château, de M. Xavier Robin rue S. Léger, etc., renferment des détails dignes d'attention. Il ne reste rien des bâtiments de l'ancienne Maladrerie qui étaient situés sur la rive gauche de la Vienne.

La Mairie qu'on aperçoit sur la droite de la PLANCHE n° 3 a été construite, durant le règne de Charles X, sur l'emplacement du chevet de l'église S. Léger; cet édifice, les halles attenantes qu'on entrevoit dans la PLANCHE n° 6, le pont de la Vienne construit en 1868 et qui apparaît bien nettement dans la même planche, complètent la nomenclature des monuments de Chauvigny. En amont et à quelque distance du pont, se trouvera celui qu'on construit pour le service du chemin de fer de Nouaillé au Blanc.

Dans la principale salle de la Mairie on voit le buste d'un fils de Chauvigny dont le pays aime à se rappeler la brillante et honorable carrière, M. C. M. Tranchant, Inspecteur général de l'Université de France, mort en 1831.

CHARLES TRANCHANT

Ancien Conseiller général de la Vienne pour le canton de Chauvigny,
Membre de la Société des Antiquaires de l'Ouest.

Les indications statistiques du commencement de la Notice (page 2) doivent être précisées ou rectifiées comme suit, sur un certain nombre d'exemplaires : Etendue du canton, 21,215 hectares, terres labourables, 14,733; terrains affectés à la culture des céréales, 9,972 ; aux prés. 580; aux vignes, 1631 ; aux jardins, 157 ; aux bois, 2,402 ; aux brandes et pacages 457.

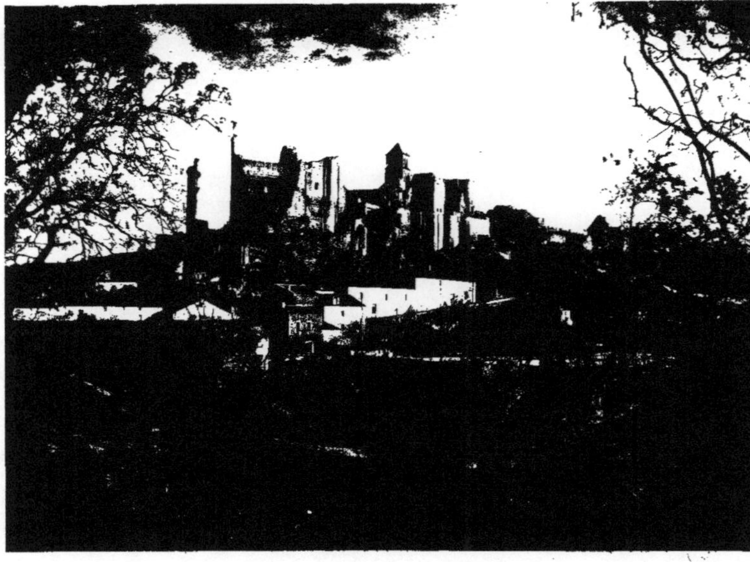

CHAUVIGNY (VIENNE)

Vue de la ville haute prise dans la vallée du Talbat

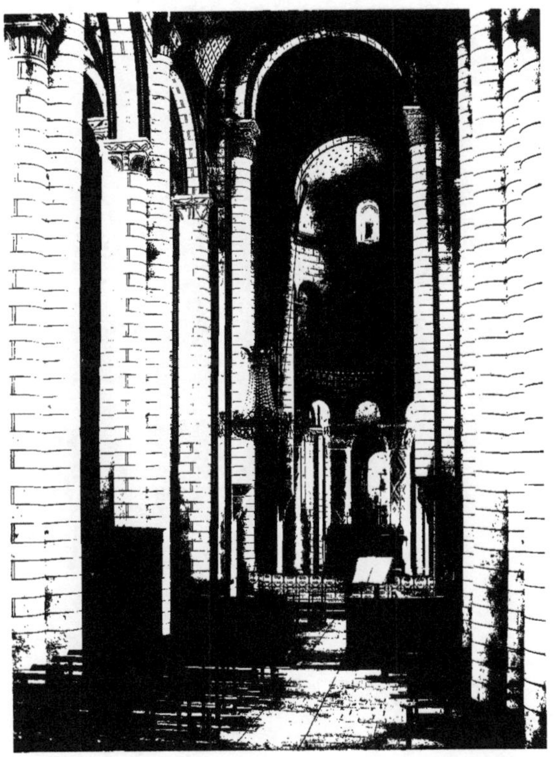

CHAUVIGNY (VIENNE)

Intérieur de l'église Saint-Pierre

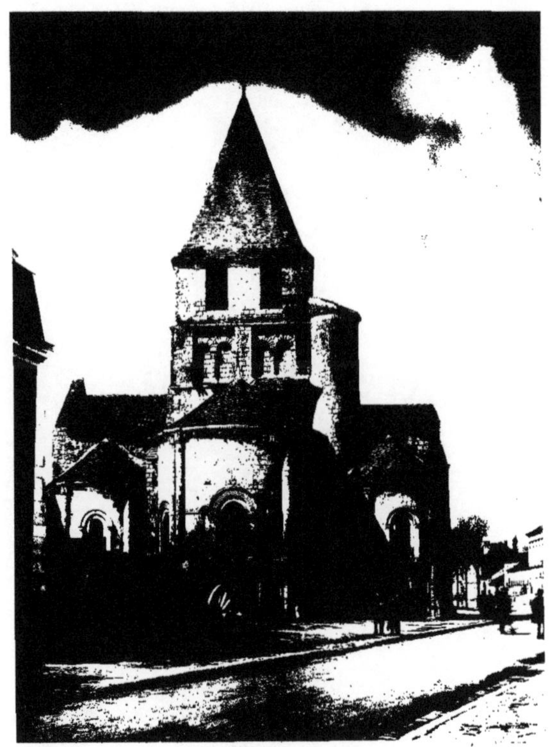

CHAUVIGNY (VIENNE)

Église Notre-Dame, autrefois Saint-Just. Vue du chevet de l'église.

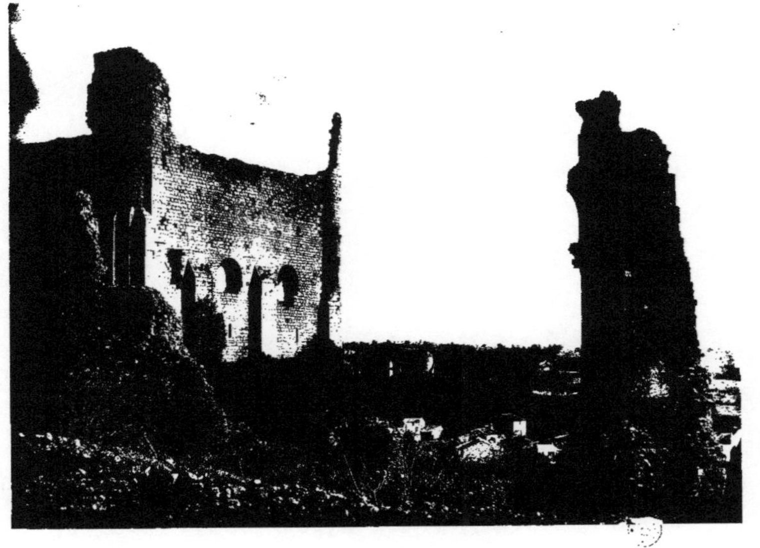

CHAUVIGNY (VIENNE)

Vue des ruines du château baronnial, côté nord-ouest.

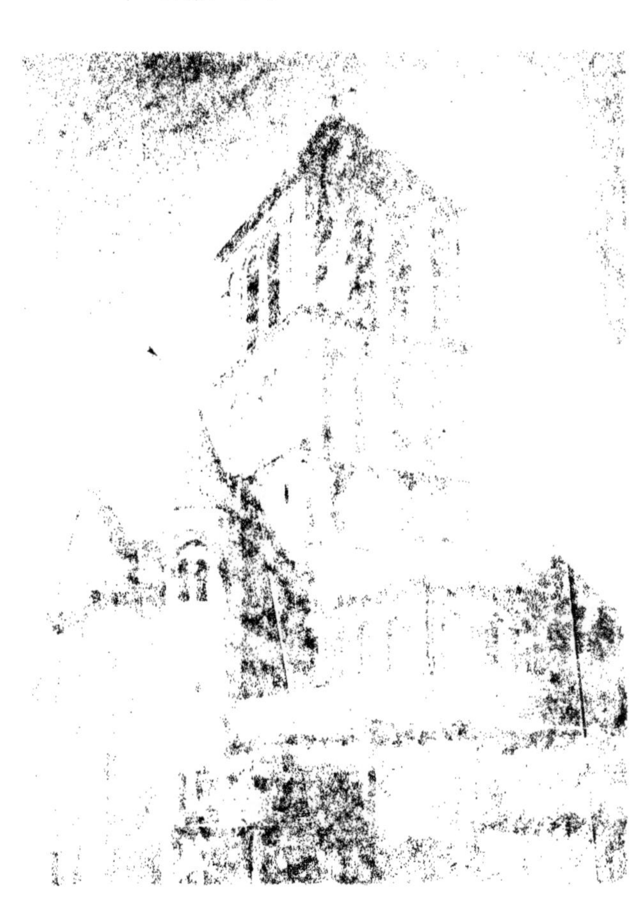

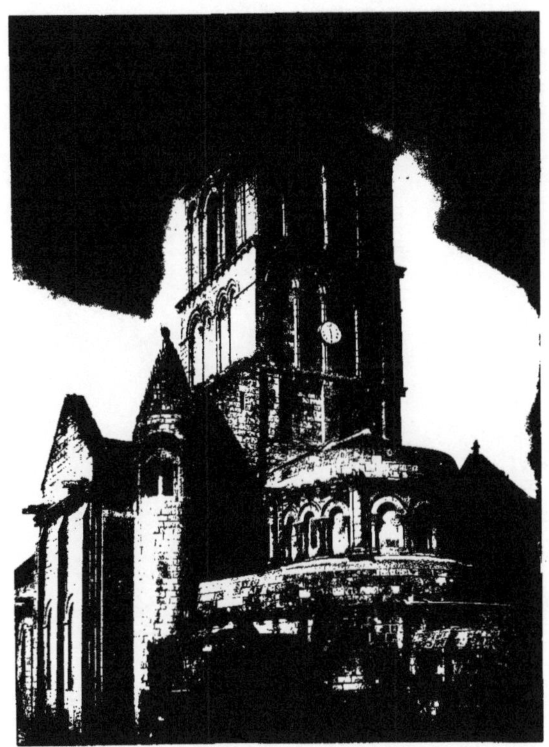

CHAUVIGNY (VIENNE)

ÉGLISE SAINT-PIERRE (CHEVET)

Vue prise de la cour d'entrée de la maison de M. Ch. Tranchant (La Chantellerie).

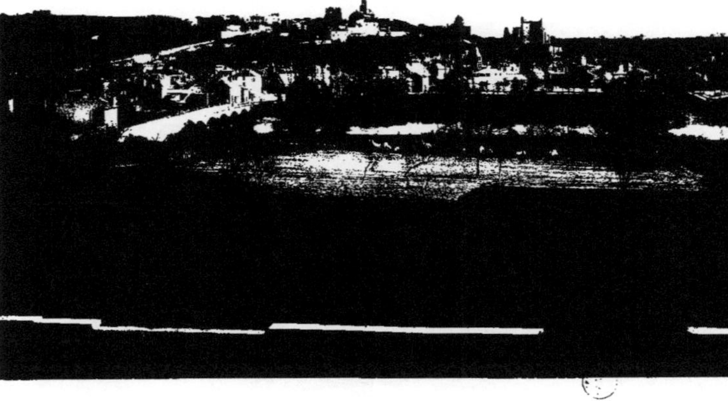

CHAUVIGNY (VIENNE)

Vue générale prise à l'ouest, sur la route de Poitiers.

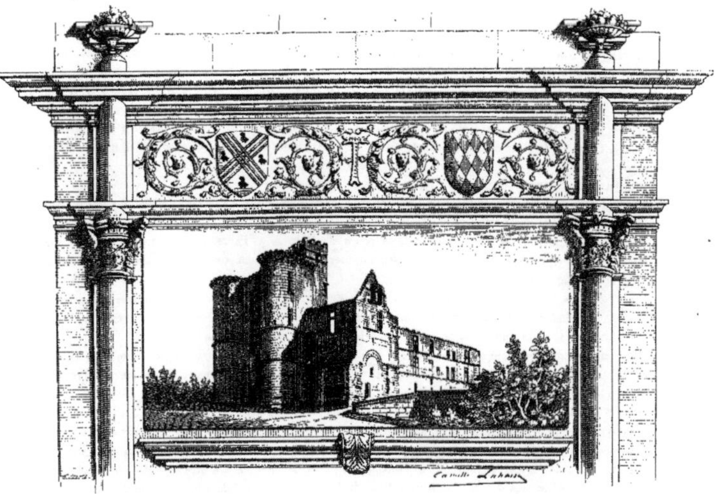

VOUNEUIL-SUR-VIENNE

(VIENNE)

1° *Le château de Chistré, façade du levant;*
2° — *grand Salon de réception des Chasses;*
3° — *la Chapelle et la Façade ouest;*
4° *Château du Fou, la Porte d'entrée à l'est;*
5° — *la Cour d'honneur, vue prise sur la Terrasse au sud;*
6° *Bonneuil-Matours, le Bourg et le Moulin, vue prise de la Vienne en aval.*

INDICATIONS PRÉLIMINAIRES

Vouneuil-sur-Vienne est le chef-lieu d'un canton de l'arrondissement de Châtellerault, comprenant huit communes, situé au sud de cet arrondissement et à cheval sur les rivières du Clain, de la Vienne et de l'Auzon. Ce canton, de forme assez irrégulière, mesure deux myriamètres et demi de l'est à l'ouest, et un myriamètre environ du nord au sud. La population est, d'après le dernier recensement, de 8,536 habitants, et son étendue d'un peu plus de 14 kilomètres carrés qui, selon M. de Longuemar (1), se répartissent de la façon suivante : 11,503 hectares en céréales, 1,264 en prés, 803 en vignes, 124 en jardins, 2,669 en bois et 4,215 en brandes. Il est formé : sur la rive droite de la Vienne, par le plateau argilo-marneux que traverse la vallée d'Auzon, et dont l'élévation moyenne au-dessus de la mer est de 140 mètres; entre la Vienne et le Clain, par les croupes de marnes et de sables verts couronnés d'argiles et de marnes qui se prolongent vers le confluent de ces rivières, avec une altitude égale à la précédente, vers le sud, mais beaucoup moindre au nord. Sur la rive gauche du Clain, on ne rencontre que le massif crayeux de Beaumont, qui atteint 153 mètres au nord-ouest.

(1) *Géographie populaire du département de la Vienne.*

Le sol en est donc suffisamment ondulé et se présente sous des aspects agréables et variés, encore embellis par les eaux des trois rivières qui l'arrosent. De bonnes routes longent la Vienne et le Clain; une station du chemin de fer de Paris à Bordeaux dessert le bourg de la Tricherie, qui est placé à la base du coteau de Beaumont.

Outre le chef-lieu, le canton de Vouneuil compte sept communes, qui sont : Archigny, *Archinniacus;* Availles, *Availliacus;* Beaumont, *Bellus mons;* Bellefont, *Bella fons;* Bonneuil-Matours, *Parrochia de Bonolio-Monasterio, Bonolium;* Cenon, *Villa-Senona;* Montoiron, *de Monte-Oram, de Montoiran.* Cette dernière localité devint, en 1790, le chef-lieu d'un canton dépendant du district de Châtellerault et qui subsista jusqu'au 18 novembre 1801, où le nombre des cantons de la Vienne fut, par arrêté des consuls, réduit de 49 à 31.

Plusieurs de ces communes offrent des monuments intéressants :

Archigny. — Un dolmen appelé Petra-Sopeize, et la chapelle de l'abbaye de l'Étoile, ordre de Cîteaux, fondée au XIIe siècle et décorée de peintures murales du XVIe siècle.

Availles. — Un tronçon de la voie romaine allant de Poitiers à Tours. On y a trouvé, au lieu appelé les Minaires, des sépultures romaines avec vases antiques et monnaies de Constantin, même des portions de murailles et des fragments de sculptures.

Beaumont. — Les ruines pittoresques de la tour de Beaumont, et les châteaux de Baudiment et de Rouhet, sur lesquels M. Modeste Lahaire a donné d'intéressantes notices dans trois livraisons de la présente publication.

Bellefont. — L'église romane de Saint-Pierre-ès-Liens et deux souterrains curieux.

Bonneuil-Matours. — Intéressante église romane et sites délicieux, au milieu desquels ont été élevés les deux jolis châteaux modernes de Cremau et de Mariville. Dans ce dernier, Mme la baronne de Champchevrier a réuni une curieuse collection d'objets d'art, dont plusieurs morceaux ont figuré avec honneur à l'Exposition de Poitiers de 1887. (Voir pl. 6.) Ce charmant coin des rives de la Vienne semble avoir été fort apprécié des Gallo-Romains, car on y rencontre de très nombreux fragments de briques à rebord, et les moindres fouilles mettent au jour des portions de murs en petit appareil. Dans la plaine où est le bourg de Bonneuil-Matours, on voit les traces d'une importante villa romaine: à l'époque de la moisson, une partie du plan s'accuse très bien par une récolte moins bonne et une maturité plus hâtive. Le savant Père de La Croix a trouvé dans le bourg même des tombeaux mérovingiens.

Cenon. — Il a existé en ce lieu un atelier monétaire dont on possède un triens mérovingien, qui donne la forme *Sanonno.* Sur la limite ouest de la commune, à peu de distance du Clain, se voient les restes d'une ancienne station romaine, appelée depuis longtemps le Vieux-Poitiers. Le seul monument encore apparent au-dessus du sol est une sorte de tour carrée, en petit appareil, de 14 mètres de hauteur, mesurant à l'intérieur 5^m^25 sur 4^m^66; mais, tout à l'entour, on a rencontré des substructions antiques; le sol est mélangé d'innombrables fragments de tuiles à rebord, de pierres sculptées et de tessons de poteries également antiques. Tout prouve donc qu'il a existé là une ville romaine assez considérable. D'après un plan levé en 1820, par M. Masson, ingénieur, elle aurait affecté la forme d'un parallélogramme allongé, bordé d'un côté par le Clain, de l'autre par les collines qui dominent la plaine s'étendant entre le Clain et la Vienne. Sa longueur était de 1,200 mètres, et sa largeur de la rivière aux collines, de 650 mètres environ.

Non loin des bords du Clain s'élève encore un menhir de 2^m^66 de hauteur, sur une des parois duquel est gravée, en capitales romaines, mais en langue celtique, une inscription qui a fort exercé l'érudition et la sagacité des philologues. Le savant celtiste, M. Pictet, de Genève, l'a successivement lue et interprétée de trois façons différentes. Le seul mot dont la traduction paraisse bien certaine est le dernier, IEVRV, qui signifie *fecit.*

Montoiron. — Ancienne châtellenie, qualifiée baronnie dans la réformation de la coutume du Poitou en 1559. Le vieux château, dont relevaient 78 fiefs, se dresse encore à l'est du bourg, près de la rivière d'Auzon.

La commune de Vouneuil, devenue le chef-lieu du canton de ce nom, est formée de l'ancienne paroisse de Vouneuil-sur-Vienne et de celle de Moussay, moins la section de Baudiment, qui a été réunie à Beaumont le 26 avril 1820. Moussay est appelé *Musciacus* en 673, *Mulciacus* en 942, Moussay en 1438. On le trouve aussi désigné sous le nom de Moussay-la-Bataille, en souvenir, dit-on, de la victoire remportée par Charles-Martel sur les Sarrasins, en 732. Aucun texte n'est venu jusqu'à présent confirmer cette supposition; mais il est permis de croire que cette grande lutte, qui dura probablement plus d'un jour, commencée aux environs de Tours, se prolongea jusqu'aux bords de la Vienne. Toujours est-il qu'une ferme de la localité porte encore le nom de « *la Bataille* ».

Le chef-lieu de la paroisse, agréablement situé sur la rive droite de la Vienne, compte 1,629 habitants, et contient quelques maisons modernes assez proprement bâties; mais on n'y rencontre point de ces vieux logis aux pignons aigus et aux fenêtres garnies d'élégants meneaux qui récréent l'œil de l'archéologue. L'église elle-même est moderne. Livrée au culte en 1867, elle a été consacrée, la même année, par Mgr Pie, évêque de Poitiers. L'ancienne, qui a disparu, s'élevait au milieu du bourg.

Cependant, Vouneuil est une ancienne localité qu'on trouve mentionnée dès 909, sous la forme *ex curte Vodenogilo;* en 950, *villa quæ vocatur Vonodolium; ecclesia de Voenol*, 1080; *de Voonolio*, 1119; *de Vonolio*, 1149; Vonnuy-sus-Vienne, 1337; Vouneuil-sur-Vienne, 1418.

Avant la Révolution, Vouneuil faisait partie de l'archiprêtré de Châtellerault, de la châtellenie, de la sénéchaussée et de l'Élection de Poitiers. La cure, dont l'érection est postérieure à 1324, était à la nomination de l'abbé de Saint-Cyprien. En 1324, c'est Savigny, et non Vouneuil, qui est le chef-lieu et figure sur la liste des paroisses de la châtellenie de Poitiers. Savigny est aussi une très ancienne localité, mentionnée dès 900 dans le cartulaire de Saint-Cyprien, sous la forme *Saviniacus*. Au XIIIᵉ siècle, il y existait un prieuré dont le fief relevait de la baronnie de Chauvigny. L'église subsiste en partie; les voûtes sont effondrées; mais le portail est encore debout et paraît du XVᵉ siècle.

Cette localité ne mériterait guère de figurer dans notre galerie poitevine si l'on ne rencontrait sur son territoire deux châteaux véritablement dignes d'intérêt, à des titres divers. Ce sont ceux de Chistré et du Fou. Le plus anciennement connu des deux est celui de Chistré, que l'on trouve mentionné dès le IXᵉ siècle.

CHATEAU DE CHISTRÉ

HISTOIRE — SEIGNEURS DE CHISTRÉ

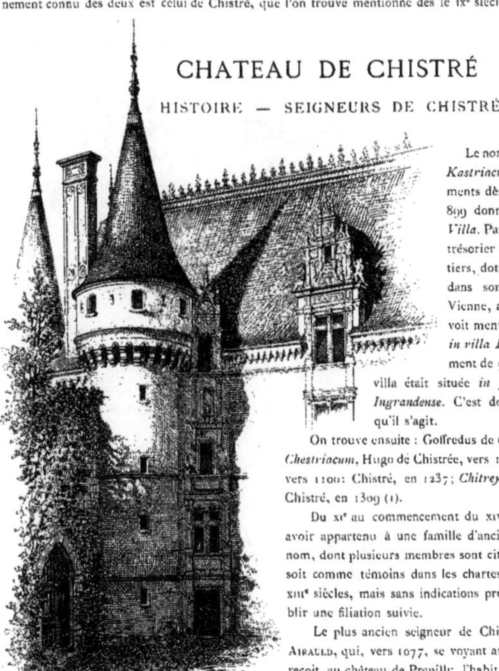

Le nom de Chistré, *Christriacus*, *Kastriacus*, apparaît dans les documents dès le IXᵉ siècle. Un texte de 899 donne la forme *Chistriacus-Villa*. Parmi les terres dont Richard, trésorier de la cathédrale de Poitiers, dote une chapelle qu'il fonde dans son alleu de Savigny-sur-Vienne, au milieu du Xᵉ siècle, on voit mentionnée *una quarta terræ in villa Kastriaco*. Un autre document de 942 nous apprend que cette villa était située *in pago Pictavo, in vicaria Ingrandense*. C'est donc bien de notre Chistré qu'il s'agit.

On trouve ensuite : Goffredus de *Chistrico*, vers 1077; *Apud Chestriacum*, Hugo de Chistrée, vers 1090; *capella de Chistriaco*, vers 1100; Chistré, en 1237; *Chitreyum*, en 1298; la tour de Chistré, en 1309 (1).

Du XIᵉ au commencement du XIVᵉ siècle, cette terre paraît avoir appartenu à une famille d'ancienne chevalerie, du même nom, dont plusieurs membres sont cités, soit comme donateurs, soit comme témoins dans les chartes poitevines des XIᵉ, XIIᵉ et XIIIᵉ siècles, mais sans indications précises qui permettent d'établir une filiation suivie.

Le plus ancien seigneur de Chistré que l'on connaisse est Airauld, qui, vers 1077, se voyant arrivé à la fin de sa carrière, reçoit, au château de Preuilly, l'habit de saint Benoît, des mains de Pierre, abbé de Nouaillé, en présence de Hugues, Geoffroy et Guillaume de Chistré, probablement ses fils. Hugues est un peu plus tard témoin d'un règlement fait entre Ranulphe de Bellefonds et Renaud, abbé de Saint-Cyprien de Poitiers. Vers 1090, imitant l'exemple de son père, il se fait moine

(1) *Dictionnaire topographique de la Vienne*, par M. Rédet.

dans l'abbaye de Saint-Cyprien, à laquelle il donne toute sa dîme de Chistré et le cours de la Vienne, avec ses pêcheries, depuis l'écluse des moines de Savigny-sur-Vienne jusqu'à celle de l'évêque de Poitiers.

Ensuite, viennent plusieurs seigneurs de Chistré, dont la plupart portent les noms d'Airaud, de Hugues et de Guillaume, parmi lesquels on remarque, en 1237, Hugues Potens et Robert de Saint-Germain qui, sans doute, étaient seigneurs de partie de la terre de Chistré, par suite de mariages avec des filles de la maison de ce nom. Tous deux, avec le consentement de leurs femmes, Persie et Marguerite, dotent le prieuré de Chistré de la tierce partie des décimes, qu'ils levaient sur les vignes situées dans la censive de la seigneurie, en exceptant les vignes du clos de Chistré, à condition que le prieur célébrerait le service divin dans la chapelle priorale, à l'intention des donateurs. C'est la première mention que l'on rencontre de ce prieuré, qui a subsisté jusqu'à la Révolution.

Au commencement du XIVe siècle, Chistré passe dans une autre famille. En 1309, Anne ou Jeanne de Chistré était dame de la tour dudit lieu, tandis que Guillaume et Hélion de Chistré possédaient d'autres portions de la terre. Elle paraît avoir épousé, vers cette époque, Jean Le Bœuf, auquel elle apporta sa part de la seigneurie. Mais Hugues Le Bœuf, fils et héritier du précédent, ayant abandonné le parti du roi de France pour suivre celui du roi d'Angleterre, eut sa terre confisquée, pour crime de félonie, par Jean, duc de Berry et comte de Poitiers, qui la donna, en 1340, à Pierre de Viesbourg.

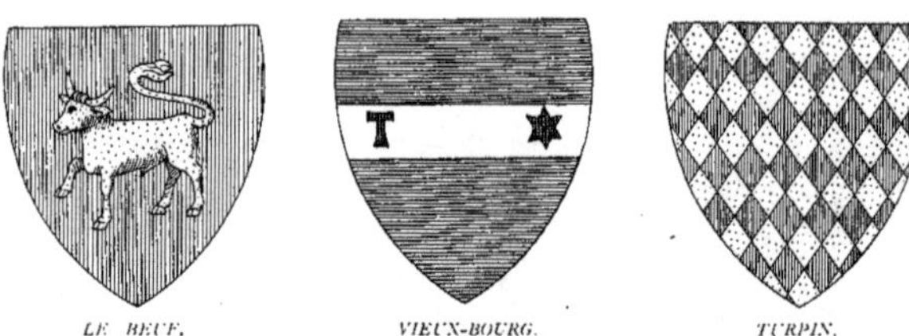

LE BEUF. VIEUX-BOURG. TURPIN.

Celui-ci la vendit, par contrat du 4 septembre 1378, à Guy Turpin de Crissé, d'une noble famille angevine, qui devait posséder Chistré pendant plus d'un siècle.

Guy Turpin, cinquième du nom, fonda, en 1386, une chapellenie dans la collégiale de Saint-Martin de Tours. Après avoir épousé en premières noces, vers 1360, Marie de Rochefort, fille de Thibaud, baron de Rochefort et de Marie de Montbazon, il prit, pour seconde femme, Marguerite de Thouars, fille de Louis, seigneur de Thouars et de Jeanne de Dreux. De son premier mariage il eut :

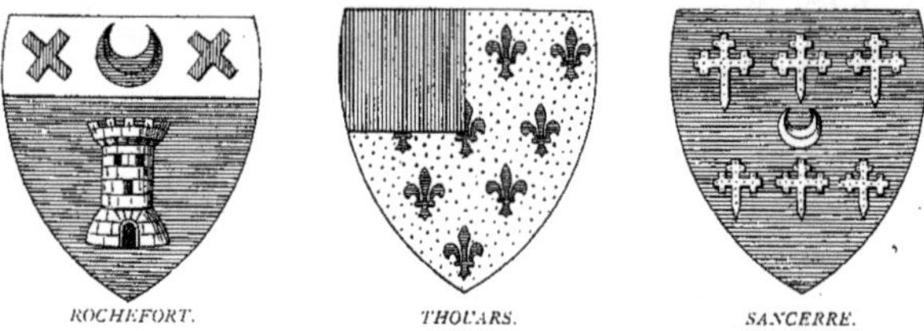

ROCHEFORT. THOUARS. SANCERRE.

Lancelot Turpin de Crissé, seigneur de Chistré, chambellan des rois Charles V et Charles VI. Comme son père, il eut deux femmes : la première, épousée en 1388, fut Jeanne de Sancerre, fille de Jean de Bueil, comte de Sancerre, et de Marguerite de Marmande ; la seconde, en 1398, était Denise de Montmorency, fille de Charles de Montmorency, maréchal de France, et de Pernelle de Villiers de l'Isle-Adam. De ce second mariage vint, entre autres enfants :

Antoine Turpin de Crissé, seigneur de Chistré, qui vivait en 1443 et fut père de :

Guy Turpin de Crissé, seigneur de Chistré, marié à Jeanne de la Grézille, fille de Godefroy de la Grézille, dont naquit :

Jacques Turpin de Crissé, seigneur de Chistré, chambellan du roi Charles VIII, qui épousa, en 1490, Louise de Blanchefort, fille de Jean de Blanchefort, seigneur de Saint-Janvrain, et d'Andrée de Noroy. Il en eut plusieurs enfants, dont le troisième fut Anne Turpin, dame de Chistré, mariée à Charles Tiercelin, seigneur de la Roche-du-Maine, chevalier de l'ordre du Roi et gentilhomme de sa chambre, qui devint, par ce mariage, seigneur de Chistré.

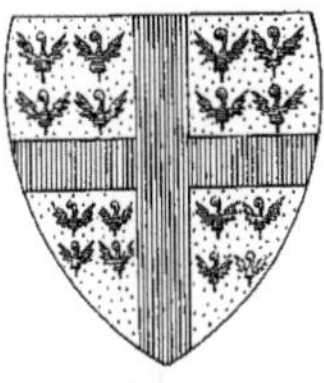
MONTMORENCY.

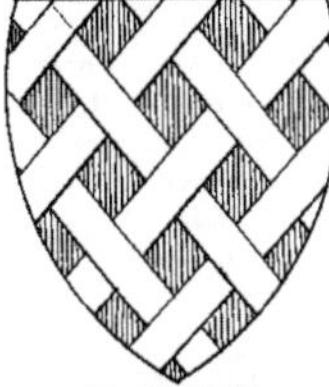
LA GRÉZILLE.

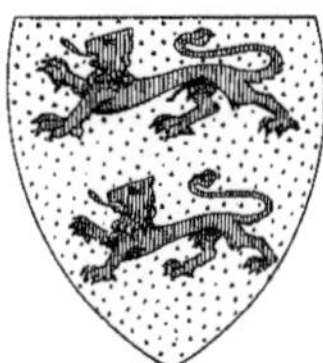
BLANCHEFORT.

Il appartenait à une très vieille famille qui prétendait même descendre des anciens comtes de Toulouse. Cette antique origine est plus que douteuse; mais les alliances contractées au moyen âge par divers membres de cette famille avec des filles des illustres maisons d'Amboise, de du Bellay, de la Chataigneraie, prouvent quel haut rang elle occupait dans la noblesse française. Charles Tiercelin était, en 1525, lieutenant de la compagnie de M. le duc d'Alençon, avec lequel il se trouva à la funeste journée de Pavie. Mais loin de suivre l'exemple de son chef qui se retira honteusement du champ de bataille, il se jeta dans la mêlée, alors que la victoire était déjà désespérée et qu'il ne restait plus à sauver que l'honneur, et fut fait prisonnier avec son Roi. Comme récompense de sa belle conduite, il reçut la moitié de la compagnie du duc d'Alençon, mort à Lyon de honte et de chagrin, et fut peu de temps après nommé chevalier de l'Ordre. Onze ans plus tard, en 1536, il prend part à la brillante défense de Fossano, avec Montpezat, seigneur du Fou et son voisin. Compris dans la capitulation si honorable de la garnison de Fossano, il fut traité avec distinction par Charles-Quint, qui lui fit plusieurs fois l'honneur de l'entretenir et auquel il adressa des réponses que l'histoire a conservées, celle-ci entre autres; comme l'empereur lui demandait combien il y avait de journées de Fossano à Paris : « *que si par journées il entendait des batailles, il en trouverait* « *plus de douze, si l'agresseur n'avait la tête rompue à la première.* »

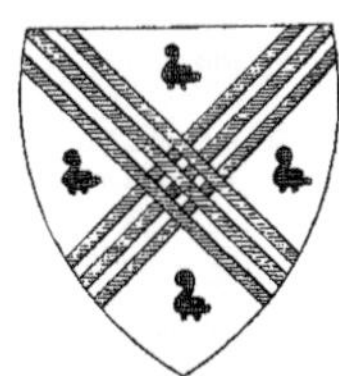
TIERCELIN.

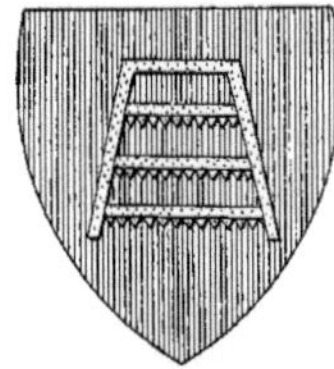
APPELVOISIN.

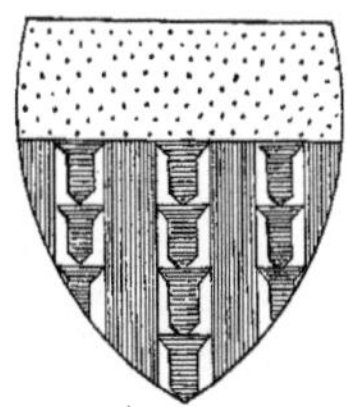
CHASTILLON.

Il contribua, avec Montpezat et d'autres vaillants capitaines, à la vigoureuse défense de Marseille, devant laquelle vint échouer la fortune de Charles-Quint. On le retrouve en 1557, plus que sexagénaire, à la désastreuse bataille de Saint-Quentin, où, malgré son âge, il combattit jusqu'au dernier moment, en compagnie de son fils qui fut tué à ses côtés. Il ne se rendit qu'après avoir vu tomber ce dernier rejeton mâle de sa vaillante race. Brantôme (1) nous le montre, environ dix ans plus tard, à la cour d'Amboise « *fort bien habillé, moitié à la vieille française,*

(1) *Vies des hommes illustres et des grands capitaines françois*, article de M. de La Roche-du-Maine.

« *moitié à la moderne, et avoit un bonnet d'escarlate avec des fers d'or à l'entour, et une belle enseigne, et le por-*
« *toit fort penchant sur l'oreille.* »

Charles Tiercelin de la Roche-du-Maine mourut à l'âge d'environ soixante-quinze ans, le 2 juin 1569, dans son château de Chistré, qui était devenu sa résidence favorite et qu'il avait presque entièrement rebâti dans le style de la Renaissance. Comme beaucoup de nos grands seigneurs du seizième siècle, surtout parmi ceux qui avaient visité l'Italie, il avait le goût des belles constructions. C'est à lui qu'on doit le château de la Roche-du-Maine, dans la paroisse de Prinçay, situé sur les limites du Poitou et de la Touraine et dont les restes, encore considérables, ont, comme nous le dirons plus loin, beaucoup servi à la restauration ou plutôt à la réfection de celui de Chistré.

Outre son fils tué à la bataille de Saint-Quentin, il n'avait qu'une fille, Françoise Tiercelin de la Roche-du-Maine, mariée, en 1550, à François d'Appelvoisin, seigneur d'Appelvoisin, de Thiors, de la Loge-Fongereuse, qui devint chevalier de l'ordre du Roi et chambellan de François II. Charles Tiercelin fit son gendre lieutenant de sa compagnie d'ordonnance, et lui substitua tous ses biens, à la condition qu'il prendrait le nom et les armes de Tiercelin. François d'Appelvoisin, devenu ainsi propriétaire de Chistré, y mourut en 1584, ainsi qu'il résulte du passage suivant du *Journal* de Guillaume Le Riche : « *Messire François d'Appelvoisin, chevalier de l'ordre du Roi, décéda en son château de Chistré, le 8me jour de may, l'an 1584, et fut son corps apporté et enserely en l'église d'Absie, en Gastines, le 16me jour du dit moy et an* » (1).

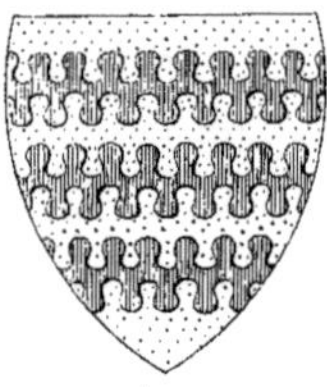
MAILLÉ-KARMAN.

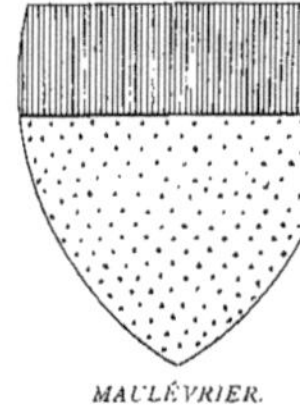
MAULÉVRIER.

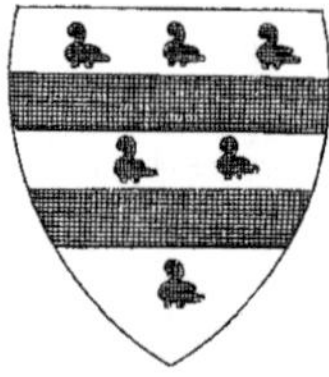
TOUCHIMBERT.

Son fils, Charles Tiercelin d'Appelvoisin, chevalier de l'ordre du Roi, gentilhomme ordinaire de sa chambre, seigneur dudit lieu d'Appelvoisin et de Chistré, baron de la Roche-du-Maine, etc., épousa, du vivant de son père, au mois de mai 1581, Claude de Chastillon, fille de Claude de Chastillon, baron d'Argenton, et de Renée de Sanglier. Il était mort en 1600, laissant de son mariage deux fils et une fille, Françoise, à laquelle échut la seigneurie de Chistré ; mariée deux fois : la première, à Jacques de Beaumont, seigneur de la Jarrie, la seconde, à René de Saint-Offange, elle n'eut point d'enfants, et Chistré fit retour à son frère Charles.

Charles Tiercelin d'Appelvoisin, marquis de la Roche-du-Maine, était gentilhomme ordinaire de la chambre du Roi. C'est lui qui, vers le milieu du XVIIe siècle, réunit à la seigneurie de Chistré celle du Fou, qui n'en était séparée que par la Vienne. Il épousa Catherine Dupré, et en eut pour fils :

Charles Tiercelin d'Appelvoisin, marquis de la Roche-du-Maine, seigneur de Chistré, le Fou, etc. Il épousa en 1673, Marie-Anne de Maillé-Karman, fille de Donatien, marquis de Maillé-Karman, et de Mauricette de Plœuc. Il mourut en 1694, laissant :

Charles-Bernard-Donatien Tiercelin d'Appelvoisin, marquis de la Roche-du-Maine, seigneur de Chistré, le Fou, etc. Né en 1676, il se maria deux fois : en premières noces, le 5 janvier 1707, avec Marie-Anne Guitton de Maulévrier, et en secondes noces, le 13 septembre 1714, avec Diane Prevost Sansac de Touchimbert, fille de Casimir, chevalier, seigneur de Lillo, Loudigny, etc., veuve de Simon Dreux, écuyer, seigneur d'Aigné. Du premier lit vint :

Charles-Auguste Tiercelin d'Appelvoisin, marquis de la Roche-du-Maine, seigneur de Chistré, le Fou, etc. Il épousa en 1739, Marie-Suzanne de Bourdeilles-Matha, dont naquit :

Charles-Gabriel-René Tiercelin d'Appelvoisin, marquis de la Roche-du-Maine, seigneur de Chistré, le Fou, etc. Marié le 7 janvier 1766, à Louise-Félicité-Adélaïde Chaspoux de Verneuil, il commandait à Reims, au sacre de Louis XVI, la compagnie de chevau-légers de la garde du Roi. Brigadier de cavalerie en 1780, il fit partie, en 1787, de l'assemblée provinciale du Poitou, et assista, en 1789, à la réunion des nobles de cette province, où il fut

(1) *Mémoires de la Société de Statistique des Deux-Sèvres*, année 1879, p. 170.

nommé premier suppléant de l'ordre de la noblesse aux états généraux. Après la retraite de M. de Luxembourg, premier député, M. de la Roche-du-Maine, ne s'étant pas rendu à Paris, ne fit point partie de la députation du Poitou. Arrêté pour son dévouement à la cause royale, il fut guillotiné à Paris, en 1793. La sentence, signée Fouquier, est du 17 messidor an II.

Il laissa trois filles :

1° Charlotte-Aglaé, qui épousa, en 1795, Eusèbe de Barne-Saint-Étienne, comte de Saint-Sernin, auquel elle apporta Chistré ;

2° Jeanne-Charlotte-Félicité-Élisabeth, mariée à Thibaud de la Brousse, marquis de Verteillac, et qui eut le Fou ;

3° Une troisième fille mourut fort jeune à l'Abbaye-au-Bois, pendant la Terreur.

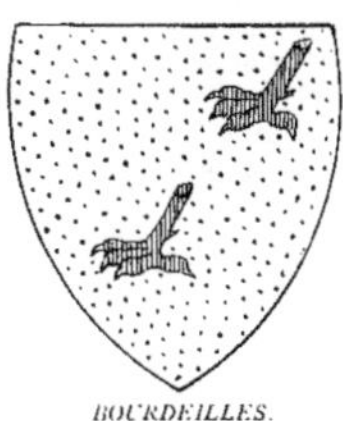

BOURDEILLES.

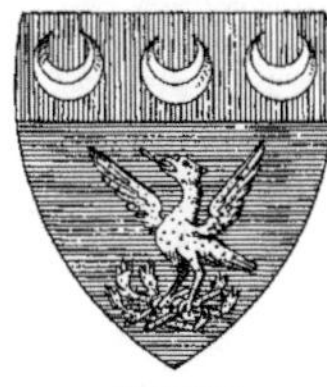

VERNEUIL.

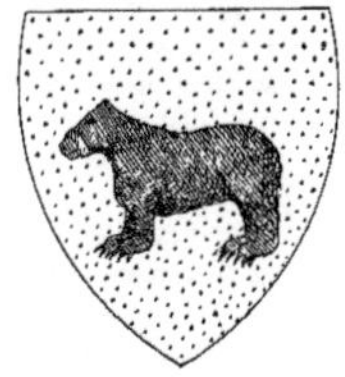

SAINT-SERNIN.

Le comte de Saint-Sernin eut, entre autres enfants, une fille, Louise-Gabrielle, qui épousa, le 11 novembre 1823, Charles-François-Marie-Adrien du Crozet, marquis de Cumignat ; le roi Louis XVIII et le comte d'Artois signèrent à son contrat de mariage.

C'est encore par une fille des précédents que Chistré passa au comte Charles de Bouillé qui, en décembre 1854, vendit les restes de la terre et du château à M. Edmond Treuille.

Le fils de ce dernier, M. Raoul Treuille, devenu propriétaire à la fin de 1869, a, conjointement avec sa femme, née Darblay, très intelligemment et très généreusement rendu au vieux manoir du xvie siècle son ancienne splendeur.

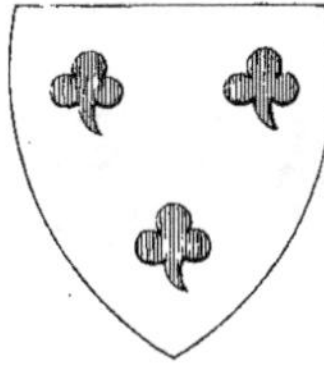

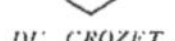

DU CROZET.

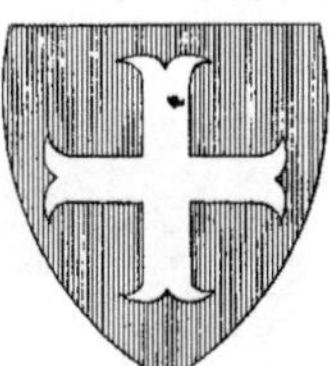

BOUILLÉ.

La seigneurie de Chistré était considérable ; elle avait le titre de châtellenie, avec les droits de haute, moyenne et basse justice, s'étendant sur plusieurs paroisses. Pour la plus grande partie, elle relevait du château de Chauvigny, appartenant aux évêques de Poitiers, au devoir de quarante livres à chaque mutation d'évêque ; le reste mouvait de la châtellenie de Monthoiron.

Un aveu, rendu en 1309 par Jeanne de Chistré, la dernière héritière de la vieille famille de ce nom, donne une idée de l'importance de la seigneurie à cette époque reculée. En voici le texte :

8 avril 1309.

Dominus de Chistre est homo ligius, prout continetur inferius.

Memoriaus est que je Johanne de Chistré avoe à tenir à hommage lige de redobté père en nostre signor, l'evesque de Poytiers, à XL livres, en la venue quand il vient nouvel evesque tant solement, c'est assavoir : la tour de Chistré, et le hebergement o les appartennances de celuy, o toute justice, haute et basse, en la terre de Chistré, de Savigné, de Rives, de Vounuyl et en terroer de Chistré et en aucuns leus à Prinçai et à Maillet, einsi comme mes predecesseurs le souloient tenir et explecter ; ensemblement en mon molin et en m'escluse, en flueve de Vienne, et ensemblement la pescherie de la dite esgue, et les escluses, et les bouchaus, et les rivières de la dite esgue, appartenans à moy et à ceux qui de moy les tienent. — Item, toutes mes terres, toutes mes constures et les arbres estans dedens, et mon clos et plusours autres vignes et le colombier, et plusours autres terres et vignes que ay, en terroer ou en terroers dessusdiz. — Item mon charrau et colombier et les landes appartenans à celuy charrau, et les boys Guillaume et le boys de Mainferme, et les pasturages, et les guarennes, à grosses bêtes et à menues, o la maison de la Vau et tous mes prez que je ay à Chitré et à Savigné, tant de ça la Vienne comme de là, et l'etanc de Savigné, ensemblement o les appartenances de celuy etanc. — Item, toutes les choses que je ay à Vauguylle, de la paroisse d'Archiné et de Avaylle, de Prinçay de Saint-Cerdre, de Vounuyl, soient en terre et en vignes, ou en prez, ou en boys, ou en cens, ou en maisons, ou en rentes, ou en chapons, ou en gelines, ou en desmes, ou en terrages, ou en terroers, ou en autres choses estans es leus dessusdiz.

Vient ensuite une longue énumération, sans intérêt, des hommages liges et des choses que tiennent de Jeanne de Chistré plusieurs particuliers, à Chistré, Vouneuil et lieux circonvoisins. A la fin est écrit :

« En tesmoing de la quele chose, je, Johanne dessus dite, en cestes présentes lettres, ay mis mon seel. Donné le mardi après Quasimodo, l'an de grace mil trois cens et nuef (1). »

Les principaux fiefs relevant de la châtellenie de Chistré étaient :

Le fief de Paradis, hommage lige au devoir de 23 livres 6 sous 8 deniers à muance de seigneur, et 15 sous de redevance annuelle, au jour de la Chandeleur, pour le *manger* de l'évêque de Poitiers. Ce fief, ainsi que la chapelle et le prieuré de Saint-Laurent de Chistré, furent échangés le 6 janvier 1408, par Charlot de la Tousche, seigneur de Marigny, qui reçut en contre-échange, de Lancelot Turpin, seigneur de Chistré, les moulin, port, écluse, dîme et pêcherie de Chistré;

Le fief de la Loge, hommage plein, 25 sous aux aides;

La dîme de Genest et la quatrième partie de la grande dîme de Mongamé, hommage lige, 40 sous aux aides;

Rudepère, 20 sous de devoir aux aides;

La Gastinalière, hommage lige, 5 sous aux aides.

Outre les droits de chasse et de pêche, mentionnés dans l'aveu de Jehanne de Chistré, les seigneurs de ce lieu avaient peu à peu obtenu dans les paroisses voisines toutes les prérogatives qui accompagnaient d'ordinaire la haute justice. Ainsi, par acte du 26 octobre 1528, le seigneur de Monthoiron leur accordait les droits de litres funéraires, armoiries, sépultures et autres, comme seigneurs hauts justiciers, fondateurs et patrons de l'église de Prinçay. En 1537, ils parvenaient à jouir des mêmes droits et prérogatives dans l'église de Vouneuil-sur-Vienne, conjointement avec les châtelains du Fou, qui jusqu'alors en étaient seuls en possession.

Au siècle suivant, c'est sur la demande du seigneur de Chistré, auquel s'était joint le curé de Vouneuil, que l'administrateur de l'évêché de Poitiers, Antoine Barberin, par ordonnance du 16 mars 1643, autorise la construction d'une église au lieu de Chistré, sous le vocable de saint Joseph, et pour l'usage des habitants de Vouneuil placés sur la rive droite de la Vienne, à condition que les intéressés fourniraient à toutes les charges, à l'entretien de l'église et à la subsistance du curé, dont la nomination appartiendrait au seigneur de Chistré.

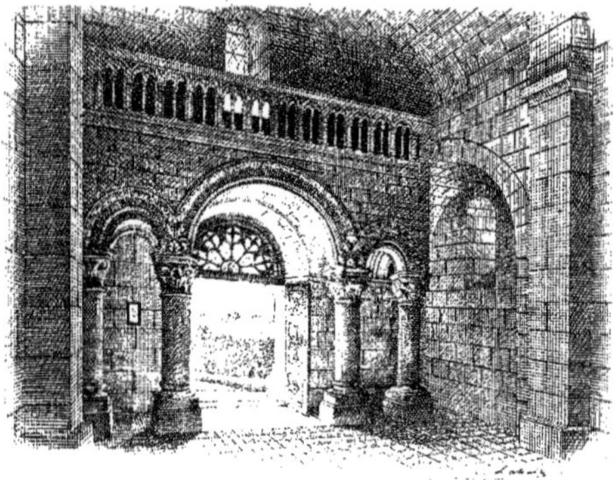

(1) Cartulaire de l'évêché de Poitiers, ou Grand-Gauthier, publié par M. Redet, *Archives du Poitou*, t. X, p. 274 et suiv.

MONUMENTS

Il y a quelques années, le château de Chistré n'était qu'une belle ruine, pittoresquement plantée au sommet du coteau qui borde la rive droite de la Vienne, à peu près à la hauteur de Vouneuil. (Voir le dessin du frontispice.) Voici comment le décrivait M. de Longuemar :

« Tandis qu'au fond de la vaste enceinte, du côté du midi, on aperçoit à peine les débris du vieux donjon, « dont les tours à demi rasées se cachent sous des massifs d'arbustes, d'épines et de ronces cramponnées aux

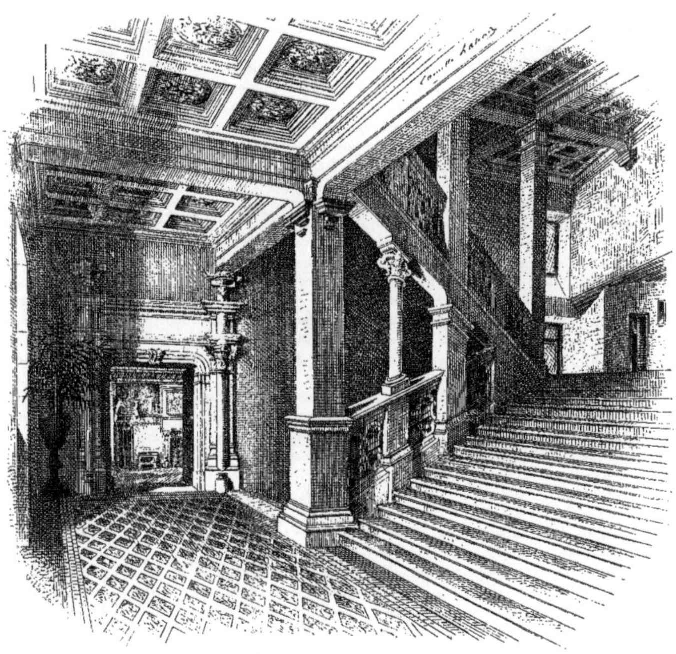

« décombres, au premier plan se dressent fièrement les hautes tours du moderne (relativement) donjon, couron- « nées de leur diadème de mâchicoulis et reliées entre elles par de hautes courtines. Ces gigantesques constructions « détachent sur le ciel une silhouette d'une hardiesse extraordinaire.

« Le triple étage de larges baies qui pourfendent sans ménagement et sans souci de leur solidité les murs « élevés de l'édifice, contrastent de la manière la plus complète avec les ouvertures étroites pratiquées dans les « murs épais du vieux donjon. On sent bien que les unes n'étaient destinées qu'à donner passage aux longues jave-

« lines et aux carreaux d'arbalète prêts à repousser les assaillants, tandis que les autres devaient laisser pénétrer librement des flots de lumière dans les vastes salles du château moderne, meublées et décorées avec tout « le luxe de la Renaissance... Le vieux donjon paraît avoir été construit au XIIIe siècle, et le château *relativement* « moderne, au XVIe. Un large escalier, aujourd'hui effondré, et dont le ciel était orné de riches caissons ciselés, conduisait autrefois à l'appartement d'honneur du château, décoré avec tout le luxe de cette époque où régnèrent « les Jean Goujon et les Bernard Palissy. »

Ces ruines n'étaient pas seulement l'œuvre du temps : les hommes y avaient aidé et mis la main, comme il arrive le plus souvent. D'abord les seigneurs de Chistré devenus, au XVIIe siècle, propriétaires du Fou, avaient donné la préférence à leur nouvelle acquisition sur leur ancienne résidence, et abandonné Chistré pour s'établir au château du Fou. Ils ne se contentèrent pas de cet abandon : trouvant que l'entretien de Chistré était une charge inutile, ils firent enlever ses couvertures, ses charpentes et ses planchers, pour servir aux réparations de son rival préféré. Dès lors, le vieux manoir demeura exposé à toutes les intempéries. Pour hâter l'œuvre de destruction, la Révolution survint, et les habitants du voisinage se mirent à exploiter, comme dans une carrière, les belles pierres des tours et des murailles du XVIe siècle.

Chistré aurait sans doute fini par disparaître entièrement, si sa bonne étoile ne l'avait fait tomber dans les mains de M. et de Mme Treuille. Laissant de côté la portion des ruines remontant au Moyen âge, sauf toutefois la chapelle, ils résolurent de relever le château bâti, au milieu du XVIe siècle, par Tiercelin de la Roche-du-Maine, et de lui rendre, autant que possible, sa physionomie première. Cette opération délicate était facilitée par l'existence de portions de murailles qui donnaient le plan de toute la partie inférieure du château, et même, aux deux extrémités, s'élevaient jusqu'à la hauteur du troisième étage.

Quant à la partie supérieure, qui était de beaucoup la plus ornementée, où l'on pouvait le mieux s'abandonner à des fantaisies plus ou moins justifiées, M. et Mme Treuille ont eu la bonne pensée de s'aider constamment de moulages et de dessins pris au château de la Roche-du-Maine, dans la commune de Prinçay, encore subsistant en grande partie, et bâti, à peu près à la même époque que Chistré, par le même Tiercelin de la Roche-du-Maine. Ils ont trouvé dans leur architecte, M. l'abbé Brisacier, un digne exécuteur de leur pensée; il en est résulté une œuvre remarquable, qui est plus et mieux qu'un simple pastiche de la Renaissance. (Voir Pl. 1 et le dessin, page 3.)

Le château restauré offre en plan un parallélogramme allongé, de près de 40 mètres de façade, terminé à gauche par un donjon flanqué de trois tours rondes et surmonté d'une quatrième carrée qui domine tout le pays. A l'autre extrémité, un ancien donjon n'a été relevé qu'en partie. Des quatre tours qu'il comptait, deux seulement ont été reprises depuis la base ; les deux autres, découronnées et à demi rasées, sont couvertes d'arbres, d'arbustes et de fleurs, constituant une sorte de plate-forme où l'on accède par des sentiers tournants du plus agréable effet (voir Pl. 3) ; sous cette plate-forme règne une vaste salle percée de deux grandes portes-fenêtres aux profondes embrasures, et où se voit une belle voûte ogivale.

La porte, ouverte comme autrefois au ras du sol, est également, comme jadis, placée non au milieu, mais près d'une des extrémités de la façade principale. Elle est, ainsi que les ouvertures des étages inférieurs, sobrement ornée. Selon la bonne tradition de la Renaissance, on a réservé, pour la partie supérieure, toutes les splendeurs et toutes les magnificences de la décoration. Le riche entablement qui règne sous le bord du toit, et les lucarnes qui s'élèvent à plus de sept mètres, ont été copiés avec leurs niches, pinacles et figurines, sur ceux du château de la Roche-du-Maine, qui subsiste encore en grande partie dans la commune de Prinçay, canton de Monts, arrondissement de Loudun.

La porte donne accès à un escalier monumental (voir le dessin page 9) dont les marches, d'un seul bloc, se déploient en travées parallèles séparées par de larges paliers. La voûte est ornée de caissons sculptés; la rampe, en pierre, et les piliers, sont richement travaillés, d'après des fragments trouvés dans les décombres. Cet escalier conduit à l'ancienne salle seigneuriale, dont les vastes dimensions ont été conservées, 14m50 sur 8m50. Au fond, se dresse la belle et curieuse cheminée qui avait survécu à la ruine du château, et qui, après avoir été transportée à Poitiers, au musée de la Société des Antiquaires de l'Ouest, a pu être rétablie dans sa place primitive. Elle est en pierre très blanche et offre, dans sa partie supérieure, une scène de chasse profondément fouillée. Au premier plan, un beau cerf, à demi couché au milieu d'un parc, dressant sa jolie tête, semble réveillé par le bruit du cor. On voit, en effet, à l'arrière-plan, sortir d'un château, un seigneur accompagné de chiens et de piqueurs. Une biche, à demi cachée sous le couvert des arbres du parc, s'apprête à fuir; les oiseaux, également effarouchés, s'envolent de tous côtés. L'idée est ingénieuse, mais l'exécution laisse à désirer, et, bien que cette sculpture porte la date de 1557, qui est très probablement celle de l'achèvement du château, on y cherche vainement l'élégance de dessin et la délicatesse de ciseau qui distinguent cette époque. (Voir Pl. 2.)

Le grand cerf porte au cou les armes des seigneurs du lieu, savoir : au 1, d'argent à deux tierces d'azur, accompagnées de quatre merlettes de sable, qui est de Tiercelin; au 2, losangé d'or et de gueules, qui est de Turpin. Douze têtes de cerf et de biche, qui sortent de la muraille tout autour de la salle, sont également ornées de colliers où pendent des écussons à ces mêmes armes, ainsi qu'à celles d'Appelvoisin : de gueules à une herse d'or de trois traits. Des devises galantes sont gravées sur les rubans qui supportent les écussons.

Le plafond de cette salle est formé de magnifiques poutres apparentes ornées de peintures, et le dallage est une mosaïque composée d'une infinité de petits carreaux émaillés, dont les semblables ont été trouvés dans les ruines du château. La plupart des autres appartements sont dallés de la même façon.

Un couloir pratiqué dans un mur de 2 mètres d'épaisseur conduit à la tribune de la chapelle, qui est une addition moderne faite à cet édifice religieux, dont les parties principales subsistaient encore, et auquel on a conservé ou rendu sa physionomie romane. (Voir Pl. 3 et le dessin de la page 8.)

Si l'on monte au premier étage par l'escalier d'honneur, on rencontre, donnant accès dans toutes les chambres, qui sont vastes et éclairées par des croisées à meneaux de pierre avec vitraux de couleur, un large couloir, où l'on est forcé de voir une concession faite, dans la restauration, aux exigences de la vie moderne; mais s'en plaindre serait se montrer bien rigoureux.

Des escaliers en spirale, desservant les différents étages, permettent d'arriver sur la terrasse du midi, et même sur la tour du Guet, qui est très probablement, elle aussi, une addition à la construction primitive; mais on ne saurait le regretter, non plus que la légère fatigue causée par cette dernière ascension. La magnifique vue qui se déploie devant vos yeux vous dédommage complètement. A vos pieds étincelle la Vienne sous son berceau de peupliers; au delà, se dressent le château du Fou, la tour de Beaumont, le château de Baudiment; puis apparaissent, à droite, la tour d'Oiré, le château de Targé, la ville de Châtellerault au delà du confluent de la Vienne et du Clain; à gauche, la forêt de Moulière couronne l'horizon et cache Poitiers; en arrière, sur le plateau, s'étendent jusqu'à Pleumartin les bois de Chistré et de la Foye.

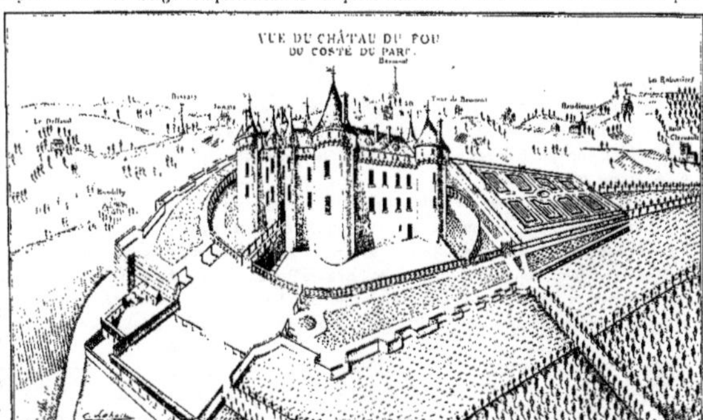

Sous le château sont de nombreux souterrains, en grande partie comblés, qui s'étendent dans toutes les directions, parfois à quelques kilomètres, et devaient déboucher dans les bois environnants.

Dans le parc de Chistré, que les anciens du pays appellent Bois-Charraud, existent encore, dit M. l'abbé Lalanne, les ruines de vieilles constructions renfermées de fossés. Selon les uns, ce sont les débris d'un château; d'autres, au contraire, affirment que là s'élevait autrefois l'abbaye du Mont-Charraud, et, pour accréditer leur opinion, ils racontent que souvent, au milieu des ténèbres de la nuit, des voyageurs attardés ont vu des spectres de moines en robes blanches se promenant processionnellement sur les débris du vieux monastère.

Malheureusement pour les amateurs de légendes, il n'est fait mention nulle part, dans les documents poitevins, d'une abbaye de ce nom. Il faut même noter que, dans la vieille langue de cette province, le mot *charraud* signifie une grange; et si l'on considère que, dans l'aveu de 1309, rapporté plus haut, Jeanne de Chistré dit tenir de l'évêque de Poitiers *son charrau et colombier et les landes appartennant à celuy charrau*, on sera bien porté à penser que ces ruines, perdues au milieu des bois, sont tout simplement celles d'une vaste grange dîmeresse. Ces édifices atteignaient quelquefois des proportions considérables, ainsi qu'en témoigne la grange de Meslay, encore debout dans la commune de Parcay-Meslay (Indre-et-Loire). Cette opinion prête sans doute moins à la poésie que celle généralement accréditée dans le pays, mais nous la croyons beaucoup plus près de la vérité. Des fouilles faites sur les lieux pourraient aider à l'éclaircissement de la question.

CHATEAU DU FOU

HISTOIRE — SEIGNEURS DU FOU

Le nom du Fou ne paraît qu'au milieu de la seconde moitié du xve siècle. Antérieurement, cette localité s'appelait Armenteresse ou la Menteresse : *decima d'Armenterece*, vers 1250; fié d'Armenteresse, 1326 : Jehan Salmon, chevalier, seigneur d'Armenteresse, 1433; Le Fou, *alias* la Menteresse, 1500. Elle doit son nom actuel à Yves ou Yvon du Fou, conseiller et chambellan de Louis XI, qui y fit construire le château encore debout aujourd'hui.

La maison du Fou, anciennement du Faou, de *Fagus*, hêtre, était originaire de la paroisse du Fou, en l'évêché de Cornouailles en Bretagne. Elle portait d'azur à une fleur de lis d'or et deux éperviers affrontés d'argent, bequés et membrés d'or.

En 1426, vivait Jacob du Fou, seigneur de Lezat et de Rustephan. Il eut trois fils, qui tous trois quittèrent la Bretagne pour passer au service du roi Louis XI, auprès duquel ils firent une brillante fortune :

1° Yves, qui continua la postérité et sur lequel nous reviendrons;

2° Raoul, abbé de Noyers en Touraine, 1470-1486; évêque d'Angoulême, puis d'Évreux, mort en 1501;

3° Jean, seigneur de Rostrenen, conseiller et chambellan du roi, bailli et gouverneur de Touraine, 1480-1484; grand échanson de France.

Yves, qui nous intéresse particulièrement, était, comme son frère Jean, conseiller et chambellan de Louis XI. On le trouve, dès 1462, capitaine de la ville et du château de Luzignan : il est capitaine de Cherbourg en 1464, grand veneur de France en 1472, lieutenant général de l'armée envoyée, en 1474, pour réduire le Roussillon et la Cerdagne; la même année, il est chargé, avec Pierre de Rohan, seigneur de Gié, et Imbert de Bastarnay, de châtier la rébellion de la ville de Bourges; gouverneur du Dauphiné en 1475; général réformateur des eaux et forêts du pays de Poitou en 1478; sénéchal de Poitou en 1480; bailli de Touraine en 1484, il meurt le 2 août 1488.

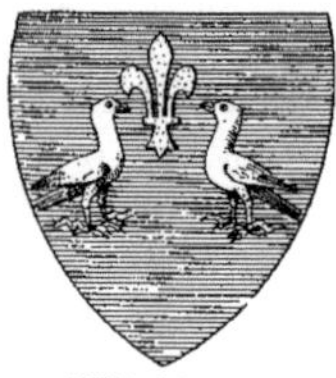

YVES DU FOU.

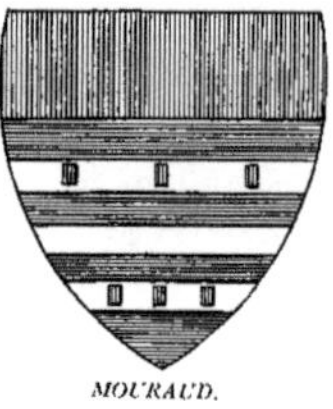

MOURAUD.

Yves du Fou était devenu propriétaire de l'Armenteresse, qui n'était probablement qu'un médiocre fief dépendant de la seigneurie voisine de la Flotte, par son mariage, vers 1465, avec Anne Mouraude, d'une ancienne famille du Poitou, fille de Jean Mouraud ou Mourault, maire de Poitiers, en 1461, pour la cinquième fois, et de Jeanne Larchère, dont la famille avait également donné des maires à la ville de Poitiers au xve siècle. C'était là, pour le gentilhomme breton, un riche mariage, auquel ne fut peut-être pas étranger le roi Louis XI, qui aimait assez à récompenser de cette façon, pour lui peu onéreuse, les services qu'on lui rendait. Témoins, le mariage du sire de Bastarnay avec Georgette de Montchenu, dame de Montrésor, et même celui de Jean du Fou, frère cadet d'Yves, avec Jeanne de la Rochefoucault, héritière des belles terres de Montbazon, de Sainte-Maure et de Nouastre.

Jeanne Mouraude apporta à son mari les seigneuries de la Roche et des Touches de Lezay, en bas Poitou, et celle de la Flotte, paroisse de Saint-Cyr en Châtelleraudais, pour laquelle Jean Mouraud rendit aveu au nom de Jeanne Larchère, sa femme, de 1434 à 1456.

C'est peu de temps après son mariage qu'Yves du Fou fit construire dans la paroisse de Vouneuil-sur-Vienne, limitrophe de celle de Saint-Cyr, et sur l'ancien fief de l'Armenteresse, le château qui porte son nom. Il devait être fort avancé, sinon terminé en 1470, puisque nous voyons, à cette date, Yves du Fou obtenir du roi de substituer son propre nom à celui de l'Armenteresse. Nous n'avons pas les lettres patentes de Louis XI, mais elles sont mentionnées de la façon suivante, p. 68 de la *Réformation des eaux et forêts du Poitou* : « *Lettres de Louis XI* « *registrées où besoin a été, par lesquelles il change le nom du château de l'Armenteresse en celui du Fou, du* « *mois de mai 1470.* »

Des actes authentiques viennent prouver l'exactitude de cette énonciation : en effet, dans des aveux rendus au seigneur de La Barre-Pouvreau, les 5 janvier et 7 mars 1469 (1470, n. s.) (1), nous voyons Yves du Fou qualifié seigneur de la Rementeresse, tandis qu'en 1474 il a le titre de seigneur du Fou, notamment dans l'aveu rendu par lui, le 15 novembre, de la terre de la Flotte à Charles d'Anjou, roi de Sicile, vicomte de Châtellerault; la mutation de nom a donc eu lieu entre ces deux dates.

Sa femme, Anne Mouraude, était morte en 1479; car, le 20 septembre de cette année, Yvon, seigneur du Fou, chevalier, conseiller, chambellan du roi, grand-veneur de France, tant en son nom que comme loyal administrateur des biens des enfants de lui et de feue Anne Mouraude, rend aveu à la dame de La Barre-Pouvreau pour les hébergements de La Roche, La Boucherie, etc. (2).

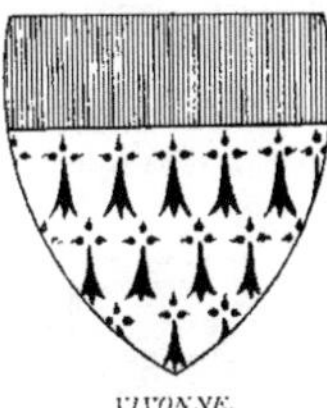
VIVONNE.

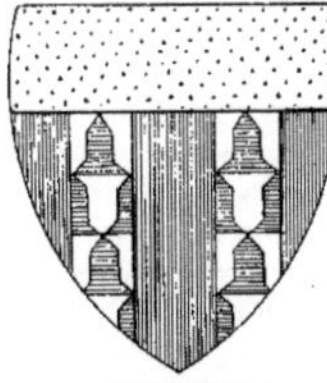
D'ARCHIAC.

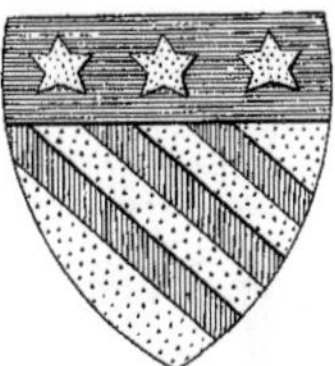
MONTPEZAT.

Il contracta un second mariage avec Catherine de Vivonne, fille de Germain de Vivonne, seigneur d'Amville, et de Marguerite de Brosse. Catherine, devenue veuve en 1488, se remaria avec Amanieu de Comborn, le 27 janvier 1489.

Yvon du Fou eut, de sa première femme :

1° Jacques, qui hérita du château du Fou;

2° François, auteur de la branche du Vigean;

3° Héliette, qui épousa, le 10 novembre 1482, François de Bourdeilles, chevalier, seigneur de Bourdeilles et de la Tour-Blanche, en Périgord.

JACQUES DU FOU, seigneur du Fou en Poitou et du Préau en Quercy, était, avec son frère François, sous la tutelle de l'évêque d'Évreux leur oncle, au mois de décembre 1488 (3). Il fut, le 9 juin 1498, confirmé, par le roi Louis XII, maître particulier des eaux et forêts en Poitou, en considération des services rendus au roi Charles VIII qu'il avait suivi à Naples. En 1512, il était chargé, avec son voisin Pierre de Neuchèze, seigneur de Baudiment, de la levée des milices en Guyenne et en Poitou. Nommé maître d'hôtel ordinaire du roi en 1514, il mourait en 1526.

Jacques du Fou avait épousé Jeanne d'Archiac, dont il n'eut que deux filles :

1° Françoise, qui fut la première femme de Jean, seigneur de Hautefort;

2° Helyette ou Lyette qui suit.

Helyette épousa, du vivant de son père, par contrat du 26 décembre 1521, ANTOINE DE LETTES, seigneur des PREZ et de MONTPEZAT, gentilhomme ordinaire de la chambre du roi. Ce mariage fit passer la seigneurie du Fou dans la maison des Prez de Montpezat. Brantôme commet, à ce sujet, une singulière erreur. Parlant d'Antoine de Lettes de Montpezat, il écrit :

« *Le Roy, au retour de sa prison (1526), passant par le Poitou, luy fit espouser la demoiselle du Fou,* « *cousine germaine de mon père, riche héritière pour le temps, car elle avoit dix mille livres de rentes, et en* « *belles maisons* (4). »

Si François Ier fit faire ce mariage, dont le contrat est du 26 décembre 1521, il est bien clair que ce ne fut pas au retour de sa captivité de Madrid, en 1526, et pour récompenser Montpezat des services qu'il en avait reçus

(1) *Inventaire analytique des Archives du château de La Barre* par A. Richard, archiviste de la Vienne, t. II, p. 86 et 224.
(2) *Inventaire des Archives du château de La Barre*, t. II, p. 66, 83, 224.
(3) Ibid., t. II, p. 83 et 86.
(4) Brantôme, *Vies des hommes illustres et des grands capitaines françois*, discours XVI, art. de M. de Montpezat.

après la bataille de Pavie et en Espagne. C'est là une preuve, entre tant d'autres, que le père Anselme a grandement raison lorsqu'il recommande de lire les mémoires de Brantôme *avec précaution*.

Le nouveau seigneur du Fou était d'une noble famille du Quercy, jusqu'à lui sans illustration. Écuyer tranchant de François Ier en 1516, début du règne, il devint, en 1520, gentilhomme de la chambre du roi. Fait prisonnier à la bataille de Pavie, sa rançon fut payée par François Ier auquel il tint compagnie pendant sa captivité et qui le chargea de diverses missions auprès de Charles-Quint; sans doute en récompense de ses services, il obtint la maîtrise des eaux et forêts du Poitou et la capitainerie de Montluçon. Après avoir figuré avec distinction au siège de Naples, en 1528, il fut, en 1532, envoyé comme ambassadeur en Angleterre; mais il se fit surtout remarquer en Italie, par la glorieuse défense de Fossano, place du Piémont assez médiocre, dans laquelle il résista pendant trente-deux jours à toutes les attaques des impériaux commandés par Antoine de Leyve, l'un des meilleurs généraux de Charles-Quint. Il en sortit, le 8 juillet 1536, avec tous les honneurs de la guerre. On le retrouve encore à la défense de Marseille et au siège de Perpignan; fait maréchal de France, le 13 mars 1544, il recevait enfin la juste récompense de ses longs et brillants services. Il ne devait pas jouir longtemps de cette haute dignité, car la mort le prenait au mois de novembre de la même année.

Sa veuve, qui donnait quittance le 15 septembre 1545 de partie des gages de son mari, comparut par procureur, comme dame du Fou, à la réformation de la coutume du Poitou en 1559.

De leur mariage naquit :

Melchior des Prez, seigneur de Montpezat, du Fou, etc. Il fut comme son père et son aïeul, maître des eaux et forêts en Poitou, et y joignit même la haute fonction de sénéchal de cette province. Il fut également chevalier de l'ordre du Roi et son lieutenant en Guyenne.

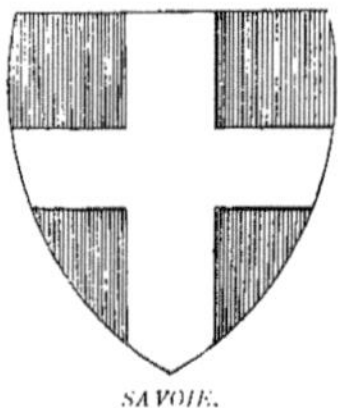

SAVOIE.

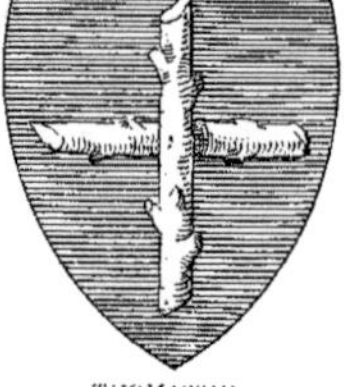

THOMASSIN.

Par contrat du 16 juin 1566, il épousa Henriette de Savoie, marquise de Villars, fille unique d'Honorat de Savoie, deuxième du nom, marquis de Villars, maréchal et amiral de France, et de Françoise de Foix, vicomtesse de Castillon. Après la mort de son mari, elle se remaria, le 22 juillet 1576, à Charles de Lorraine, duc de Mayenne, pair, amiral et grand chambellan de France.

De sa première union était né :

Emmanuel Philibert des Prez, marquis de Villars, seigneur du Fou. Nommé chevalier de l'ordre du Roi en 1618, il fut blessé au siège de Montauban, le 2 septembre 1621, et mourut peu de jours après sans postérité d'Éléonore Thomassin, fille de Renée Thomassin, seigneur de Montmartin.

Vers le milieu du xviie siècle, par suite de circonstances que nous n'avons pu éclaircir, le château du Fou entre dans la maison d'Appelvoisin de la Roche-du-Maine qui possédait déjà la seigneurie voisine de Chistré. Depuis cette époque jusqu'à la Révolution, les deux châteaux n'eurent qu'un même propriétaire et passèrent successivement aux héritiers de Charles Tiercelin d'Appelvoisin de la Roche-du-Maine, auteur de cette réunion. Nous en avons donné la filiation et les alliances dans la partie de cette étude consacrée au château de Chistré; nous nous contenterons de les énumérer ici. Ce sont :

VERTEILLAC.

Charles Tiercelin d'Appelvoisin, marquis de la Roche-du-Maine, mort en 1694;

Charles-Bernard-Donatien, marié deux fois, en 1707 et en 1714;

Charles-Auguste, marié en 1739;

Charles-Gabriel-René, marié en 1766 et guillotiné en 1793.

On a vu, à l'article de Chistré, que le Fou fut attribué à la seconde de ses filles, Jeanne-Charlotte-Félicité-Élisabeth, mariée, en 1823, à Thibaud de la Brousse, marquis de Verteillac. De ce mariage vinrent deux filles et un fils. Les filles furent, l'une la vicomtesse de Courcelles; l'autre, d'abord mariée à M. de Bourbon-Conti, fils naturel du dernier prince de Conti, épousa, en secondes noces, M. Sosthène de la Rochefoucauld, duc de Doudeauville.

Le fils, César-Augustin, marié d'abord à Mlle de Montalembert, n'en eut pas d'enfants, et se remaria à dame Marie-Henriette de Leuze, dont est née une fille, Marie-Henriette-Herminie, aujourd'hui princesse de Léon et future duchesse de Rohan.

Le noble manoir qui nous occupe n'est demeuré à aucune de ces grandes familles; il a été acquis, vers 1854, par M. LE COMTE DE CAMPAGNE, dont la veuve le possède actuellement.

Par des raisons qu'il est difficile d'apprécier aujourd'hui, les d'Appelvoisin, devenus propriétaires du Fou, le préférèrent à leur ancienne résidence de Chistré dont le château était cependant tout à la fois plus récent, d'une architecture plus élégante et d'une distribution mieux appropriée aux exigences de la vie moderne. Le dernier seigneur, Charles-Gabriel-René, alla même plus loin. Il obtint, en 1775, des lettres patentes du roi, portant union des fiefs du Fou, Chistré, Cenan, La Brosse, Ceuon, Ternay, Chagon et La Flotte, pour ne former qu'une seule et même juridiction, dont l'exercice se tiendra audit lieu du Fou, sous un seul hommage qui sera fait au roi, à cause de son château de Châtellerault. C'était, pour ainsi dire, la consécration de la supériorité féodale du Fou sur son antique voisin. Mais il ne devait pas jouir longtemps de cette faveur, car bientôt la Révolution faisait disparaître toutes les juridictions féodales.

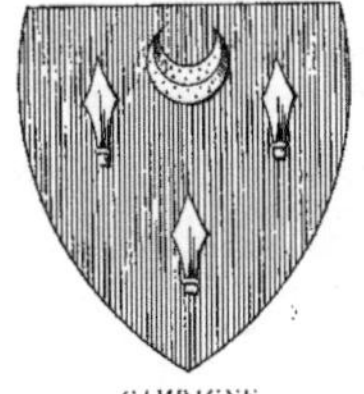

CAMPAGNE.

Celle du Fou, même avant la réunion de 1775, était considérable et s'étendait non seulement sur une notable partie de la paroisse de Vouneuil, mais encore dans plusieurs des paroisses voisines.

Le Fou avait droit de haute, moyenne et basse justice, et relevait féodalement du marquisat de Clairvaux.

MONUMENTS

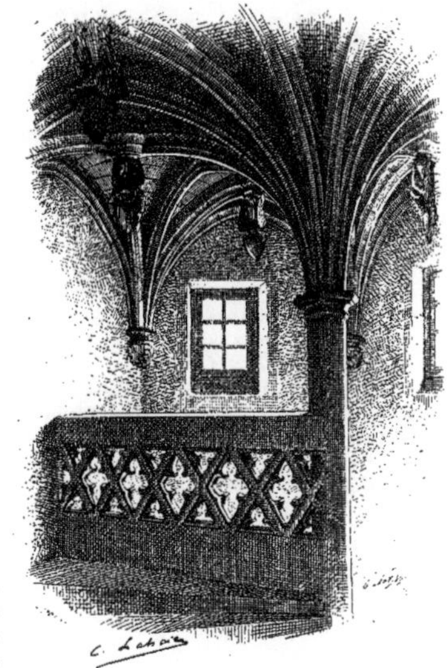

Le château du Fou, placé sur une colline crayeuse, à gauche de la Vienne, se compose d'un gros corps de logis, aspecté au midi, avec deux ailes en retour d'équerre. Il est flanqué, aux angles, de fortes tours, sans parler de deux autres de moindre dimension, qui défendent l'entrée, percée dans l'aile orientale. Le tout est entouré de fossés larges et profonds, dont les parois, en belles pierres de taille, donnent tout à fait grand air à ce vieux manoir. Ces fossés, qui sont aujourd'hui transformés en jardins, et n'ont jamais dû recevoir beaucoup d'eau, forment le quadrilatère; on est donc porté à croire que la cour intérieure était également fermée par des bâtiments du côté du sud, aujourd'hui ouvert sur une agréable vallée, comme à Chaumont-sur-Loire, dont le plan général a de grandes analogies avec celui du Fou. Chaumont est un peu plus récent: mais tous deux appartiennent à l'époque où la haute noblesse française tend à convertir l'ancien château fort en une habitation de plaisance appropriée aux habitudes nées d'un nouvel état social.

L'architecte avait à concilier les nécessités de la défense avec les exigences toujours croissantes de la vie domestique. Continuant l'ancienne tradition, il ne tint aucun compte des effets du canon, et ne songea à défendre sa forteresse que contre l'escalade. Aussi, les hautes et puissantes murailles, couronnées de créneaux à mâchicoulis et flanquées de tours, n'étaient-elles percées que d'une seule porte et d'étroites ouvertures inégalement distribuées sur les façades. A l'extérieur, tout annonçait une sévère forteresse: mais, à l'intérieur, l'aspect changeait: les ouvertures agrandies étaient régulièrement placées les unes au-dessus des autres, offrant, dans le dessin général, des lignes perpendiculaires.

tandis qu'au siècle précédent, lorsque, chose rare, elles étaient régulièrement disposées, elles formaient des bandes horizontales. Ceci s'applique surtout à ce qui a existé, car les ouvertures ont été multipliées et remaniées ; les hautes lucarnes, qui devaient animer la toiture, aujourd'hui refaite et abaissée, ont entièrement disparu. Il en est de même du pont-levis, remplacé par un pont dormant ; son existence n'est plus attestée que par les profondes rainures creusées de chaque côté de la porte, entre les deux tours qui défendaient l'entrée. (Voir Pl. 4.) L'intérieur a été complètement remanié ; il ne reste plus rien des belles et hautes cheminées qui devaient orner la plupart des appartements. Par contre, la chapelle, qui se trouve dans l'angle formé par la jonction de l'aile orientale avec le corps de logis, est plus intacte et a conservé ses nervures prismatiques et sa tribune en pierre, à laquelle on accède par l'escalier principal, qui communique directement avec les différents étages du château. C'est une vis de belles et larges proportions dont le noyau s'épanouit au sommet en d'élégantes ramifications, ornées de pendentifs représentant des anges porteurs de blasons actuellement effacés. (Voir le dessin, page 15.)

En résumé, le Fou était autrefois une imposante habitation seigneuriale, conservant encore le caractère et les moyens de défense d'une forteresse, mais déjà mieux aérée et plus commode que les châteaux du siècle précédent. Aujourd'hui, avec les grands arbres qui l'entourent, d'où il semble émerger, c'est une très belle et très agréable résidence. (Voir le dessin, page 11 et la Planche 5.)

Le beau parc au milieu duquel s'élève le château renferme trois bornes milliaires de l'époque gallo-romaine, dont une surtout porte une inscription d'un haut intérêt, et qui a servi à M. de Longuemar pour fixer à 2,415 mètres la longueur de la lieue gauloise. Cette borne a été exhumée du cimetière de Cenon, localité gallo-romaine située au confluent de la Vienne et du Clain. Elle avait été, comme la plupart de celles qu'on a rencontrées au même lieu, creusée en forme d'auge, pour recevoir une sépulture chrétienne ; mais elle provenait de la voie romaine de Poitiers à Tours, dont il subsiste dans le voisinage de nombreuses traces.

IMPCAESARDIVIHA (1)
DRIANIFILDIVITRA
IANIPARTHICINE
POSDIVINERVAEPRO
NEPTAELHADRIA
NVSANTONINVS
AVGPIVSPMTRP
PP
LIM FIN
IX VII

Lecture : Imperator Cæsar divi Hadriani filius, divi Trajani Parthici nepos, divi Nervæ pronepos, Titus Ælius Hadrianus Antoninus Augustus pius, pontifex maximus, tribunitia protestate... pater patriæ, Limonum, IX, Fines, VII.

Les chiffres des années de la puissance tribunitienne qui manquent sur la pierre doivent, suivant une autre inscription, être III, ce qui répond à l'année 140.

On sait que les limites du Poitou et de la Touraine étaient alors à Ingrandes-sur-Vienne, désignée dans l'inscription par le mot *fines*, et que *Limonum* est Poitiers. Cette borne était donc placée à IX unités itinéraires de Poitiers et à VII d'Ingrandes. Or, en suivant la voie romaine, encore apparente en plusieurs endroits, on a, comme distance entre Poitiers et Ingrandes, 38,640 mètres qui, divisés par XVI, total des unités itinéraires IX et VII, portées sur l'inscription, donnent bien 2,415 mètres, c'est-à-dire la longueur de la lieue gauloise, déjà fixée à l'aide d'autres documents, par MM. de Saint-Ferjeux, Mesnard et Aurès. Cette modeste pierre est donc un monument précieux.

CH. DE GRANDMAISON,
Archiviste d'Indre-et-Loire, Membre de la Société des *Antiquaires de l'Ouest*.

(1) La première ligne et la lettre o soulignées manquent sur la pierre et sont restituées.

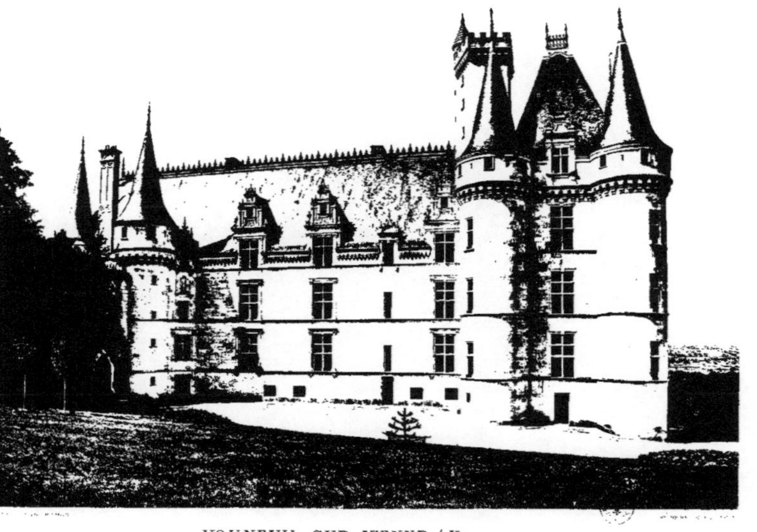

VOUNEUIL-SUR-VIENNE (Vienne)

CHÂTEAU DE CHISTRÉ

Façade du Levant

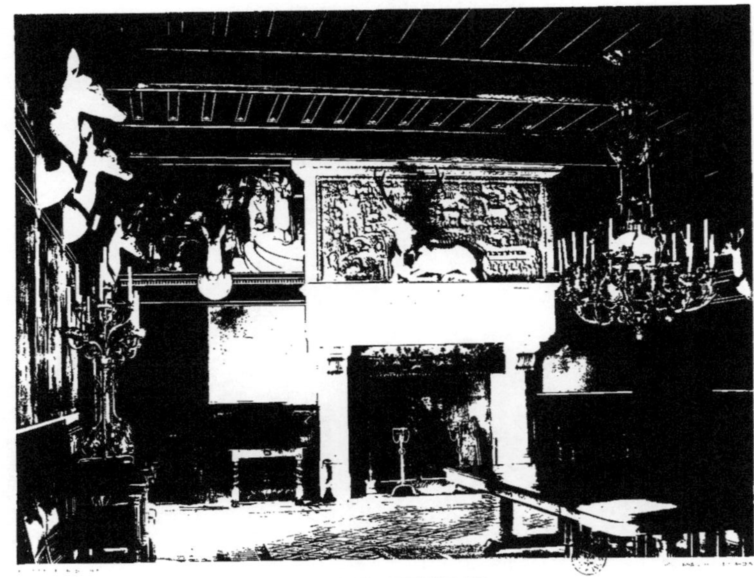

VOUNEUIL-SUR-VIENNE (VIENNE)

CHÂTEAU DE CHISTRÉ

Grand salon de réception des chasses.

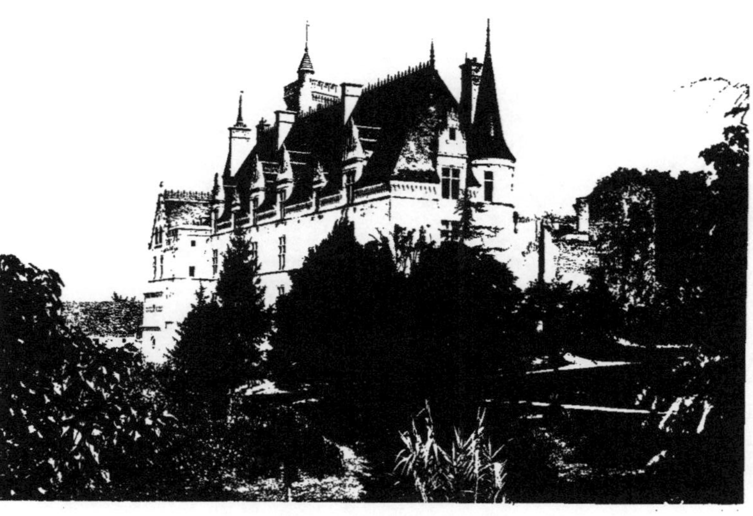

VOUNEUIL-SUR-VIENNE (VIENNE)

CHÂTEAU DE CHISTRÉ

La Chapelle et la façade Ouest.

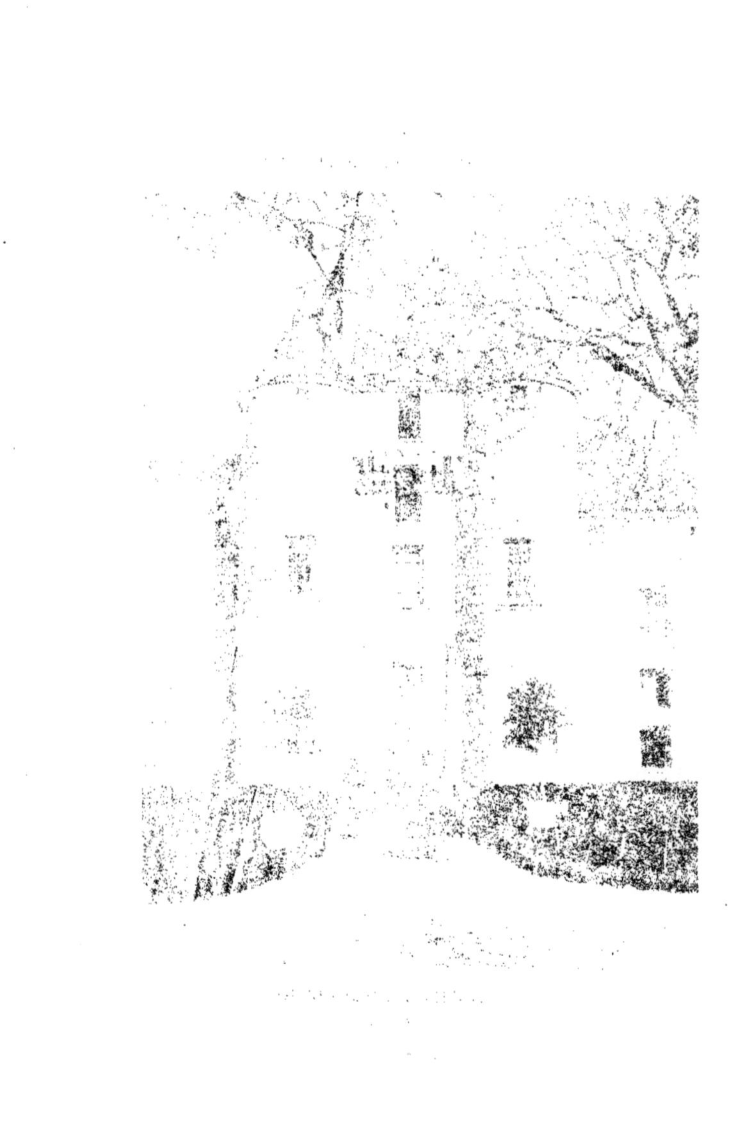

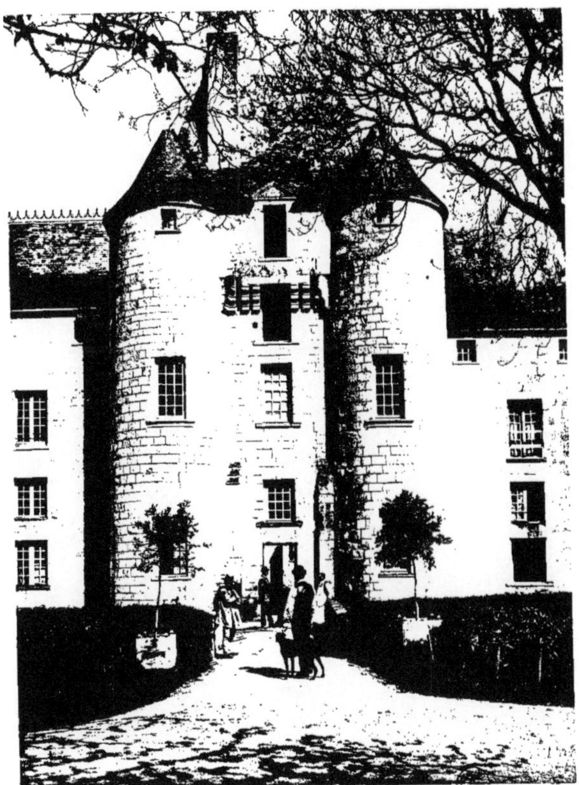

VOUNEUIL-SUR-VIENNE (VIENNE)

CHÂTEAU DU FOU

La porte d'entrée à l'Est.

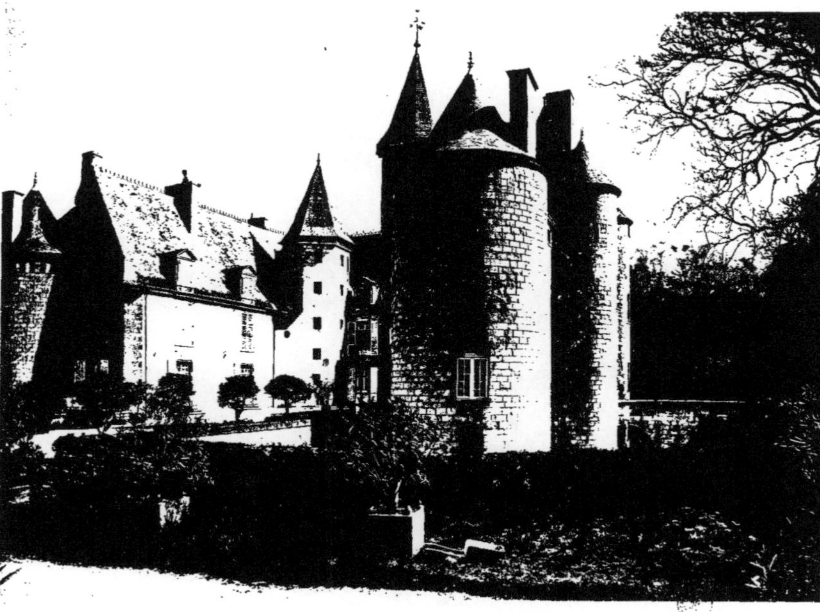

VOUNEUIL-SUR-VIENNE (VIENNE)

CHÂTEAU DU FOU

Vue prise sur la Terrasse au Sud

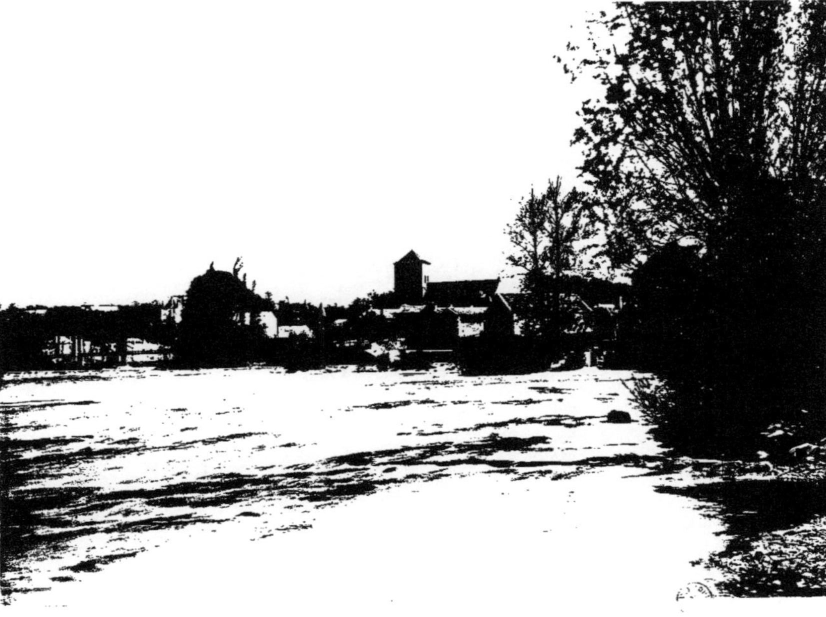

BONNEUIL-MATOURS (VIENNE)

LE BOURG ET LE MOULIN

Vue prise de la Vienne en aval

SAINT-JULIEN-L'ARS

VIENNE

1° *Le Château, vue d'ensemble prise au sud-est;*
2° — *vue prise au nord-est;*
3° — *le Donjon et la fenêtre du Roi Jean;*
4° *Le Bois-Dousset. Ancienne porte d'entrée* XVIe *siècle du château.*

INDICATIONS PRÉLIMINAIRES

Le canton de Saint-Julien-l'Ars occupe la partie est de l'arrondissement de Poitiers. Il mesure 2 myriamètres de l'est à l'ouest et un peu moins du sud au nord. Sa surface embrasse 232 kilomètres carrés, et sa population est de six mille six cent quatre-vingt-cinq habitants, soit vingt-neuf habitants par kilomètre carré.

La population du chef lieu est de mille cent neuf habitants.

Ce territoire, qui n'est qu'un vaste plateau à peine accidenté par quelques plis de terrain, est traversé au sud et au nord par les routes de Poitiers à Limoges et au Blanc, et au sud par celle de Nieuil-l'Espoir à la Chapelle-Moulière.

Aucun cours d'eau ne sillonne ce canton, si ce n'est la Vienne, sur la commune de Bonnes. La profondeur habituelle des puits est de 25 à 30 mètres au centre et à l'ouest du plateau, de 40 à 50 au nord et de 50 à 60 au sud. On y abreuve le bétail aux mares (1).

En 1790, le canton de Saint-Julien-l'Ars fut formé des communes de Saint-Julien-l'Ars, Anxaumont, Bignoux, Bonnes, Jardres, Lavoux, Liniers, Pouillé, Savigny-l'Evescault, Sèvres et Tercé. Il dépendait alors du district de Poitiers.

Cette circonscription fut modifiée en 1801 par l'adjonction de la Chapelle-Moulière et de Mignaloux-Beauvoir.

Ce vieux sol poitevin, sur lequel se sont jouées, à diverses reprises, les destinées de la France, et que les guerres de la Réforme ont couvert de sang et de ruines, garde encore la trace profonde des luttes dont il fut le théâtre. Çà et là le voyageur aperçoit à quelques pas d'une voie romaine, — dont s'écartent peu les routes actuelles, — dans une plaine ou sur la lisière d'un bois, un tertre élevé, un fossé, de longs sillons symétriques, un pan de mur, une tour démantelée; et l'homme des champs, qui a respecté ces restes pleins de mystère du passé, redit les noms qu'a conservés la tradition locale : camp de Châteauneuf, camp de Carthage, vieux manoirs des Bordes, de Moulins, du Bois-Dousset, de Château-Merle, de la Mingoire, de l'Epinoux, etc.

Les archives de la Vienne sont riches en documents sur cette région, et principalement sur les paroisses et seigneuries qui relevaient de la Trinité de Poitiers, dont l'immense chartrier, qui commence au milieu du Xe siècle, est conservé à peu près sans lacunes.

Nous avons été heureux d'y pouvoir faire quelques emprunts en attendant qu'il nous soit donné, dans une étude moins sommaire, d'en offrir une analyse, sinon une reproduction complète.

(1) *Géographie de la Vienne*, par M. de Longuemar.

SAINT-JULIEN-L'ARS

Le Bourg; son origine. — Le bourg de Saint-Julien, qui est le chef-lieu du canton, en est aussi, par son antiquité, la portion la plus importante et la plus intéressante.

C'est une localité d'origine romaine (1).

La voie de Poitiers à Bourges passait par son territoire. Elle se reliait à celle de Limoges par une voie secondaire, dont on a trouvé de nombreux vestiges dans la grande avenue du château de Saint-Julien, et se dirigeait sur Nouaillé en passant par Savigny, derrière la ligne de redoutes et de camps romains encore existants.

Pour protéger ce nœud de routes, un poste militaire fut construit : sorte de *castrum* fort restreint, qui permettait aux troupes, après avoir passé la Vienne à Chauvigny, de séjourner avant d'atteindre *Limonum*.

A quelques pas de là, sur le bord du chemin qui, de Poitiers, conduisait à Chauvigny, une main pieuse, — probablement le saint moine Aredius (Héray), abbé d'Attane en Limousin, — éleva un oratoire en l'honneur de Saint-Julien de Brioude.

Désignation primitive. — Autour de ces deux édifices, des habitations se groupèrent, formant ce que les manuscrits des IXe et Xe siècles désignent sous le nom de *Faga, cors Fagia* (2).

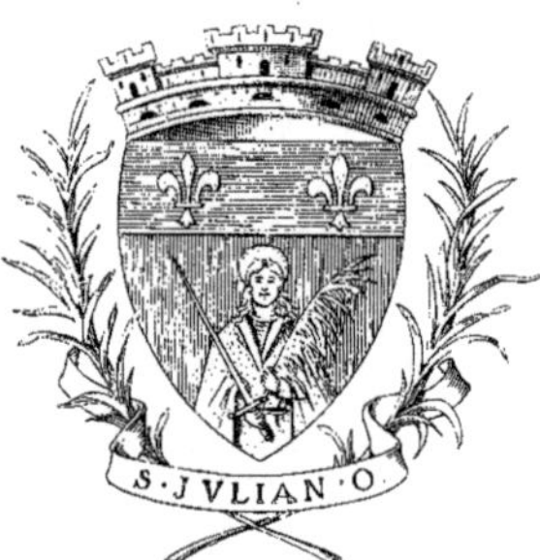

Au XIe siècle, — 1085, — cette désignation a disparu pour faire place au titre paroissial : *Sancti Juliani parrocchia* (3). L'épithète *arsus*, par abréviation *ars* (brûlé), destinée à perpétuer le souvenir d'une dévastation par les flammes, n'y est pas encore accolée. On la rencontre pour la première fois dans une charte du pape Calixte II, à la date de 1119, dans laquelle il est question de l'abbaye de la Trinité : on y lit : *Ecclesia Sancti Juliani Arsi.*

Le sinistre auquel il est fait allusion dans ce titre doit donc être placé dans les dernières années du XIe siècle.

Cimetière mérovingien. — La petite place et le chemin qui contournent le château, tout le sol occupé par l'ancienne et la nouvelle église forment un vaste cimetière. Les fouilles qui y ont été pratiquées ont mis à découvert une multitude de tombes, en maints endroits superposées, et manifestement de l'époque mérovingienne. L'une d'elles, conservée avec soin dans l'enclôture du château, a été dessinée par le R. P. de la Croix.

Les couvercles de ces tombeaux, épais et lourds, en pierre du pays, sont brisés pour la plupart, et recouvrent, dans un même sarcophage, deux ou trois squelettes d'une taille et d'une ossature peu communes. Près de l'un d'eux la pioche d'un terrassier, occupé à creuser des fondations, a fait surgir un éperon que sa forme ne permet guère d'attribuer à un autre personnage qu'à un chevalier (4).

Ce débris ne laisserait-il pas croire que l'on est ici en présence de quelques-unes des victimes des batailles livrées autour de Poitiers, et plus probablement du désastre de 1356? S'il est acquis à l'histoire que les chevaliers morts dans *la bataille qui fut ès camps de Biauvoir et de Maupretuis* (5) ont été inhumés aux Cordeliers de Poitiers, il est non moins certain que les troupes, dont le passage à Saint-Julien eut lieu le 18 septembre, y ramenèrent quelques-uns de leurs blessés le soir de la défaite. Le vieux cimetière est ainsi devenu le lieu de sépulture de ceux qui succombèrent dans la nuit et le lendemain.

(1) Abbé Auber. *Hist. gén. du Poitou*, t. I, p. 78.

(2) Sous ce nom de *Cors* ou *Curtis* on désignait une colonie agricole d'un certain luxe, ayant ses dépendances territoriales en prés, vignes, terres labourables et même ses colons et ses serfs, et le plus souvent son église. Fagia en avait deux : *Habens capellas duas unam in honore Sancti Juliani, alteram in honore Sancti Gervasi* (Nieuil l'Espoir). Fonteneau, t. XXVII, p. 28.

(3) Cartulaire de Saint-Cyprien, p. 206.

(4) Cet éperon, sans molette et à une seule pointe, est du modèle ordinaire porté à cette époque par la chevalerie française. V. *Musée d'Artillerie*. Il est conservé dans le château parmi quelques autres antiques fort curieux.

(5) Chroniques de Froissart, t. V, p. 22.

HISTOIRE

LA SEIGNEURIE DE SAINT-JULIEN

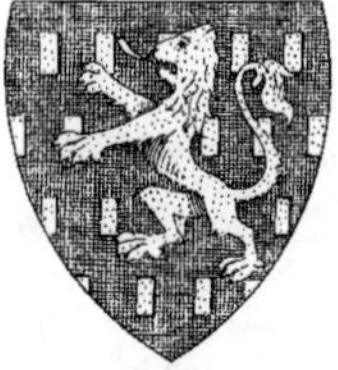

SAINT-JULIEN.

DONATION DE LA TERRE A L'ABBAYE DE LA TRINITÉ. — La terre qui est devenue la seigneurie de Saint-Julien appartenait, au xe siècle, à Ebles Manzer, comte de Poitou.

Après la mort de son mari et de son fils, la comtesse ADÈLE en fit donation aux Vierges de Saint-Pierre-le-Puellier, de la maison dite Sainte-Trinité de Poitiers.

La libéralité de la pieuse donatrice, « *dont les soins envers les indigents » passent toute expression, et qui établit pour toujours une aumône générale » chaque année, voulant que l'on distribuât aux pauvres dans cette aumône vingt » septiers de bled en pain et la viande cuite d'une vache* », est mentionnée dans un manuscrit qui forme l'article premier du premier chapitre de l'Inventaire de l'Abbaye. On y lit :

« Adèle, épouse et mère de Guillaume IV et V, comtes du Poitou, après la mort de son mary, se dévoua tota- » lement aux œuvres de piété, comme il parait par l'immortel monument du monastère consacré à la sainte Trinité » à Poitiers, lequel monastère elle enrichit de plusieurs fonds, savoir avec FAGA, Smarves, les Moulins, Noziac, le » Breuil, Bournezio, Sadebria *Sèvres*, l'ancienne Sarte, et quelques autres... et afin que ces dons fussent perpé- » tuels, elle obtint du Roy Lothaire, 34e Roy de France, qui régnait alors, de les confirmer et autoriser par un » diplôme (1) ».

Les Lettres patentes qui confirment cette donation sont de l'année 964. Sa Majesté y dit que :

» Adèle, l'illustre mère de son amé et féal le comte Guillaume, après le décès de son mary, s'obligea de servir au Seigneur, s'atta- » chant à lui seul pour lequel elle soupirait d'un cœur pur, mais, voyant que le service du Christ est plus heureusement exercé par une » communauté de plusieurs que par un seul et que sans le suffrage des filles religieuses elle serait frustrée de le pouvoir faire, elle priait » Sa Majestée pour que, dans la ville de Poitiers, en son champ qu'elle avait à cet effet acheté, il lui fût loisible de construire un monas- » tère en l'honneur de la sainte et individue Trinité où continuellement, pour le salut de Sa Majesté et de tout son royaume et pour le » remède de son mary et de son fils, elle adressât ses vœux au ciel et que pour maintenir led. monastère lui donna *deux courts* avec » leurs appartenances...

» Les susd. deux courts avec toutes les choses à elles appartenantes *desquelles l'une est appelee Faga ayant deux chapelles, l'une » en l'honneur de Saint-Julien, l'autre en l'honneur de Saint-Gervais*, et l'autre court est appelée Secondigny cum la chapelle en » l'honneur de Saint-Pierre au bourg de *Metulé*.....

» Et si quelqu'un présume inquiéter le lieu ou celles qui y desservent à Dieu, qu'il soit condamné à l'amende de cents livres d'or » applicables la moitié au même monastère et l'autre moitié à la chambre des comtes se désistant de son entreprise et en outre qu'il soit » frapé et condamné d'anathème du St-Esprit et aussi des S[ts] et des saintes. Lad. Majesté les confirmant de sa propre main commande » que ces lettres soient scellées du sceau de son palais (2) ».

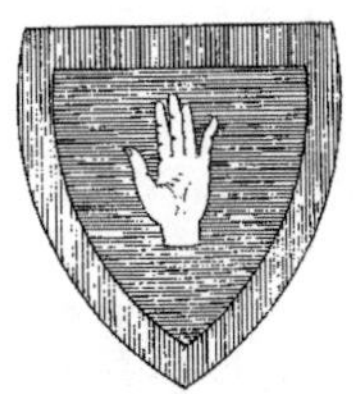

CLERET.
XIVe, XVe et XVIe siècles.

La terre de Saint-Julien, devenue par cette donation la propriété de l'abbaye de la Trinité, fut donnée par celle-ci, en fief, à la famille de Cleret (3), *à la condition de l'hommage lige et de cent sols de rente annuelle à mutassion de vassal et d'abbesse et de garder la grande châsse de l'Abbaye une verge à la main pendant la procession du Mardi et du Mercredi des Rogations.*

Le plus ancien acte d'hommage conservé dans le chartrier du monastère fut rendu, le 20 décembre 1310, par Guillaume Cleret. Le château y est désigné : « *Maison noble et hostel des Clairetz* ». Cette dénomination parait avoir subsisté jusqu'au XVIIe siècle.

En 1543, Pierre de Cleret, écuyer, seigneur de Saint-Julien-l'Ars, épouse Perette de Nuchèze (4). Il était archer dans la compagnie de M. de Bateresse, son oncle.

(1) Archives de la Vienne, abbaye de la Trinité, l. 56.
(2) Archives de la Vienne, Trinité, l. 56.
(3) Cleret. — *alias* Clairet, Cleré. — porte : *d'azur à une main appaumée d'argent à la bordure de gueules.*
(4) De Nuchèze, famille chevaleresque originaire du Poitou, porte : *de gueules à neuf molettes d'éperon d'or.*

En 1575, Neuminius Cleret, — fils du précédent, — vendit « à la R. Abbesse de l'abbaye de la Trinité 4 septiers de seigle et six boisseaux d'avoine de rente qu'il avait droit de prendre dans *la grange* (1) de Saint-Julien » moyennant trois cents livres payées par lesd. dames. » Il est enterré dans la nef de l'ancienne église, sous une des dalles du baptistère, à droite de la grande porte de l'église. Cette dalle, qui a été retournée pour être préservée d'une usure complète, porte l'inscription suivante : CI-GIT NEUMINIUS CLAIRET ECUYER DE ROY EN TOUT TEMPS.

En 1639, François Clairet, fils de Numinius, fournit son dénombrement à l'abbaye, et se retira, l'année suivante, à la Chaboissière en la paroisse de Nieuil-L'Espoir. Il laissa sa terre de Saint-Julien à sa fille Suzanne Clairet mariée à Pierre Dreux, seigneur de la Sicaudière. Leur fille unique, Marie, épousa, le 23 avril 1675, Simon Dreux, écuier sieur de la Rochette, et n'habita son château de Saint-Julien que pendant un petit nombre d'années.

Le 27 juillet 1687, en vertu d'un acte d'échange entre Messire Jaçques Degennes, escuier sieur des Fontenelles, et dame Thérèse Reveau son épouse, Symon Dreux, escuier seigneur de la Rochette, et Marie Dreux son épouse, le château et la terre de Saint-Julien passaient dans la famille de Saint-Varant, et bientôt après dans celle de la Frémaudière, car leur nièce Marguerite, fille de Joseph Reveau de Saint-Varant (2), l'apporta en mariage à Augustin Boynet, seigneur de la Frémaudière (3).

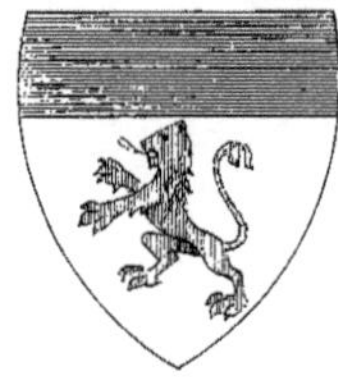

BOYNET.

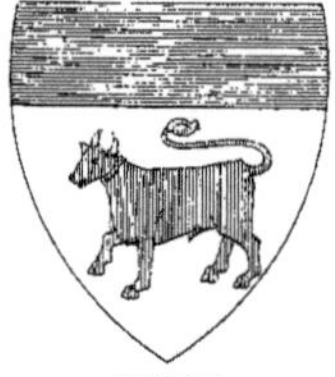

BOYNET.

Un acte d'hommage du 27 juillet 1762 qualifie « Messire René-Augustin Boinet « *seigneur de la* » *maison-noble, terre et seigneurie de fief Clairet* (4) » *en Saint-Julien*, et, en cette qualité, le condamne » à paier la somme de vingt livres pour quattre » mutassions d'abbesse (5) ».

Joseph Boynet, qui figure comme seigneur de Saint-Julien-l'Ars sur la liste des gentilshommes admis à prendre part aux États généraux de 1789, épousa en secondes noces, le 23 janvier 1804, Rose d'Assas, fille de Blaise d'Assas, notaire au Vigean. L'année suivante il vendait son château et sa terre de Saint-Julien, — d'une contenance de 1000 hectares minimum, et inculte pour la plus grande partie, — à M. Pallu du Bellay, qui appartenait à l'ancienne famille des Pallu (6).

Sa fille, Adeline Pallu du Bellay, restée seule héritière, vendit le château et ce qui restait de la terre à M. Cadoret de Beaupreau (7).

Celui-ci, après avoir essayé une restauration sommaire de la partie du château construite au XVIIe siècle, vendit, en 1861, le château et la terre de Saint-Julien à Mme la comtesse de Beauchamp (8), née de Lanet (9).

(1) Le souvenir et le lieu qu'elle occupait sont conservés par un petit groupe d'habitations que l'on désigne encore sous le nom de : La Grange.

(2) Reveau, — *alias* Rebault de Saint-Varant — porte : *d'azur à 6 losanges d'argent posés 3, 2 et 1.*

(3) Boinet, — *alias* Boynet, Boisnet. — portait : *d'argent au chef d'azur, au lion rampant de gueules armé et lampassé d'or.*

(4) Le fief dont il s'agit ne doit pas être confondu avec un autre de même nom, mieux connu, situé non loin et sur le territoire de Saint-Benoit. Fief Clairet *en Saint-Julien* était peu distant du château et fait partie, aujourd'hui, de la commune de Savigny-l'Evescault. Il est ainsi désigné dans un titre de 1647 : ...douze boisselées appelées le *Champ Clairet* tenant d'une part au chemin qui va de l'église de Savigny à Poitiers à main senestre et d'autre aux terres de la cure de Savigny, d'autre aux terres du sieur Morineau....

(5) Archives de la Vienne. Trinité, l. 56.

(6) Cette famille, qui s'est subdivisée en plusieurs branches distinguées par le nom de leur fief principal. — Pallu du Bellay, Pallu du Parc, Pallu de la Barrière — porte : *d'argent au palmier de sinople sur une terrasse du même, mouvant de la pointe de l'écu accosté de deux mouchetures d'hermine de sable.*

(7) Cadoret de Beaupreau porte : *d'azur au sautoir de gueules, cantonné de quatre croisettes de même.*

(8) Robert de Beauchamp porte : *au premier d'azur à trois bombes d'or posées deux et un. Au deuxième d'azur au chevron d'argent, accompagné en chef de deux étoiles d'or, et en pointe d'un buste de chevalier revêtu d'une armure d'argent.*

(9) De Lanet porte : *de gueules au taureau passant d'argent onglé et corné d'or.*

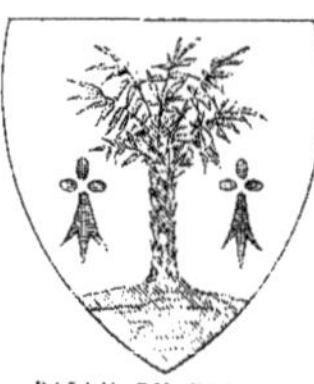

PALLU DU BELLAY.

CADORET.

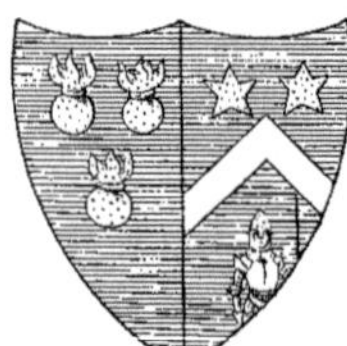

ROBERT DE BEAUCHAMP.

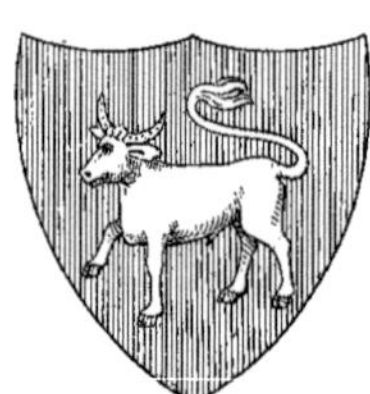

LANET.

MONUMENTS

LE CHATEAU ET L'ÉGLISE

Le Chateau. — Le château de Saint-Julien-l'Ars remonte, ainsi que nous l'avons mentionné, à la période gallo-romaine.

Il ne reste de cette époque que des débris et des traces de fondations qui ont été explorées avec soin pendant la reconstruction de 1867 ; elles sont maintenant recouvertes par les nouvelles constructions. La brique fut employée pour la plus grande portion du *castrum*, car on trouva, à peu de distance et à une faible profondeur, les ruines d'un four à chaux de l'époque romaine et de dimensions assez vastes.

Cette construction subit à travers les âges de nombreuses modifications.

Vers le XIIe siècle, on lui substitua sur des bases nouvelles, faisant suite aux premières, — que l'on délaissa en les respectant. — un édifice plus spacieux et d'un caractère architectural mieux défini.

En 1623, un corps de bâtiment dans le style de l'époque fut accolé au Donjon du moyen âge, en se rapprochant de l'édifice primitif.

Vers 1850, le château fut l'objet de nouvelles et regrettables réparations. La haute tour carrée, improprement nommée *Tour du Beffroi*, resta seule à peu près intacte.

Un dernier agrandissement fait en 1867 vint recouvrir pour la seconde fois les assises premières du Castrum romain. (Voir Planches 1 et 2.)

Intérieur du Chateau. — Souvenirs qui s'y rattachent. — En outre de l'aspect pittoresque que lui donnent au dehors ses tourelles suspendues par des consoles aux deux angles du vieux corps de logis, le château de Saint-Julien est très intéressant dans sa partie ancienne par les détails de son architecture intérieure qui semble appartenir aux XIVe et XVe siècles.

Au deuxième étage du Donjon, notamment, on remarque une vaste cheminée de la belle facture du XVe siècle, munie naguère de superbes landiers sur lesquels figuraient deux anges portant un écusson fleurdelisé avec ce cri en gothique brisée : Vive le Roy.

Dans cet appartement, alors le plus vaste du château, séjourna, le 18 septembre 1356, celui qui devait être, le lendemain, le royal prisonnier du roi d'Angleterre.

La fenêtre qui éclairait l'appartement du monarque, placée à l'orient, est, sans contredit, la plus curieuse de toutes. Deux meneaux sveltes et moulurés, se coupant à angles droits, forment quatre baies. Depuis l'événement que nous mentionnons, elle n'a plus laissé passer la lumière du jour. C'est du moins ce qu'affirme une vieille tradition locale. Aujourd'hui encore, elle est murée. (Voir Planche 3.)

Quelque légitime que puisse être ce deuil de la défaite, il semble qu'il doive être tempéré par quelque fierté, quand, au déclin d'une journée malheureuse, sur le lieu même de la lutte, on entend de la bouche du vainqueur ce témoignage que le Prince Noir rendit à son royal captif : « *Il m'est advis que avez grand raison de vous éliesser » combien que la journée ne soit tournée à votre gré; car vous avez aujourd'huy conquis le haut nom de proüesse » et avez passé aujourd'huy les mieux faisants de vostre costé. Je ne le die mie, cher sire, pour vous louer, car, » tous ceux de notre partie qui ont veu les uns et les autres se sont par pleine conscience à ce accordez et vous en » donnent le prix et chapelet* » (1).

L'intérieur du château a été presque complètement modernisé à la suite de diverses restaurations effectuées dans le cours de ce siècle. Il renferme un certain nombre d'objets d'art et de meubles curieux. Il convient de mettre en première ligne un magnifique Christ d'ivoire, chef-d'œuvre du XVIe siècle, de très grande dimension et qui est considéré avec raison comme un des plus beaux qui existent.

Lorsque Louis XIV se rendit à Saint-Jean-de-Luz pour contracter mariage avec l'infante d'Espagne, il traversa, dit-on, le vieux Saint-Julien et reçut au château une hospitalité de quelques heures. On montre encore le chemin par lequel se dirigea le royal visiteur, à l'extrémité occidentale du parc, ombragé par les rejetons des vieux ormes qui ont vu passer le grand Roi.

Un autre souvenir plus récent se rattache encore à cette demeure : Au commencement du siècle, peu après la

(1) Chateaubriand, *Genie du Christianisme*, t. IV.

bataille d'Iéna, des prisonniers prussiens appartenant à la garde royale furent occupés, pendant les jours de leur captivité, à creuser le bassin qui baigne l'extrémité ancienne du château.

Souterrain refuge. — Dans l'enclôture du château, à quelques mètres au sud-est de l'église, on a retrouvé les tronçons bien conservés d'un *souterrain refuge*, creusé dans la pierre et le tuf à 6 mètres environ de profondeur. Il mesure 2 mètres en hauteur et autant en largeur. Bien que des éboulements aient empêché de l'explorer dans toute son étendue, il est évident qu'il passe sous le château. Les deux issues principales ne laissent aucun doute à cet égard. L'une, à l'ouest, s'ouvrant dans les champs de *La Roche*, est un véritable labyrinthe, ingénieusement combiné pour dérouter les recherches. Sinuosités, ramifications imprévues, passages si resserrés qu'un homme svelte a peine à s'y glisser, tout se réunit pour tromper la perspicacité la plus exercée. A un certain point peu éloigné du puits qui donne accès, l'explorateur ne rencontre plus qu'une ouverture creusée dans le tuf, entièrement semblable à celle d'un four de boulanger : il y faut passer pour continuer l'exploration. L'autre issue qui s'ouvre à l'est et porte le nom de *Cave des Vaux* n'est qu'à une faible distance de la route de Saint-Julien à Tercé. Elle était jadis cachée au milieu des bois.

L'Église. — L'église de Saint-Julien-l'Ars, placée sous le vocable du martyr de ce nom, décapité à Brioude au commencement du IVe siècle (1), est mentionnée pour la première fois dans une charte de 962, par laquelle, « donation » est faite à l'abbaye de la Trinité de Poitiers de *deux courts* pour l'entretien de treize clercs, choisis par les » abbesses du susdit monastère pour garder avec une assidue vénération le gage sacré de la vraie croix » (2).

Le patronage de la Cure, — comme la Seigneurie et Haute Justice, — appartenait, de ce fait, à cette abbaye.

La paroisse et le bourg faisaient partie de l'Archiprêtré de Mortemer, de la Châtellenie, de la Sénéchaussée et de l'Élection de Poitiers. Cet état de choses fut modifié, ainsi qu'il a été dit plus haut, en 1790.

L'origine de l'église elle-même est certainement de beaucoup antérieure au Xe siècle, comme le prouve le cimetière mérovingien qui l'environnait. De cette construction première, il ne reste aucun vestige. Le portail et le clocher qui se voient encore et quelques chapiteaux découverts récemment attestent un monument de la fin du XIIe siècle.

Le pays en fut redevable à la munificence de son seigneur qui donna jusqu'à l'emplacement même distrait de sa terre. Une porte dont on aperçoit les arêtes dans le mur latéral confinant au parc, et le droit de sépulture dans l'église, sont une preuve suffisante de la largesse et de la piété seigneuriales.

Un double document de 1680 et de 1710, extrait du chartrier du château, s'exprime ainsi : « *Item, mon droit de » banc en laditte église de Saint-Julien, devant l'autel de Notre-Dame avec droit de sépultures qui sont devant » led. autel sous deux arceaux en voûte en fondement de la muraille de laditte église du côté de mes préclotures » et hostel qui sont jouxte lesd. arceaux à ma porte entrant de mon grand jardin dans l'église.* »

L'édifice du XIIe siècle a été, sur la plus grande portion de son étendue, relevé de ses ruines. Un agrandissement insuffisant et sans art, fait en 1835, a été remplacé par une construction dans le style de transition fort ample et bien comprise. Les plans en ont été dressés par M. Ch. Cazaux, architecte de la Ville de Paris.

Le visiteur qui s'agenouille aujourd'hui dans l'église neuve de Saint-Julien-l'Ars est vivement impressionné par l'harmonie des proportions et la distinction simple et archaïque de l'édifice. La nef principale a grand air avec ses arcs légers et les *triforium* à jour découpés dans les angles. Les bas côtés, avec leurs voûtes surbaissées et leurs cintres élancés concourant à la solidité de la nef, jettent dans la sainte demeure un demi-jour saisissant et plein de mystère. Les baies sans meneaux sont munies de verrières d'un dessin et d'un coloris remarquables.

Au village de Puygiron, — de *Podio-Giron*, 1308, — *Puygeron*, 1385, — au milieu de vastes bâtiments auxquels on accède par une avenue de vieux chênes, s'élève une chapelle percée de fenêtres romanes et surmontée d'un campanile à une baie. Le chiffre I H S est sculpté sur le cintre de la porte, ainsi que la date de la construction, 1086.

Ce Prieuré, qui appartenait aux Religieuses de la Trinité, fut vendu par elles aux RR. PP. Carmes de Poitiers. Dans l'acte d'acquisition daté du 14 mars 1641, on lit :

« Lesditz suppléans vous requièrent humblement la permission d'acquérir la maison et métairie de Puygiron et leurs appartenances, » au fief de Saint-Julien-l'Ars, dépendant et mouvant de votre dite abbaye de la Sainte-Trinité, jusques à la valeur de dix mille livres

(1) L'abbé Auber place cette église sous le vocable de saint Julien « premier évêque du Mans, regardé comme l'apôtre de toute cette région. » Cette *hypothèse* est en opposition avec le culte rendu ici, de temps immémorial, à l'illustre martyr de l'Auvergne. L'assemblée qui se tient chaque année à Saint-Julien-l'Ars, *à la fin d'août*, coïncidant avec la fête patronale, atteste que le pèlerinage se rapportait à saint-Julien de Brioude. « Il est vrai, ajoute le savant historiographe, que saint Julien du Mans a été souvent confondu » avec le saint martyr de ce nom qui fut décapité à Brioude. » *Hist. gén. du Poitou*, t. I, p. 48.

(2) Archives de la Vienne.

« ensemble la gratification et remise des lotz, vente, honneurs et admortimant qui vous pouroyent appartenir à raison desditz lieux, et » dont ils pourraient et se trouveraient chargez sans en vouloir rien diminuer et que lesditz lieux seront et demeureront teneuz et » demourantz de vostre dite abbaye comme auparavant... etc. »

Signé : « Fr. Ange de Sainte-Agnes, humble Prieur. »

Sur le plateau opposé, à mi-chemin du Bois-Dousset, est pittoresquement assis le village d'Availles, — *Avallia in parrochia Sancti Juliani*, 1085 ; — *Avalhe*, 1385 ; — *Le jeune Availles*, 1522. — Les deux notaires attachés à la Châtellenie de Touffou y eurent leur résidence : au moins durant les XVIe et XVIIe siècles.

SAVIGNY-L'EVESCAULT

Non loin de Saint-Julien-l'Ars, aux abords de la voie romaine qui du Castrum se dirigeait vers Nouaillé, se cache au milieu d'un bouquet de bois le petit bourg de Savigny-l'Evescault, vieille localité gallo-romaine.

Dans cette paisible solitude, peu distante de Poitiers, les successeurs d'Hilaire et de Fortunat vinrent pendant de longs siècles chercher le repos, respirer l'air salubre et fortifiant de la campagne poitevine. De là l'épithète de *l'Evescault* accolée à la désignation primitive.

L'évêque de Poitiers était seigneur haut justicier de la paroisse et nommait à la Cure. Le Pouillé de Gauthier (fol° 139 v° et 178° v° (1) la range parmi celles qui étaient *de Camera episcopi extra decanatus et archipresbyteratus*.

Suivant une note consignée par Mgr Cousseau dans le volume des Mémoires de 1841 des Antiquaires de l'Ouest, ce fut vers l'an 385 de notre ère qu'une loi ayant défendu, sous le règne de Théodose le Grand, le culte païen et mis fin, — au moins ostensiblement, — aux fonctions des aruspices, l'église de Poitiers fut mise en possession de la *Villa Sabiniaca*, qu'il suppose avoir été occupée auparavant par l'aruspice Sabinus dont le souvenir a été conservé sur un important monument lapidaire de la collection des Antiquaires de l'Ouest.

L'inscription gravée sur un cippe élevé en belles capitales carrées est ainsi conçue :

D M ET M
GF SABINI CAM
PANI TEANENSIS
EQ R HARVSPICI
SVI TEMPORIS SIN
GVLARI Q V AN LVIII
M V DVGF SABINIA

NVS FIL PATRI RARIS
SIMO ET AMANTIS
SIMO SIC SIBI FIERI
ANTEQUAM DECE
DIT REBUS VMANIS
IPSE MANDAVIT

L'église de Savigny, devenue paroissiale, est une construction de la transition du XIIe au XIIIe siècle. Il paraît qu'elle s'élève, ainsi que l'ancien presbytère, sur l'emplacement jadis occupé par l'élégante *Villa Sabiniaca*.

BONNES

Bonnes-sur-Vienne, localité dont l'importance semble décroître par suite de son éloignement des grandes voies de communication, est assise sur un point vraiment privilégié de notre territoire.

On ne saurait désirer autour de soi une réunion plus nombreuse et plus variée de monuments groupés dans le même site. Au sommet de la colline de la rive droite de la Vienne, c'est d'abord le *Clou du Teil*, silhouette de tours en ruines d'une forteresse féodale. A ses pieds, au contact même de la rive, s'élève plus modestement l'ancienne chapelle romane de la commanderie de Bonnes, avec son campanile à double baie.

Sur la rive opposée, se mirent dans l'eau les pittoresques tours du château de Touffou.

Enfin, l'église elle-même est un très bon type du style roman primitif (2).

Avant 1790, cette commune faisait partie de l'Archiprêtré de Mortemer, de la Châtellenie, de la Sénéchaussée et de l'Élection de Poitiers. Le Prieuré et la Cure de Saint-André de Bonnes dépendaient de l'abbaye du Bourg-Dieu (Indre) ; le Prieuré était situé sur la rive droite de la Vienne (3).

(1) Redet, *Dict. top.*, f. 396.
(2) Voir la notice spéciale de M. Ch. Tranchant : *Paysages et Monuments du Poitou*.
(3) Redet, *Dict. top. de la Vienne*.

BIGNOUX

Bignoux, — *Bergnox; Bergneos; Baignoulx*, — est un petit bourg adossé à la forêt de Moulière. Son église récemment construite, qui surgit du fond de la vallée, dépendait autrefois de l'abbaye de Saint-Hilaire-de-la-Celle de Poitiers.

Le fief de Château-Fromage, — *Domus de Castro Casei*, qui relevait de la Tour de Maubergeon, forme un des principaux villages de cette commune.

LA CHAPELLE-MOULIÈRE

Cette localité, située au nord-est de Poitiers, est ainsi appelée de ce que son territoire comprend une portion de la forêt de ce nom.

Le lieu et l'église de Sainte-Madeleine en avaient été donnés à l'abbaye de Montierneuf lors de sa fondation, en 1075, par Guy Geoffroy (Guillaume VIII), duc d'Aquitaine et comte de Poitiers.

La chapelle de Saint-Claud, — *chapelle de Sainct-Clouault, village de Sauzay* (1), — était à la nomination de l'Évêque. L'ancien pèlerinage a été remplacé par une foire qui se tient le 7 septembre, jour de la fête de Saint-Claud. Au XVe siècle, un des Prieurs, qui étaient seigneurs du lieu, y fonda une maladrerie.

La forêt doit son nom à des pierres *meulières* qu'on y exploitait. Elle eut ses jours de gloire et, comme ses voisines de Lusignan et de Chizé, elle fut longtemps le rendez-vous de chasses royales.

Dom Fonteneau nous a conservé, sous la date de 826, un diplôme de Pépin Ier, roi d'Aquitaine, signé par ce Prince dans le palais bâti au milieu de la forêt de Moulière : *Actum in foreste quæ dicitur Molarias* (2).

JARDRES

Jardres, — *parochia de Yadris*, — faisait partie, avant 1790, de l'archiprêtré de Mortemer.

Le fief de Jardres, qui appartenait au chapitre de l'église cathédrale de Poitiers, depuis le milieu du XVe siècle, relevait de la Châtellenie de Touffou. L'église, sous le vocable de saint Hilaire, garde, parmi les dalles de sa nef, plusieurs pierres tombales avec épitaphes et écussons intacts.

Les noms des possesseurs du vieux manoir de l'Epinoux ont ainsi bravé l'oubli.

En suivant la petite route qui du bourg mène à Chauvigny, on aperçoit sur la gauche, au milieu de ruines, les restes de *La Tour et Motte* de Jardres, ancienne dépendance du duché de Châtellerault.

Dans le procès-verbal de l'Assemblée générale des trois Ordres de la sénéchaussée et comté de Poitou (1789), Joseph Boynet est qualifié « *chevalier, seigneur de La Tour et de Saint-Julien-l'Ars* » (3).

LINIERS

Le voyageur qui traverse le petit bourg de Liniers ne se doute guère de l'importance qu'eut dans le passé ce petit coin de terre qui ne compte plus que quelques centaines d'habitants.

Au commencement du Xe siècle, Liniers, *Linariencis Vicaria* (4), était le centre d'une *viguerie* qui s'étendait entre le Clain et la Vienne, sur le territoire des paroisses et communes actuelles de Liniers, Sèvres, Jardres, La Chapelle-Moulière, Saint-Cyr, Dissais et Saint-Georges-les-Baillargeaux.

(1) Redet, *Dict. top.* — Auber, *Hist. gén. du Poitou*, t. I, p. 421.

(2) Cet acte confirme en faveur de l'abbaye de Sainte-Croix le droit qu'elle avait anciennement de faire tenir des marchés dans deux chefs-lieux de ses domaines, dont l'un, nommé dans la charte *Caioca*, est représenté aujourd'hui par Couhé. *Ibid.*

(3) *Catalogue des gentilshommes du Poitou*. De la Roque. — Paris, Dentu, 1864.

(4) Archives du Poitou, t. CLIII. — Redet, *Dict. top.* — Auber, *Hist. gén.*

Quand les archiprêtrés furent établis, dans le cours du XIe siècle, la paroisse de Liniers fut enveloppée dans celui de Mortemer; plus tard, elle releva de la Châtellenie de Touffou.

Son église de Notre-Dame atteste l'époque romane sans aucune ornementation remarquable et a été souvent remaniée de façon à lui ôter tout intérêt pour l'archéologie.

Mentionnons à Liniers, à titre de souvenir, l'établissement hospitalier de la colonie agricole des Bradières, fondation de M. de Grousseau, dans laquelle existait une petite chapelle restaurée par les soins du fondateur de la colonie.

Cette chapelle, sans voûtes, est éclairée par une baie garnie d'une verrière à résilles de plomb au-dessus de l'autel et qu'encadre un double cintre supporté de chaque côté par des pilastres cannelés avec soubassements élargis. Cette œuvre du XVIIe ou XVIIIe siècle, comme on en retrouve tant de types dans nos églises de premier ordre, en Poitou, n'a pas l'inconvénient de faire disparate avec le style de l'édifice.

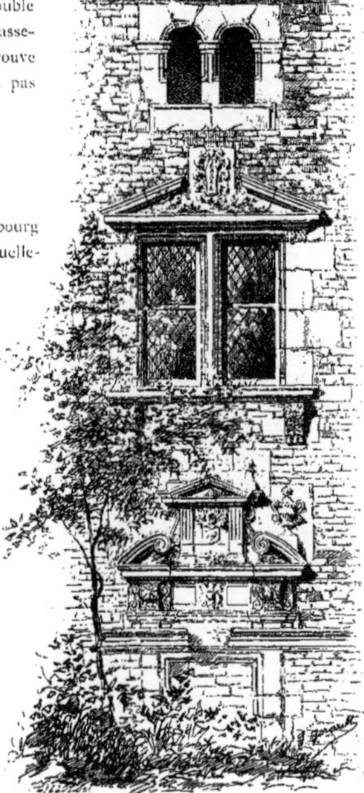

Château du Bois-Dousset.

LAVOUX

Lavoux, appelé en 1068 *Lavatorium*, possédait au centre du bourg un château, dont un reste, fort endommagé par le temps, est actuellement le Presbytère.

A peu de distance du bourg, un village appelé Lavoux-Martin s'est formé autour des ruines, — faciles à reconnaître, — de l'ancienne *maison-noble de Vaumartin*. Aux États généraux de 1789, Pierre-Joseph-Antoine de la Cholletière était qualifié de « seigneur de *Lavaux-Martin* ».

VEZIEN DE MONTMARTIN.

Sur ce territoire, à quatre kilomètres au nord de Saint-Julien, on voit à Bois-Doucet, — *Boys-Dussé en la paroisse de Lavour*, 1365; *Bois-du-Sief*, 1367; *Boys-du-Sec*, 1408; *Maison-Noble du Boisdossé*, 1676 (1), — un château du XVIe siècle entouré de douves des XIVe, XVe et XVIe siècles.

L'ancienne entrée est remarquable par ses portes à machicoulis et à créneaux.

Le château et la terre appartenaient, en 1789, à Antoine de Raity, marquis de Vitré (2). Au commencement du siècle, madame de Menou, fille du marquis de Vitré, vendit Bois-Dousset au général baron Meunier, grand-père de M. de Montmartin (3), qui en est aujourd'hui propriétaire.

MIGNALOUX-BEAUVOIR

Beauvoir, appelé *Biauvoir* dans les Chroniques de Froissart, confinait à la grande voie romaine qui mettait *Limonum* en communication avec *Augustoritum*, capitale des Limovices.

En se rendant de la station du chemin de fer à Mignaloux, on remarque sur la droite les ruines de la chapelle de l'ancienne Commanderie de Beauvoir.

(1) Redet. — Archives de la Vienne.

(2) De Raity porte : *de gueules, au cygne d'argent, nageant sur une rivière au naturel mouvante du bas de l'ecu et accompagnée en chef d'une comète d'or à dextre.*

(3) Vezien de Montmartin porte : *d'azur à trois flèches d'or contrariées et ferrées d'argent, accompagnées d'un coq d'or en chef et d'une rose d'or en pointe.*

Cette Commanderie, de l'ordre de Malte, dépendait de celle de La Villedieu. La seigneurie du lieu, avec droit de haute justice, appartenait par indivis à l'abbaye de la Trinité de Poitiers et au Commandeur de Beauvoir.

Le château moderne de Beauvoir occupe l'emplacement d'une ferme qu'on appelait *la Boissonnerie* et qui pourrait bien être le même lieu que la *Mulonnerie*, indiqué sur la carte de Cassini et appelé *la Milonnère* en 1385 (1).

Mignaloux, — *Villa exania Magnalorum* (848), — fut réuni à Beauvoir en 1798 et a eu pour chef-lieu Beauvoir jusqu'en 1815. Depuis ce temps-là, cette commune a été appelée Mignaloux-Beauvoir.

Non loin, au *Breuil-l'Abbesse*, — *Brolium abbatisse Sancte-Crucis*, — il y avait deux seigneuries, appartenant l'une à l'abbaye de Sainte-Croix, l'autre à l'abbaye de la Trinité de Poitiers.

Au milieu des grands bois se cachent le château de *la Cigogne* et celui *des Tousches*, à l'extrémité de la vallée qui lui a donné son nom.

POUILLÉ

Pouillé, — *Pailec*, 1095; *Parllerum*, 1273; *Parllé*, 1300; *Pourlhé*, 1506, — possède une église romane de transition, dédiée à saint Martin. On y remarque une inscription curieuse, datant des premières années du XVe siècle, gravée sur une pierre en vers tels quels, et séparée dans son milieu par un écusson dont les armoiries sont effacées.

SAYVRES

Cette commune est formée des deux anciennes paroisses de Sèvres, — *Sadebria*, — et d'Anxaumont, — *Enxomont*, Ecclesia de *Excelso monte*, — qui faisaient partie de l'Archiprêtré de Dissay, de la Châtellenie, de la Sénéchaussée et de l'Élection de Poitiers.

Sur son territoire, on remarque, à Moulins, les restes, non dépourvus de grandeur, d'un ancien château féodal que possédait, en 1385, *Hugues de Molins* (2).

Chantelles, *Cantela*; Peumartin, jadis le *Peux d'Ansaulmon*, La Bruneterie, cachent plus d'une opulente et riante demeure et offrent un paysage varié, coupé de vignes, de bois et de prairies.

En maints endroits, le sol aride et longtemps stérile montre aujourd'hui, au voyageur, une végétation exubérante et une fécondité idéale. Le général Arnaudeau a montré une fois de plus que l'épée et la charrue, comme aux jours de l'ancienne Rome, peuvent se rencontrer heureusement dans une même main. La Bruneterie en demeurera, dans cette région, l'indiscutable et durable attestation.

TERCÉ

Tercé était, au IXe siècle, la *Villa de Taciaco*, dépendante de l'abbaye de Nouaillé. Elle se trouvait à trois lieues au sud-est de Poitiers.

Cette localité, dont le nom ressemble à quelque chose de gallo-romain, — *Tertiacum*, — ne date pas d'au-delà de la création de la villa, qui n'a aucune tradition ni souvenirs antérieurs au moyen âge. Son nom même ne paraît pas dans le cartulaire de Nouaillé avant l'année 1202 et nous l'y voyons écrit Tercée ou Terzic et enfin Tercé, en 1479.

On y exploite, non loin du bourg, des carrières de pierres d'appareil fort recherchées.

Les galeries profondes creusées à peu de distance de l'ancien château de Normandoux, — *Turris de Normandos*, 1260, — fournissent à la sculpture et aux constructions des grandes cités des matériaux de choix qui se prêtent, par leur finesse, à une ornementation aussi recherchée que durable.

L'Abbé FAUCHEREAU,

Curé-doyen de Saint-Julien-l'Ars, Membre de la Société des Antiquaires de l'Ouest.

(1) Cf. Redet, *Dict. top. de la Vienne*.

(2) Arch. Vienne, Abbaye Trinité. — (3) Ibid. — Cf. Auber. — *Hist. gén. du Poitou*, t. IV, p. 151.

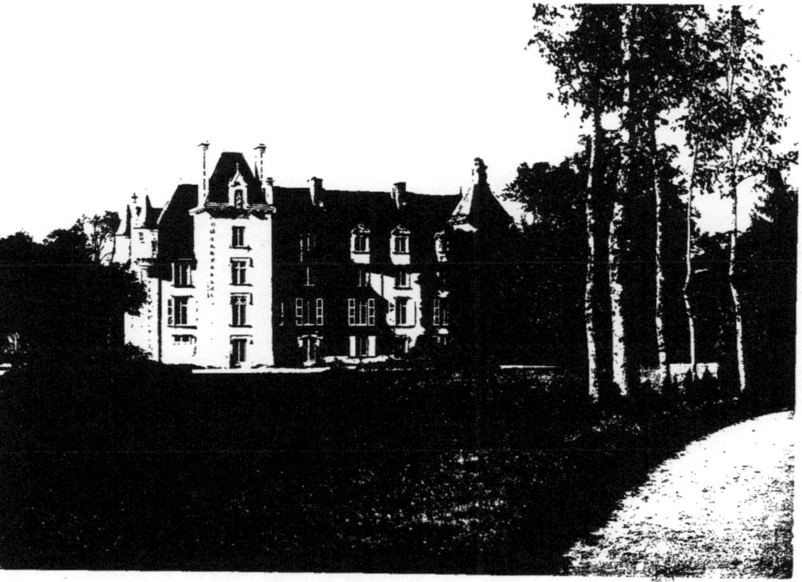

SAINT-JULIEN-L'ARS (VIENNE)

LE CHÂTEAU

Vue d'ensemble prise au Sud Est.

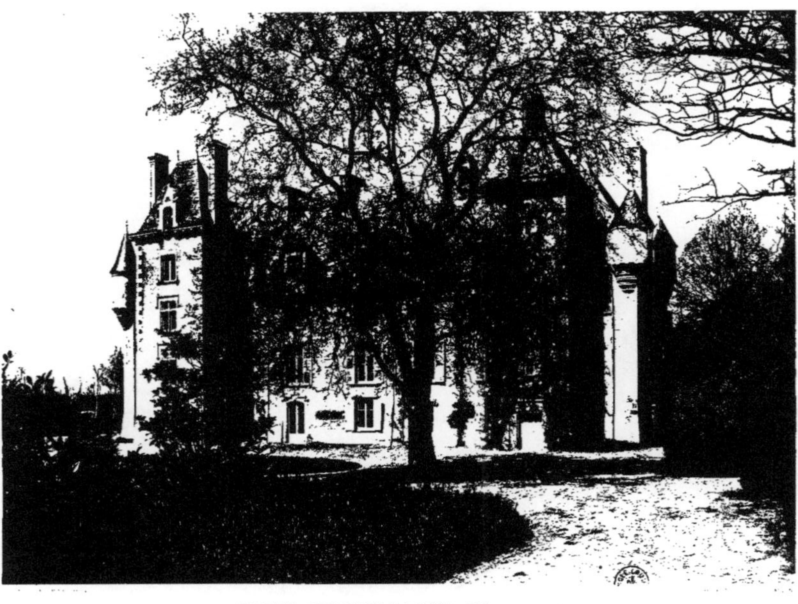

SAINT-JULIEN-L'ARS (VIENNE)

LE CHÂTEAU

Vue prise du Nord-Est.

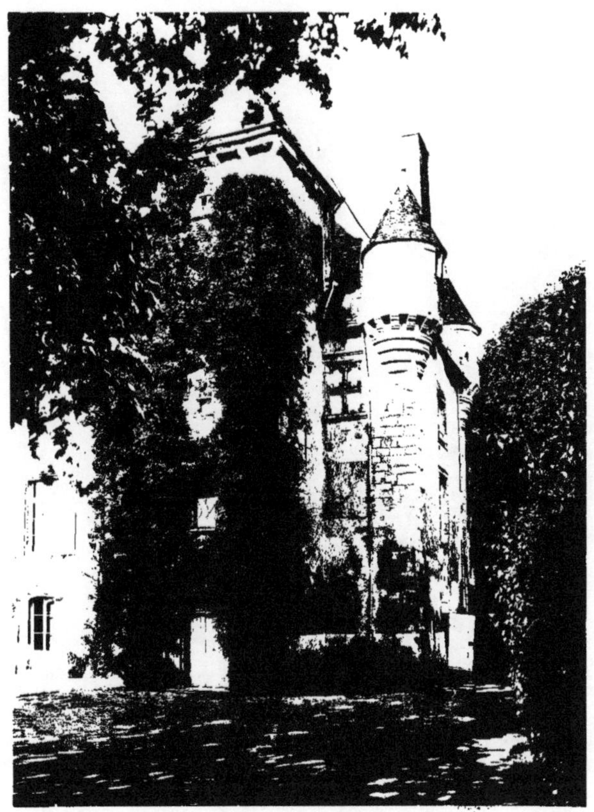

SAINT-JULIEN-L'ARS (VIENNE)

LE CHÂTEAU

L'ancien Donjon et la fenêtre de la chambre du Roi Jean.

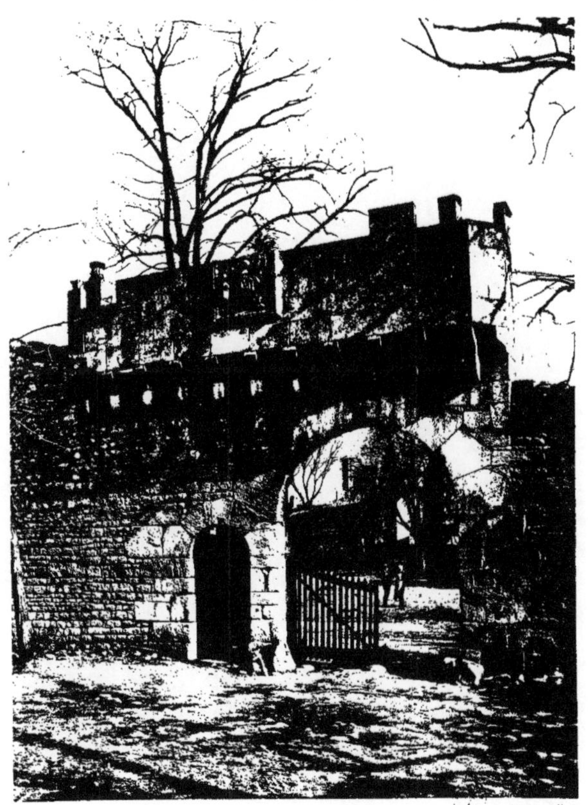

SAINT-JULIEN L'ARS (VIENNE)

LE CHÂTEAU DE BOIS-DOUSSET

Ancienne Porte d'Entrée XVIe Siècle

SANXAY

(VIENNE)

DÉCOUVERTES GALLO-ROMAINES

D'HERBORD, PRÈS SANXAY

1° *La Planche aux Moutons* (*vue prise sur la Vonne*) (1);
2° *Le Balnéaire. Couloir de service des Hypocaustes;*
3° — *Vue prise de l'angle sud-ouest;*
4° — *Vue prise de l'angle nord-est;*
5° *Le Théâtre. Vue prise à l'est;*
6° — *Vue prise à l'ouest.*

INDICATIONS PRÉLIMINAIRES

Sanxay, jadis, chef-lieu d'une viguerie, archiprêtré, chef-lieu de canton, est maintenant une commune de 1618 habitants qui dépend du canton de Lusignan. Elle couvre une superficie d'environ 2,415 hectares, est située à l'ouest du département de la Vienne et touche celui des Deux-Sèvres; la rivière la *Vonne* la traverse dans toute sa longueur et y fait même quelques circuits qui, tout en la fertilisant, lui donnent un aspect riant et agréable.

Une partie de la population de cette commune se trouve agglomérée autour de l'église, qui est sous le vocable de saint Pierre, et sur les bordures de quatre chemins anciens. Cette agglomération s'appelle le bourg et se trouve distante d'environ 1,500 mètres d'un petit hameau nommé *Herbord*, composé de vingt et un feux, et qui, situé sur le bord de la rivière, offre un aspect extrêmement pittoresque; il recèle les fondations de quelques constructions romaines.

On remarque également dans cette commune le château de *Marconnay*, dont les restes du XVIe siècle servent actuellement de ferme et présentent un intéressant sujet d'étude.

(1) On appelle ainsi dans le pays un petit pont moderne, en bois, sur lequel les visiteurs passent pour arriver sur les terrains qui contiennent les substructions gallo-romaines.

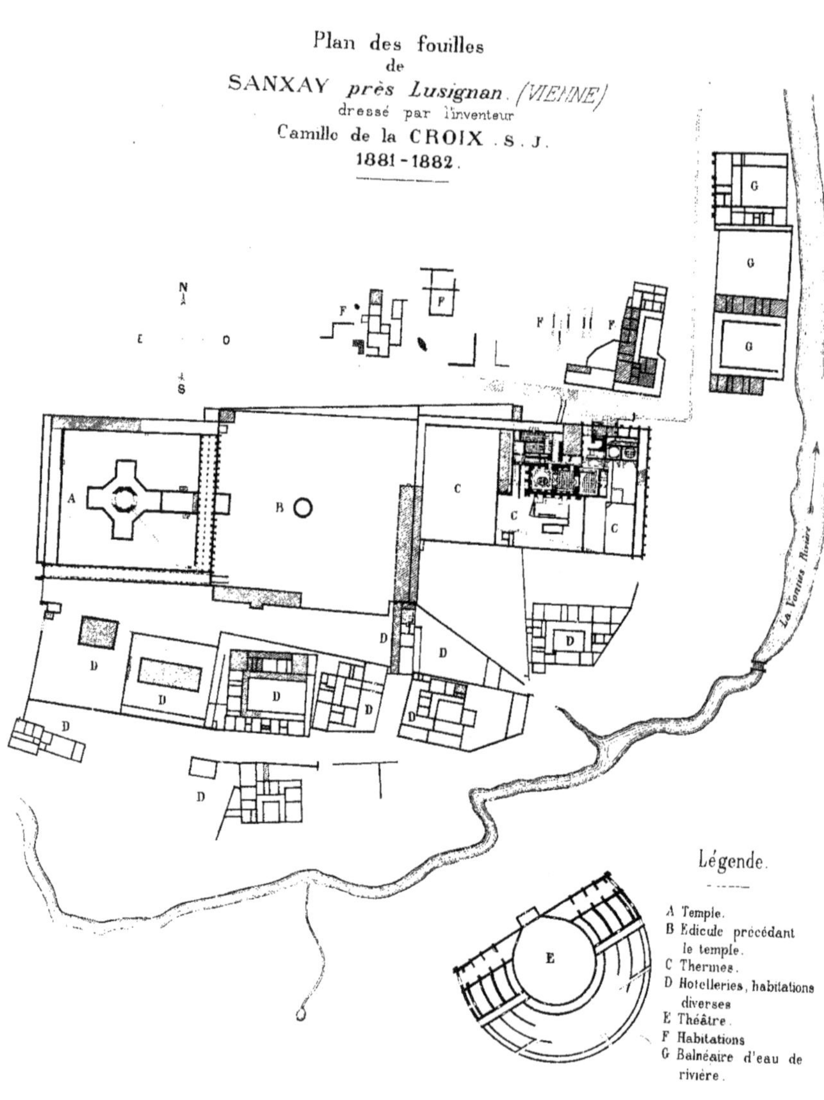
Plan des fouilles
de
SANXAY près Lusignan. (VIENNE)
dressé par l'inventeur
Camille de la CROIX. S. J.
1881-1882.
N
E
O
S
La Vonne Rivière
Légende.
A Temple.
B Edicule précédant le temple.
C Thermes.
D Hotelleries, habitations diverses
E Théâtre.
F Habitations
G Balnéaire d'eau de rivière.

Sanxay est à 29 kilomètres 400 mètres de Poitiers, et à 14 kilomètres de Lusignan.

Les fouilles que nous avons opérées dans la vallée de la Vonne, au lieu dit *les Crèches* (à 400 mètres du hameau d'Herbord et 1,500 du bourg de Sanxay), du 14 février 1881 au 31 octobre 1883, ont amené la découverte de substructions importantes, dont les archéologues se sont beaucoup occupés, et que l'État vient d'acquérir dernièrement pour les conserver à la science.

Plusieurs procès qui se succédèrent devant le tribunal de Poitiers, nous ont empêché jusqu'ici d'entreprendre les quelques recherches qui nous restent encore à faire pour posséder tous les éléments de notre découverte. Nous attendrons, pour publier la grande monographie que nous avons promise, que nous ayons eu la faculté d'examiner en détail les divers points secondaires qui peuvent se rattacher à notre étude. Mais, dès maintenant, nous possédons non seulement toutes les pièces du groupe monumental qui s'élevait dans la vallée, mais encore les renseignements suffisants à la détermination au moins probable de ces substructions.

Nous avons déjà esquissé cette description et cette interprétation lors du Congrès des Sociétés savantes de la Sorbonne de 1883 (1).

Nous allons donner aux lecteurs des *Paysages et Monuments du Poitou* un résumé aussi peu technique que possible de ce travail, en y ajoutant quelques détails sur les découvertes les plus récentes (2).

Les principaux édifices dont les restes ont été retrouvés sont les suivants : 1° un Temple; 2° un Balnéaire; 3° un Théâtre; 4° un groupe d'habitations particulières que nous appellerons Hôtelleries.

(1) *Mémoire archéologique sur les découvertes d'Herbord, dites de Sanxay*, par le Père Camille de la Croix, S. J., lu à la Sorbonne, dans la réunion des Sociétés savantes de Paris et des départements, le jeudi 29 mars 1883. — Niort, Clouzot, libraire-éditeur, 1883, in-8° de 78 pages, avec cinq planches en chromolithographie.

(2) Voir, sur les divers travaux publiés au sujet des fouilles de Sanxay, la *Bibliographie* critique donnée par le *Polybiblion* d'avril 1884, tirée à part.

LE TEMPLE

Le Temple présente des particularités qui ne se voient guère dans les édifices de même genre. Son *naos* ou *cella* (qui a un diamètre intérieur de $8^{m},85$) est octogonal à l'extérieur et décagonal à l'intérieur; à en juger aussi par la force des murs, il pouvait être surmonté d'une coupole octogonale en pierre, avec une prise de jour à son sommet, comme cela existait dans beaucoup de temples anciens, et comme cela se voit encore au Panthéon, à Rome. Une porte géminée, orientée à l'ouest, y donnait accès, et une fenêtre, également géminée, se trouvant en face de cette porte, permettaient à la lumière d'entrer dans la *cella* et de l'éclairer conjointement avec l'orifice supérieur placé au haut de la coupole dont nous venons de parler. — Cette *cella* était enchâssée dans une espèce de portique en forme de *croix grecque* décorée par soixante-quatre colonnes. Les quatre bras de cette croix formaient quatre vestibules (ayant chacun $7^{m},85^{c}$ de longueur et $7^{m},75^{c}$ de largeur, mesures prises à l'intérieur) réunis entre eux par des murs à pans coupés, parallèles aux quatre faces paires de l'octogone. Les murs latéraux du vestibule, regardant l'est, se prolongeaient jusqu'au mur de fond du grand portique principal, que nous décrirons plus loin, et formaient ainsi un vestibule allongé où devait se trouver, suivant toute probabilité, l'autel des sacrifices.

Comme on le voit, les formes et les dispositions de ce Temple sont complètement différentes de ceux rencontrés jusqu'ici en Gaule. Il en est un pourtant qui aurait quelque analogie avec le nôtre, c'est celui découvert en 1844, à Chassenon, par l'abbé Michon, et décrit par lui dans la *Statistique monumentale de la Charente;* mais les fouilles qui ont mis à jour ces substructions n'ont pas, ce nous semble, été faites avec assez de soin pour que nous puissions en parler, pour le moment, d'une manière sérieuse. — M. Anthyme Saint-Paul, dans son *Histoire monumentale de la France* (page 52), a également signalé le temple de Ville-Toureix (Dordogne) comme présentant le même plan que celui de Sanxay.

Si le Temple d'Herbord offre, dans ses parties principales, des particularités qui ne se rencontrent que dans très peu d'édifices de même nature, il n'en est pas de même d'une de ses parties accessoires, qui lui est commune avec un grand nombre de temples grecs et romains. Il est, en effet, entouré d'une vaste enceinte ou *peribolos*, composée de quatre portiques ou galeries; le plus grand portique de la façade, ou *propylée*, orienté à l'est, a $76^{m},12^{c}$ de longueur extérieure; il se compose de deux murs parallèles, entre lesquels règne un espace de 7 mètres, qui était orné de trois rangs de vingt-deux colonnes : le mur intérieur, regardant le Temple, était plein et devait être percé de fenêtres. C'est sur ce dernier mur que venaient s'appuyer les trois escaliers qui desservaient le grand *peribolos* : un petit (large de $3^{m},30^{c}$ et long de $7^{m},70^{c}$) donnait accès au portique de gauche ; un grand, au centre (ayant $9^{m},54^{c}$ de largeur et $7^{m},08^{c}$ de longueur), servait d'entrée au portique, orné de soixante-six colonnes ; un autre petit (large de $3^{m},70^{c}$ et long de $3^{m},80^{c}$) conduisait au portique de droite; les deux petits diffèrent en longueur, parce qu'ils sont construits sur un terrain déclive. Ils n'avaient tous trois que quelques marches en haut desquelles se trouvait un palier décoré architecturalement.

Nous remarquons aussi à droite, mais en dehors de l'escalier, deux constructions presque carrées : la première, possédant encore son aire bétonnée, a pu servir de *conciergerie;* quant à la seconde, qui lui est contiguë, elle semble avoir été destinée à recevoir les eaux de deux sources dont il sera question à l'article *Balnéaire;* ce devait être un bassin d'épuration, du genre de ceux que Vitruve appelle *aquarium.*

Il est une autre partie maçonnée du Temple qui a vivement excité la curiosité des visiteurs, et qui a donné naissance aux plus étranges commentaires : je veux parler du grand *égout* qui, partant de la *cella* octogonale et aboutissant au portique de gauche, déversait ses eaux dans un bassin des Hôtelleries que nous décrirons plus loin. Cette bizarre construction voûtée, sous laquelle on peut, dans une partie de son parcours, se promener debout, était destinée à drainer le sous-sol du Temple et à recueillir les eaux de ses toitures.

Nous n'avons pas rencontré l'endroit appelé dans l'antiquité *opisthodomos*, où l'on déposait le trésor : il est donc probable que les objets précieux étaient conservés dans l'une des maisons voisines dont nous parlerons plus loin. Une immense cour ou préau se trouvait devant la façade principale du *peribolos*, ayant forme d'un trapèze et entourée de murs de clôture; sa superficie totale contenait 7,695 mètres carrés.

A son centre, et dans l'axe du Temple, se voyait un petit édifice circulaire de $7^m,10^c$ de diamètre intérieur; probablement orné de colonnes sur lesquelles reposait une coupole. Il devait donner abri à quelque divinité. Cette cour contenait également deux portiques couverts : l'un à gauche et l'autre au fond. Pourquoi se trouvaient-ils tous deux placés sans symétrie, et à quel usage devaient-ils servir? Rien n'est venu nous fixer à ce sujet; mais nous pouvons dire avec certitude qu'ils étaient ornés de colonnes.

Les débris d'architecture que nous avons rencontrés en déblayant ce Temple et ses dépendances ne sont pas nombreux, mais ils suffisent grandement pour faire connaître la forme architecturale qui décorait la plupart de leurs parties.

Les colonnes étaient faites au tour, cannelées et rudentées de leur base au premier tiers de leur hauteur, excepté cependant celles du portique ouest de la grande cour, dont les fûts étaient couverts de feuilles de laurier imbriquées; leurs diamètres variaient, suivant les parties d'édifice qu'elles ornaient; tous les profils des bases, ainsi que l'ornementation et les moulures des chapiteaux, sont de l'ordre corinthien. Nous n'avons, jusqu'ici (1), retrouvé aucune pierre ayant appartenu aux architraves, aux frises, aux corniches et aux entablements; c'est ce qui, pour le moment, donnerait à penser que ces parties architecturales étaient faites en bois; toute la sculpture, on ne peut plus intéressante à divers points de vue, est admirablement fouillée, et les personnes les plus compétentes la considèrent comme étant de la seconde moitié du premier siècle de l'ère chrétienne.

Le nombre des objets trouvés est réellement fort petit, relativement à la quantité de terre qui a été remuée. Ils peuvent se résumer ainsi : quelques monnaies gauloises des derniers chefs Pictones; des monnaies romaines consulaires, légionnaires et impériales, la plupart en bronze et de divers modules; des tessons de poteries, généralement fort grossières; six morceaux d'une statue en bronze doré, dont le plus grand n'excède pas quatre centimètres carrés; quelques outils en fer, entre autres une faucille en fer avec sa douille; beaucoup de clous et de ferrures de charpentes; les débris d'un *ex-voto* en pierre, sur lesquels il ne reste que les premières lettres de trois lignes, qui ne permettent malheureusement pas de leur donner un sens; enfin un autre débris d'inscription, trouvé il y a quelques années, et sur lequel on lit POL en belles capitales. Les dimensions de cette pierre et les moulures qui l'encadraient feraient croire qu'elle servait d'architrave aux colonnes du péristyle du grand escalier. Elle a été mutilée par le propriétaire, qui l'a employée dans la maçonnerie d'une porte de son jardin.

Avant de clore ce chapitre sur le Temple et ses dépendances, ajoutons quelques renseignements statistiques qui ne manquent pas d'intérêt. La *cella* octogonale a 61 mètres carrés de superficie; les quatre *pronaos* et les quatre vestibules, $726^m,80^d$; l'emplacement de l'autel des sacrifices, $134^m,53^d$; les cours circonscrites par les quatre galeries du *peribolos*, $3,048^m,14^d$; les trois galeries ou portiques ouvertes sur la cour intérieure qui entourait le Temple, $1,154^m,45^d$; la grande cour extérieure, en ne comprenant pas les trois escaliers, le petit Temple rond et les deux portiques, $7,695^m,41^d$. — Si nous additionnons les superficies des parties du *peribolos* occupées par le public, nous trouvons un total de $4,202^m,59^d$ carrés, et si nous affectons un mètre carré à deux personnes, ce qui est le minimum, nous obtenons un total de 8,405 mètres, qui représente le nombre de spectateurs pouvant, sans être gênés, assister aux sacrifices et en voir les cérémonies.

Si nous donnons, au contraire, un mètre carré par personne dans la grande cour qui précédait le Temple et son *peribolos*, nous trouvons qu'elle contenait 7,695 personnes.

Nous avons décrit le Temple tel qu'il fut lors de sa construction. Plus tard, il subit d'assez importantes modi-

(1) Les déblais ne sont pas encore terminés.

fications. tout au moins dans son *peribolos*. La *cella* fut laissée intacte. ainsi que ses *pronaos;* mais deux des galeries de son *peribolos* furent remaniées en grande partie. Ainsi les trois rangs de vingt-deux colonnes de son portique principal furent complètement supprimés; on éleva aussi un mur de 70 centimètres d'épaisseur. depuis les fondations jusqu'aux combles. contre le mur extérieur de façade auquel aboutissaient les trois escaliers. Ce changement rétrécit le portique et nécessita probablement le remplacement de ses plats-fonds primitifs. — On construisit également dans le portique de gauche. et sur toute sa hauteur, deux murs : l'un. entièrement plein, servit de fond à la rangée de colonnes qui regardait le Temple, et enleva toute communication avec les préaux intérieurs; l'autre fut accolé au mur extérieur et percé. à des distances symétriques. de fenêtres qui rendirent à ce portique l'air et la lumière que l'autre mur lui avait enlevés. On ne peut se rendre compte de la raison pour laquelle ces remaniements ont été faits. Toujours est-il que l'harmonie et le grandiose de ces vastes portiques quadriformes ne gagnèrent pas à d'aussi singuliers remaniements.

LES THERMES

Les deux constructions affectées aux Thermes sont séparées l'une de l'autre par une vingtaine de mètres.

La principale fait suite à la grande cour qui précédait le *peribolos* du Temple; celle de moindre importance est située sur le bord de la rivière.

La construction principale couvre une superficie de 6,600 mètres carrés; sa forme est celle d'un vaste trapèze ayant 110 mètres de longueur et 60 mètres de largeur moyenne: elle se compose de cours ou préaux, d'une spacieuse colonnade, d'une grande salle. d'un bâtiment important servant à la balnéation, et d'une longue galerie couverte par laquelle le public arrivait des hôtelleries au balnéaire lui-même.

La plus grande des trois cours couvrait une étendue de terrain de 1,768 mètres carrés, et devait servir de jardin. si l'on en juge du moins par l'absence d'empierrement de son sol. Les deux autres, plus petites que la précédente, s'étendaient sur des superficies de 967 mètres carrés et de 552 mètres carrés.

Rien ne peut nous fixer sur l'usage de ces deux dernières cours; peut-être étaient-elles destinées au service du personnel attaché au balnéaire. ou bien au public en qualité de *palestre* et de *stade*.

La spacieuse colonnade. à air libre de trois côtés. occupe dans toute sa largeur l'extrémité est des Thermes, et servait très probablement de promenoir couvert aux baigneurs. Quatorze colonnes décoraient sa façade et deux ornaient chacune de ses extrémités; son aire, d'après ce qui se voit en place, se composait d'une épaisse couche de béton. Son mur de fond était plein et donnait accès, par des portes, à la troisième cour, et, par un passage avec escalier à droite. au premier étage de la construction principale.

La grande salle devait être fort belle, à en juger d'après ce qu'il en reste; l'une de ses parties est en assez bon état de conservation. Elle avait, en effet, 23 mètres de long sur 15 de large; trois niches demi-circulaires, de $5^{m},40^{c}$ de diamètre, séparées entre elles par deux niches rectangulaires, étaient adossées à son mur nord. Elle devait, suivant toute probabilité, servir d'*exèdre*, c'est-à-dire de salle couverte destinée à la conversation et au repos. Ses niches, selon toute apparence, étaient voûtées en plein cintre et en culs-de-four, et ses plafonds étaient en bois avec caissons à la grecque.

Quant au bâtiment principal, ou balnéaire proprement dit, il consistait en constructions plus soignées que toutes les autres de l'ensemble des Thermes; il couvrait une superficie de $1,969^{m},84^{d}$ carrés et possédait, presque dans toutes ses parties, un rez-de-chaussée et un premier étage.

Le balnéaire fut remanié à la même époque que le *peribolos* du Temple, et d'une façon si considérable, qu'il fut presque complètement transformé. L'étude de ces divers changements, étude forcément longue et minutieuse, serait déplacée ici (1).

Nous nous bornerons à exposer en peu de mots ce qu'il était après cette opération, et ce qu'il est encore aujourd'hui. Il offre des particularités d'un très haut intérêt. D'abord, c'est un balnéaire double: il comprend dans une même construction deux balnéaires distincts, unis par un corridor central.

Le premier de ces balnéaires ne contient que ses trois piscines d'eau à températures différentes, ainsi que ses trois salles à air, également à températures variées, et ne possède aucun des autres appartements que l'on rencontre dans les bains construits selon les règles classiques.

Le second se compose : de trois piscines contenant des eaux très chaudes, des eaux moins chaudes et des eaux tièdes; d'une salle où l'on prenait des douches, et de trois salles dont l'air était à des températures différentes; il n'a aussi, comme le précédent, aucune autre salle à sa disposition.

En dehors de leur intérêt archéologique, de l'importance architecturale que leur a donnée le remaniement dont la date nous est inconnue, toutes les piscines et les étuves, ainsi que la salle des douches, les hypocaustes, les prefurnium, etc., sont des plus curieux à examiner au simple point de vue du pittoresque.

Le balnéaire est peut-être, des trois pièces principales de la découverte de Sanxay, celle qui a le plus de succès auprès de la majeure partie des visiteurs.

A l'origine, deux sources, sortant d'une hauteur voisine située au delà du Temple, amenaient seules leurs eaux fort salubres, mais nullement thermales (quoiqu'en aient dit certains archéologues), dans les deux bassins ou réservoirs du Temple et du balnéaire: cela était bien suffisant. Mais après le remaniement général, on comprend que ces deux sources ne pouvaient plus répondre aux exigences des nouvelles piscines, surtout si l'on était obligé, comme cela est probable, de renouveler leurs eaux plusieurs fois par jour. Aussi les Romains eurent-ils recours à sept autres sources, qu'ils trouvèrent échelonnées sur les versants d'une vallée voisine, située sur la rive droite de la rivière et au delà du Théâtre: ils construisirent une chaussée au bas de cette vallée, qui devint bientôt un vaste lac; puis, après avoir établi un aqueduc un peu au-dessus du fond de la chaussée, ils le conduisirent sous terre d'abord, en élévation ensuite, jusqu'au balnéaire, après lui avoir fait décrire de nombreux circuits. La plus éloignée de ces sources est à 1,450 mètres environ des piscines; la plus rapprochée en est distante d'environ 900 mètres. En calculant, d'après les superficies de toutes les piscines en activité de service après leur remaniement, le nombre de personnes qui pouvaient se baigner en même temps, nous trouvons qu'il ne devait pas s'élever au delà de cent quarante; et, en admettant même qu'on renouvelât les eaux quatre fois par jour, cinq cents personnes au plus auraient pu se payer le plaisir de la balnéation. Il y a, il faut l'avouer, une énorme disproportion entre ce nombre et celui des personnes auxquelles il était donné d'assister aux cérémonies du temple et de prendre part aux délassements du théâtre, puisque le premier s'élevait au moins à huit mille et le second au plus à cinq cents. Cette disproportion, fût-elle encore moins grande, suffirait pour prouver que les balnéaires, j'en excepte cependant celui d'eau de rivière, n'étaient qu'à la disposition des privilégiés et non à celle de la masse.

Les égouts se composent d'un grand collecteur auquel viennent aboutir cinq branchements. Le grand collecteur est maçonné et voûté depuis son origine jusqu'aux abords de la grande colonnade regardant la rivière, sur une longueur de 85 mètres, ensuite il continue à ciel ouvert. On avait aussi ménagé sur son parcours trois regards avec couvertures mobiles qui permettaient le nettoyage.

L'architecture jouait un rôle aussi important dans l'ensemble de ce vaste édifice que dans celui du Temple et de ses dépendances, avec cette différence qu'elle était symétrique et régulière dans le Temple et dans les galeries de son *peribolos*, tandis qu'elle est irrégulière et bizarre dans les parties principales des Thermes.

(1) Nous nous permettons de renvoyer nos lecteurs au *Mémoire archéologique sur les découvertes d'Herbord*.

Le splendide portique, placé au bas des Thermes et en face de la rivière, est la seule partie de cet ensemble de constructions qui ait été classiquement traitée; l'architecture de ces édifices était de l'ordre corinthien et de même date que celle du temple et de ses dépendances.

Parmi le très grand nombre d'objets de toute nature trouvés en déblayant, quelques-uns seulement sont importants. Je citerai de ces derniers : une petite statuette en bronze de Pâris assis; une hache en fer, de forme très intéressante; deux couteaux aussi en fer; deux gros et larges tuyaux de plomb intéressants à étudier; quelques clefs de bronze et de fer; des épingles de cheveux en os; des cure-oreilles et des épiloires en cuivre; trois petites intailles en agate de la basse époque; beaucoup de morceaux de gros verre de vitre opaque et verdâtre; des perles en pâte de verre de diverses couleurs; grand nombre de débris de vases en terre et en verre à forme intéressante; une monnaie gauloise en bronze; enfin quelques monnaies romaines impériales également en bronze.

LE BALNÉAIRE D'EAU DE RIVIÈRE

Il a 109 mètres de longueur et 36 mètres de largeur et se composait d'un bâtiment, d'une cour et d'une habitation. Ces trois parties sont aujourd'hui recouvertes.

Le bâtiment est presque carré, possède un *atrium* entouré de trois côtés par une galerie sur laquelle ouvrent treize chambres encore bétonnées. Son mur de façade à l'est, proche de la rivière, semble n'avoir jamais existé qu'à l'état de fondation et de mur de barrage.

Les fouilles que nous y avons opérées nous ont démontré que le sol de l'*atrium* n'a jamais été remué, et, par suite, qu'il n'y avait pas eu là de bassin; les baigneurs usaient des chambres, ainsi que de l'*atrium* et des galeries, avant et après s'être plongés dans les eaux de la Vonne.

Les distributions de la construction voisine de la cour sont les mêmes que celles des habitations romaines; nous croyons que cette construction était à l'usage de l'intendant général des Thermes.

Les substructions de ce balnéaire n'ont pas été détruites; elles sont seulement recouvertes de terre et de gazon.

LES HOTELLERIES

Ces Hôtelleries, que l'on voit entre le *peribolos* du Temple, les Thermes et la rivière, couvraient un espace de terrain d'environ trois hectares sur une longueur de 320 mètres et une largeur moyenne de 100 mètres. Les habitations étaient au nombre de sept: leurs distributions intérieures ne différaient en rien de celles en usage chez les Romains: quatre de ces habitations avaient un *atrium* entouré d'une, de deux, de trois ou de quatre galeries sur lesquelles ouvraient la plupart des chambres. L'une d'elles se faisait remarquer par ses proportions et ses dispositions luxueuses; elle devait, ce semble, être occupée par quelque personnage de distinction.

Au-dessus de cette dernière, se trouve une piscine importante (elle contenait 400 mètres cubes 83 décimètres cubes d'eau); un vaste promenoir à ciel ouvert l'entourait sur ses quatre faces, et de plus, à gauche, régnait une galerie couverte. En face, côté ouest, se trouvent des fondations semi-circulaires qui n'avaient pu servir qu'à supporter un socle de statue. — Cette piscine recevait ses eaux : 1° du sous-sol de la *cella* du Temple et des toitures de ses quatre vestibules, par le moyen de l'égout dont nous avons parlé plus haut: 2° d'un bassin d'épuration qui l'avoisinait et qui était alimenté par deux sources venant de quatre et de cinq kilomètres de distance.

Ces Hôtelleries étaient en communication avec les monuments voisins par plusieurs entrées et sorties. Trois passaient la rivière et se dirigeaient vers le Théâtre et les chemins avoisinants; deux menaient aux Thermes; une donnait accès à la grande cour du Temple; une autre enfin se reliait au chemin qui longeait le hangar du Temple et communiquait au hameau d'Herbord, dont il sera question plus loin.

L'architecture de ces habitations était loin d'avoir le grandiose de celle que présentaient le Temple et ses annexes, ainsi que les Thermes. A part les galeries qui entouraient certains *atrium* et le pourtour de la grande piscine, aucune des parties extérieures de leurs constructions n'était ornée de colonnes; de plus, si l'on en juge par les épaisseurs de tous les murs, les habitations n'ont dû avoir qu'un rez-de-chaussée simplement en bois.

Le nombre des objets trouvés, de même que leur valeur, ne répond pas à la peine que l'on s'est donnée pour les mettre à jour; mais il en est quelques-uns cependant qui méritent l'honneur d'une mention; ce sont: un petit *ex-voto* en terre de l'Allier représentant une Vénus pudique: un charmant petit Lièvre à la course, en bronze: trois fibules et un bouton en cuivre émaillés; quelques perles de verre; une clef en fer: quelques pots à puiser de l'eau, en terre et de formes rustiques; enfin les fragments de douze vases en terre grossière, fabriqués à quelques kilomètres des fouilles, mais revêtus intérieurement d'un enduit de verre qui offre le plus haut intérêt pour l'histoire de la céramique en Gaule, etc.

Les modifications apportées aux Hôtelleries sont très peu nombreuses, pour ne pas dire presque nulles.

Cette partie des substructions a dû être démolie, au cours de nos fouilles, par suite des nécessités de la culture, et parce que le Ministère n'a pas jugé à propos de la conserver.

LE THÉATRE

Le Théâtre, et non l'amphithéâtre, comme se sont plu à le désigner quelques écrivains, est orienté au nord-ouest et placé sur la rive droite de la Vonne.

Comme la plupart de ceux que nous connaissons en France, il est adossé à un coteau. Son grand axe mesure 90 mètres et sa façade $84^{m},80$. Plusieurs des particularités qu'il présente se trouvent dans un très petit nombre d'édifices de même nature; quelques autres lui sont complètement propres. La partie centrale, qui est généralement semi-circulaire dans la plupart des théâtres, a la forme d'un cercle (rayon, 19 mètres; circonférence, $119^{m},38$); aussi lui donnerons-nous le nom d'*arena*, et non d'*orchestra*. Cette particularité existe dans les théâtres de Valogne, de Néris et de Vieux.

Le *postscenium* était en dehors de l'édifice, comme à Vieux, à Valogne et à Saint-Révérien.

Les *vomitorium* (galeries par lesquelles les spectateurs entraient et sortaient) sont différents de tous ceux rencontrés jusqu'ici : ils ne sont pas rayonnants, mais bien parallèles à la façade elle-même.

Le mur de façade avait la même hauteur que celle de son mur extérieur; huit dés accolés à cette façade, faits en grosse maçonnerie et sur de grandes dimensions, supportaient des colonnes d'un grand diamètre et d'une hauteur d'au moins 14 mètres, comme l'amphithéâtre de Nîmes, etc.

Notre édifice avait un *velum*. Le *proscenium* aussi devait être décoré architecturalement, ainsi que le *postscenium*.

Au-dessus de ces deux *vomitorium* voûtés conduisant au *proscenium*, il devait y avoir des appartements à l'usage du personnel du Théâtre.

Les six murs concentriques qui composent la *cavea* semblent indiquer qu'elle possédait quatre *précinctions*. Ces murs étaient reliés entre eux par de longues et fortes pièces de charpente qui supportaient elles-mêmes des gradins en bois.

Nous avons retrouvé, à droite de l'*arena*, entre le second et le troisième *vomitorium*, et sur l'emplacement compris entre le second et le troisième mur concentrique, les fondations on ne peut plus soignées d'une construction semi-circulaire ouverte sur l'*arena;* il nous semble qu'elle pouvait être réservée à plusieurs des grands personnages auxquels revenait la présidence des fêtes.

La superficie couverte par les gradins, les précinctions et les escaliers était de 3,285 mètres carrés: en affectant un mètre carré à trois personnes et en déduisant de la totalité de la surface la portion occupée par les précinctions et les escaliers, nous affirmons, sans crainte d'être taxé d'exagération, que ce théâtre donnait place au moins à huit mille personnes; ce nombre est approximativement le même que celui des personnes qui pouvaient assister aux cérémonies du Temple.

En fait de sculptures capables de nous fixer sur la partie architecturale décorative de ce monument, nous n'avons guère retrouvé que le linteau d'une des portes conduisant du *postscenium* au *proscenium*; il portait des moulures méplates.

Les objets qui sont sortis des déblais de cet édifice sont les suivants : une centaine de monnaies impériales en bronze de divers modules, quelques pots intacts et de fabrication commune; beaucoup de tessons de poteries grossières et un nombre très considérable de clous, ainsi qu'une inscription brisée en quarante-deux morceaux, que nous n'avons pas encore pu reconstituer, mais qui, par la forme des caractères, semble appartenir à la seconde moitié du premier siècle.

Le Théâtre, construit peut-être seulement à l'époque des remaniements du balnéaire et du *peribolos* du Temple, ne parait pas avoir été modifié.

SUBSTRUCTIONS SECONDAIRES

A une distance plus ou moins grande des monuments que nous venons de décrire, nous avons retrouvé les substructions de neuf bâtiments d'une importance fort inégale, ayant servi la plupart d'habitations aux personnes chargées du service des monuments (1).

Sur une hauteur, à 62 mètres de la rivière et dominant l'ensemble des constructions, était situé un petit temple carré, presque entièrement semblable de forme et de dimensions à celui dernièrement découvert par M. Tardieu, dans la villa de Beauchair, à Giat (Puy-de-Dôme), ainsi qu'aux deux que j'ai moi-même déblayés, il y a peu d'années, sur les hauteurs de la Roche, avoisinant et dominant Poitiers.

(1) Voir notre Mémoire, chapitre II.

DESTINATION DES MONUMENTS DÉCOUVERTS

Pour plus de clarté, commençons par démontrer ce à quoi ces substructions n'ont pas pu servir :

1° *Elles n'ont pas pu servir de villa.* — L'ensemble de nos substructions contient des habitations dans lesquelles on retrouve les distributions intérieures des maisons particulières romaines; mais la manière dont elles sont agglomérées, de même que la grande rue qui les sépare dans leur longueur, ne se voient dans aucune des *villa* connues jusqu'ici. Il contient également un Temple, des Thermes et un Théâtre, construits sur de vastes proportions, et qui pouvaient donner asile à un nombre de personnes plus considérable que celui que pouvaient contenir les habitations voisines. Il était enfin situé dans un endroit sauvage et que l'on ne pouvait fréquenter en toutes saisons. Nous croyons donc que cet ensemble de constructions n'a jamais été une *villa.*

2° *Elles ne sont pas les restes d'une ville.* — Les villes ont leurs édifices publics en rapport avec leur population; or, les divers édifices qui composent notre découverte n'étaient pas en rapport les uns avec les autres; ainsi le *peribolus* du Temple, la grande cour qui le précédait et le Théâtre lui-même contenaient chacun environ huit mille personnes, tandis que les habitations agglomérées ayant pu servir à une population ne pouvaient certainement en abriter plus de deux cents. Il paraît donc évident que ces constructions ne sont point les restes d'une ville.

3° *Elles n'ont jamais, non plus, appartenu à un établissement d'eaux minérales.* — Les neuf sources qui alimentaient les piscines du balnéaire n'avaient aucune vertu médicinale particulière, comme l'ont prouvé : 1° l'analyse chimique que l'on a faite sur les eaux de plusieurs d'entre elles; 2° l'absence de tous dépôts et de toutes dégradations dans les égouts et dans les piscines; 3° la présence d'un cresson superbe et excellent qui pousse dans chacune d'elles et dont se servent journellement encore les habitants du pays. Il n'est donc pas possible d'admettre que les eaux de ces balnéaires aient été minérales, et partant que les constructions dont ils faisaient partie puissent être considérées comme ayant appartenu à des établissements d'eaux minérales.

Disons maintenant à quoi ces substructions ont pu servir :

Nous sommes porté à y voir un lieu de réunion, un centre de religion et de plaisirs, un grand centre forain : — le lieu d'assemblées de la tribu des Pictons, à l'époque gauloise d'abord, à l'époque gallo-romaine ensuite.

Le groupe des monuments de la vallée de la *Vonne* occupe à peu près le centre topographique de la tribu des Pictons, il est desservi par de nombreux chemins anciens; nous y avons trouvé la trace non contestable de la présence des Gaulois : sépulture, monnaies, instruments en pierre polie; il occupe un fond dont les hauteurs avoisinantes étaient certainement boisées; et les Romains ne se seraient pas assujettis à construire un établissement dans ces conditions, s'ils n'avaient pas eu quelques traditions gauloises à respecter.

Il convient d'ajouter, quoique cette détermination paraisse plausible, qu'elle est loin d'être démontrée et que nous n'avons aucun texte ancien pour la corroborer.

D'autre part, la disposition vraisemblable des découvertes similaires faites sur le territoire des autres tribus de notre pays pourra seule la confirmer.

Les monuments d'Herbord ont dû être renversés de 260 à 273, lors des épouvantables désordres qui eurent lieu en Gaule à cette époque; ou peut-être aussi pendant la grande insurrection des Bagaudes, entre 436 et 439. L'étude plus approfondie de cette découverte nous fixera ultérieurement, nous l'espérons, sur la date précise de ces épouvantables destructions.

Poitiers, le 15 mai 1884. CAMILLE DE LA CROIX, S. J.

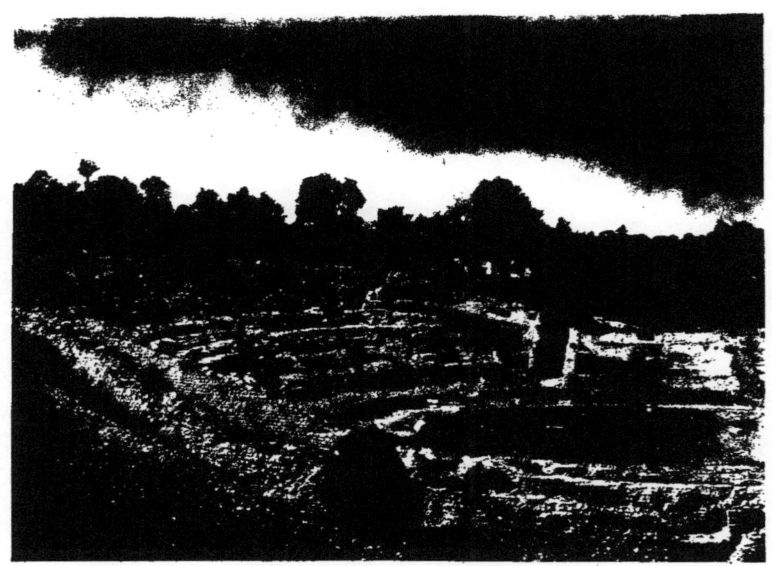

RUINES GALLO-ROMAINES DE SANXAY (VIENNE)

LE THÉATRE

Vue prise de l'est.

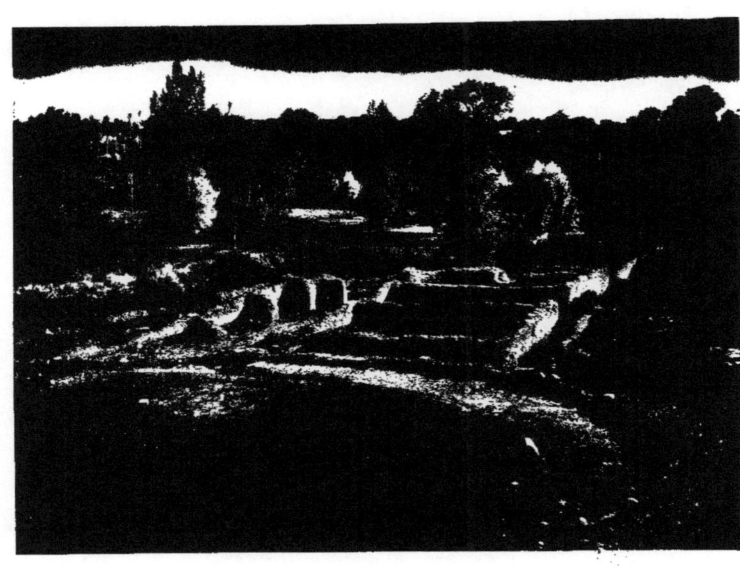

RUINES GALLO-ROMAINES DE SANXAY (VIENNE)

LE THÉATRE

Vue prise du sud-ouest.

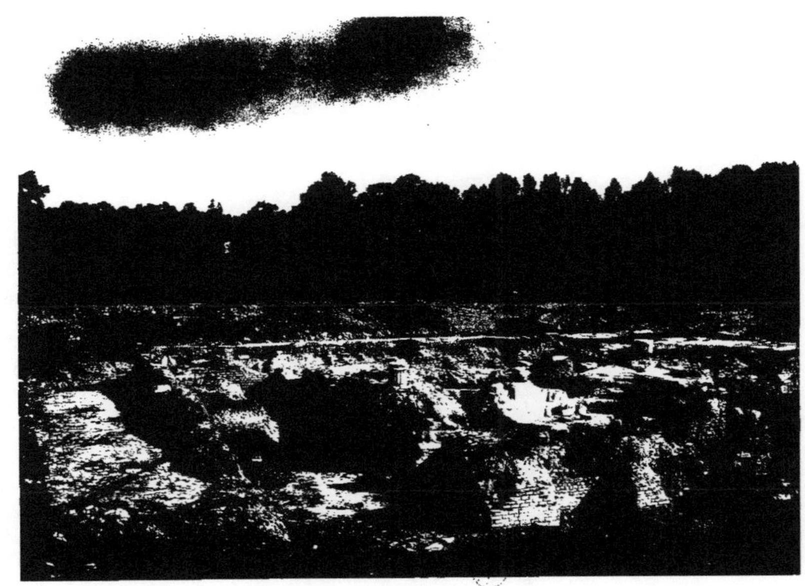

RUINES GALLO-ROMAINES DE SANXAY (VIENNE)

LE BALNÉAIRE

Vue prise de l'angle du sud-ouest.

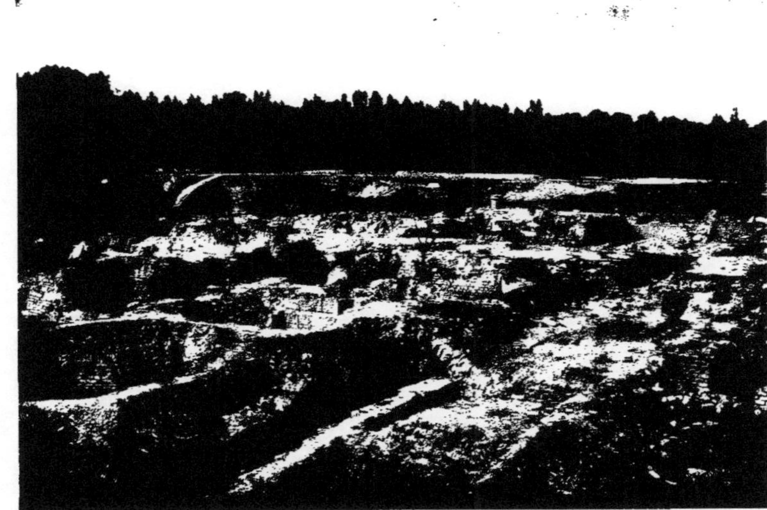

RUINES GALLO-ROMAINES DE SANXAY (Vienne)

LE BALNÉAIRE

Vue prise de l'angle du nord-est.

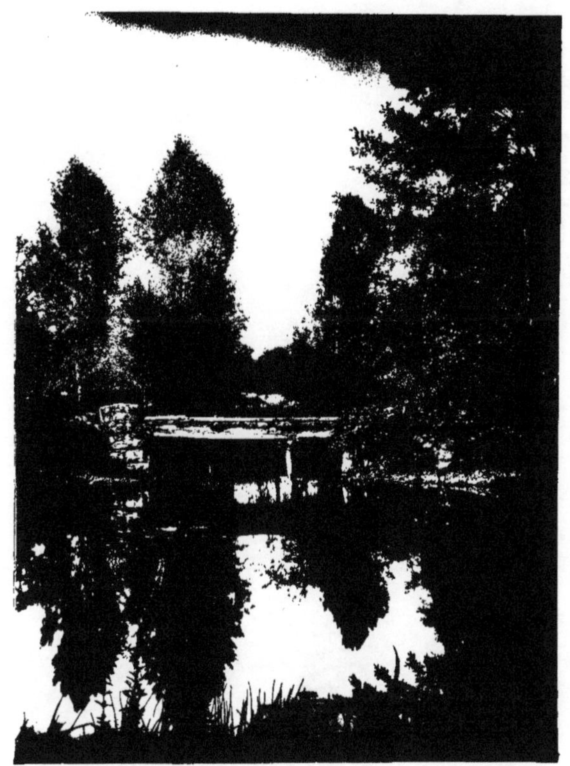

RUINES GALLO-ROMAINES DE SANXAY (Vienne)

LA PLANCHE AUX MOUTONS

Vue prise sur la Vonne.

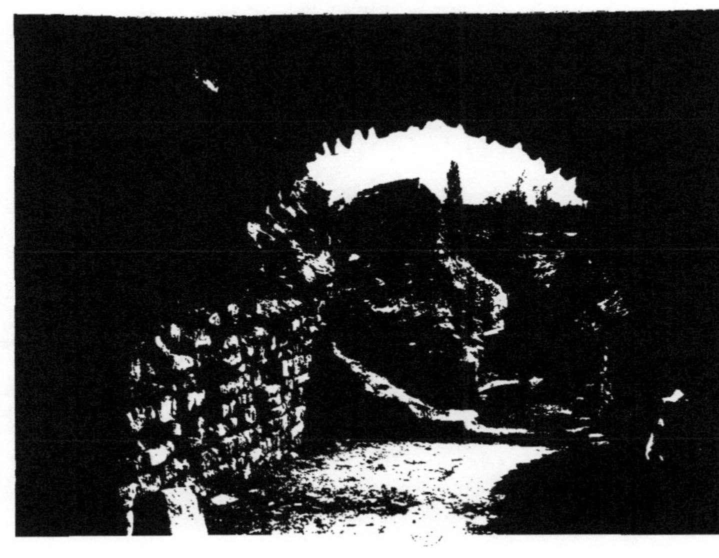

RUINES GALLO-ROMAINES DE SANXAY (Vienne)

LE BALNÉAIRE

Couloir de service des Hypocaustes.

LUSIGNAN

(VIENNE)

1° *Lusignan, le Viaduc, vue prise du Moulin de la Vau-Chiron, au sud;*
2° — *la Vonne, vue prise en amont du Moulin de la Vau-Chiron, sous le Viaduc;*
3° — *l'Église, portail sud et place du Marché;*
4° — — *vue intérieure de la grande Nef;*
5° — — *le bras sud du Transept et le clocher;*
6° *Sanxay, le Château de Marconnay, vue de l'entrée prise au sud-est;*
7° — — — *vue intérieure de la cour;*
8° *Jazeneuil, l'Église, façade latérale sud.*

INDICATIONS PRÉLIMINAIRES

Emporté par la vapeur, le voyageur qui se dirige de Poitiers vers Niort traverse rapidement les deux premières stations, Saint-Benoit et Coulombiers. Puis il roule sur un magnifique viaduc dont il ne peut guère mesurer de l'œil la hauteur, qui est de trente-trois mètres. Ce remarquable monument composé de vingt-deux arches, chacune de quinze mètres d'ouverture, franchit la vallée de la Vonne. Il est l'œuvre de MM. Morandière, ingénieur en chef, Compaing, ingénieur ordinaire, et Escaraguel, entrepreneur, qui l'ont construit de 1853 à 1856 pour la Compagnie du chemin de fer d'Orléans, ligne de Poitiers à La Rochelle. Du haut du viaduc, le voyageur aperçoit une petite ville groupée sur un promontoire veuf de son château : un instant après, il arrive en gare et le grand nom de Lusignan frappe son oreille. Il descend aussitôt, car une ville ainsi nommée mérite bien une visite. Les étranges figures de Mélusine et de Geoffroy à la Grand'dent, ainsi que les armoiries des Lusignan, sculptées sur les portes de la gare, éveillent en son esprit tout un monde de légendes et d'exploits héroïques.

De la gare à Lusignan la distance n'est pas longue. Après avoir laissé à droite le faubourg d'Enjambes, le touriste entre en ville par une porte dont la voûte antique n'existe plus et qu'on nommait jadis porte Marchande. Il peut apercevoir encore la profonde coupure pratiquée à une époque bien reculée, pour isoler le promontoire du plateau, et qui formait le fossé le long du mur de ville. L'église, qu'il ne tarde pas à rencontrer et dont nous parlerons plus loin avec détail, attirera naturellement son attention. C'est le seul monument de Lusignan qui ait survécu à sa gloire. Passant ensuite devant les halles, il gagne bien vite la place du Bail, d'où il pénètre sur la promenade solitaire qui recouvre les fondations du château.

C'est de là qu'il pourra se rendre compte de l'admirable situation et de la puissance de cette forteresse historique qui occupait tout le promontoire entre deux profondes vallées, et dont les tours et les vigoureuses murailles, assises au pied même du rocher, s'élevaient en droite ligne le long de ses flancs pour dominer et envelopper le plateau de leurs défenses. (*Voir l'héliogravure page 5.*) Tout cela a disparu, mais la nature survit à tout. Considérez plutôt cette belle vallée où coule la Vonne, en décrivant une courbe gracieuse entre le promontoire de Lusignan et le coteau occupé par le parc. Née dans le département des Deux-Sèvres, cette rivière arrive à Lusignan en dessinant de nombreux méandres sur son passage à Sanxay, Curzay, Jazeneuil, et s'en éloigne pour arroser Cloué, Celle-l'Évêcault, Marigny et Vivonne, jusqu'au Clain, où elle se jette.

De l'autre côté s'ouvre la vallée de la Font-de-Cé, fontaine limpide et abondante. La basse ville de Lusignan, composée d'une rue unique, mais très longue, l'occupe tout entière au pied du promontoire. C'est la grande route de Poitiers qui, en quittant Lusignan, traverse la Vonne sur le pont de Pranzay.

Le canton dont Lusignan est le chef-lieu comprend les communes de Celle-l'Évêcault, 1,550 habitants; Cloué, 503; Coulombiers, 744; Curzay, 876; Jazeneuil, 1,077; Rouillé, 2,631; Saint-Sauvant, 2,830; Sanxay, 1,562. La population de la ville est d'environ 2,150 habitants, dont 1,850 catholiques et 300 protestants.

Outre la ligne du chemin de fer de Poitiers à La Rochelle, deux routes nationales conduisent à Lusignan, celle de Paris à Rochefort n° 11 et celle de Poitiers à Saintes n° 150. Il y a aussi les chemins de grande communication n°s 1, 2 et 48, qui conduisent de Lusignan à Lussac, à Sanxay et à Vouillé.

La ville ne forme plus qu'une paroisse. Les écoles sont au nombre de quatre: une école laïque de garçons, 130 élèves; une école laïque de filles, 70 élèves; une école congréganiste de garçons, 70 élèves; une école congréganiste de filles, 125 élèves.

L'hôpital, dont les revenus sont de 7,500 francs, est doté de 16 lits civils et 8 militaires. Le nombre des malades est en moyenne de dix.

L'industrie des étoffes ou gros draps qu'employaient les habitants de la campagne était autrefois assez florissante à Lusignan. Aujourd'hui on n'y signale plus qu'une fabrique d'étoffes. Il y a aussi une fabrique de brosses.

Huit foires annuelles et un marché hebdomadaire le mercredi suffisent amplement au commerce qui consiste en céréales, graines de trèfle, luzerne et fourrages, et surtout en bestiaux de toute sorte.

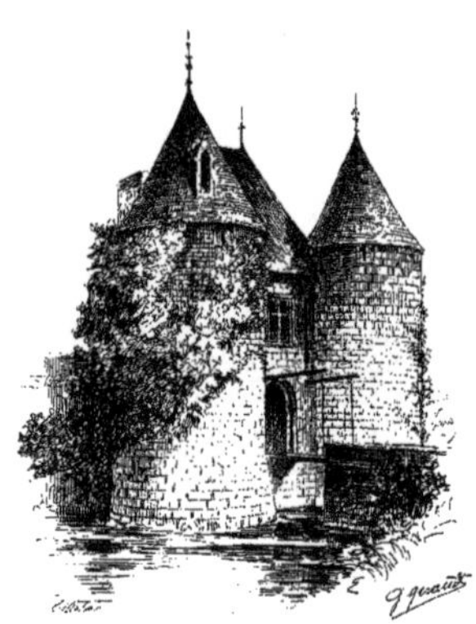

Entrée de l'ancien château de Forzon.

HISTOIRE

I. — LUSIGNAN JUSQU'À SA RÉUNION A LA COURONNE

Le promontoire escarpé sur lequel est assise la ville de Lusignan, environné au nord par la rivière de la Vonne, au sud par des marais que traversait le ruisseau de la Font-de-Cé, constituait dans les temps antiques un lieu naturellement fort où la population primitive dut chercher un refuge. Pour en faire un solide oppidum, les Gaulois n'eurent qu'à le séparer du reste du plateau par une profonde coupure, creusée dans la partie la plus resserrée entre les deux vallées.

Les Romains y établirent un poste militaire, un camp dont le souvenir a été conservé par le nom de *Chatellier* que porte le plateau placé en avant de la ville et à la base duquel coule la belle source de la Font-de-Cé. Le nom de ces eaux limpides dériverait-il de Fons Cæsaris ? peut-être. Quant au nom de Lusignan, *Liciniacus*, 929, *Liziniacus*, 1009, *Lezigniacus*, 1078, *Lezinan*, 1080, on s'accorde, d'après M. Cardin, à en placer l'origine dans le nom romain de Lucinius ou Licinius. C'était sans doute, soit un propriétaire gallo-romain d'une villa située en ce lieu, soit un commandant du camp. Du reste, la civilisation romaine a laissé des traces matérielles dans le voisinage, sur le territoire de la commune de Celle-l'Évesquault. Des substructions et des colonnes antiques ont été découvertes près du château de la Grange, non loin de la Vonne. Le nom de Varnus, donné à ces ruines, leur a procuré l'honneur non suffisamment justifié d'avoir été un temple de Vénus. Quoi qu'il en soit, il y avait bien là des constructions romaines, et le style des colonnes a été comparé à celui des colonnes du temple de Sanxay, situé également dans l'ancien pays de Lusignan (1). Un cimetière gallo-romain a été trouvé dans la même commune de Celle-l'Évesquault, à Écuré, l'antique *villa Scuriaca*, sur les bords de la voie de Poitiers à Saintes (2). Enfin les traces de deux villas romaines auraient été découvertes en face de Pranzay, près de Lusignan, sur la rive gauche de la Vonne (3).

Le camp des *Chatelliers* de Lusignan et le camp des *Chatelliers* de la forêt de Saint-Sauvant, ce dernier encore subsistant avec son vallon rectangulaire de 200 mètres sur 100 mètres, ne doivent pas être antérieurs au IVe siècle. Ils ont été très probablement occupés par les colonies militaires Teifales, d'origine Scythe, transportées et réparties, à titre d'auxiliaires, par les empereurs sur différents points du Poitou, dans le cours du IVe siècle. C'est ce qu'atteste la Notice des dignités, document officiel de cette époque. Ce qui démontre, en outre, la présence d'une ou plusieurs de leurs colonies à Lusignan et dans les environs, ce sont les dénominations de la *Tiffannelière* (commune de Celle-l'Évesquault), la haute et la basse *Tiffaille* (commune de la Chapelle-Montreuil), la plaine des *Scythes*, près Mauprier, au sud de Lusignan. C'est encore l'existence dans le pays, au VIe siècle, des descendants de ces étrangers, presque purs de tout mélange, attestée par Grégoire de Tours, à l'occasion de la mort du duc Austrapius (4).

La cella de Comblé, près de Celle-l'Évesquault, *cella Condatense*, domaine de Saint-Hilaire, servit de retraite à une pieuse femme, sainte Florence, que le grand évêque de Poitiers avait convertie et ramenée de son exil de Phrygie lorsqu'il revint dans son diocèse, en 360. Sainte Florence y vécut en recluse et y mourut en odeur de sainteté. Un sanctuaire vénéré s'éleva sur son tombeau, et, plus tard, vers l'an 1020, l'évêque Isambert transféra ses reliques dans la cathédrale de Poitiers. Peu de temps après, la cella de Comblé fut donnée à l'abbaye de Nouaillé qui y fonda un prieuré dont l'église a été plus tard supprimée et transformée (5).

Celle-l'Évesquault, *Cella Episcopalis*, 1218, était un des plus anciens domaines de l'évêché de Poitiers. Au VIe siècle, le duc Austrapius, gouverneur du Poitou et de la Touraine, coopérateur de sainte Radégonde dans la

(1) Mém. Antiq. Ouest, 2e série, t. VIII, 85, article de M. l'abbé Jarlit.

(2) Bull. des Antiq. de l'Ouest, 1847-1849, p. 111.

(3) Mém. de la Soc. Antiq. de l'Ouest, 2e série, t. IX, p. 69, Article de M. Jarlit, d'après des indications du P. de la Croix.

(4) *Austrapius*, par M. l'abbé Jarlit, ap. Mém. des Antiq. de l'Ouest, t. VIII, 2e série. — *De l'origine des camps romains dits Chatelliers*, par B. Ledain.

(5) *Histoire ecclésiastique du Poitou*, par Dom Chamard.

construction de l'abbaye de Sainte-Croix de Poitiers, s'étant fait ordonner prêtre, le roi Clotaire, son protecteur, dont il avait défendu la cause contre Chramme révolté, lui fit conférer l'épiscopat et lui promit l'évêché de Poitiers après la mort de saint Pient, qui l'occupait. Il lui donna en attendant, comme dotation ou bénéfice, le domaine de Celle, appelé *Castrum sellense* par Grégoire de Tours. Ce lieu ne saurait, en effet, être identifié qu'à Celle-l'Évesquault, quoi qu'en ait dit M. Longnon qui le considère, sans preuves suffisantes, comme étant Chantoceaux sur la Loire. Saint Pient mourut vers 564, mais Clotaire n'existait plus. Caribert, son fils, fit élire à l'évêché de Poitiers Pascentius, abbé de Saint-Hilaire. Austrapius, déçu dans ses espérances, se retira à Celle, où il fut tué par les Teifales, descendants des colons militaires du IVe siècle, dont il était haï pour des motifs peu connus, mais qui remontaient sans doute à l'époque où il était gouverneur du Poitou (1).

Le domaine épiscopal de Celle-l'Évesquault, dont le château est qualifié de forteresse en 1496, devint au moyen âge une châtellenie d'une certaine importance, comprenant la plus grande partie de la paroisse et plusieurs autres fiefs situés dans les paroisses de Payré, Vivonne, Voulon, Anché. L'église dédiée à saint Etienne était érigée en chapitre dès le XIIIe siècle. La nomination des chanoines appartenait à l'évêque. Le prieur du chapitre était archiprêtre de Lusignan et curé de Voulon (2).

Pranzay, faubourg de Lusignan, jadis paroisse distincte d'une certaine importance, qui comprenait la basse ville, doit être considéré comme un des points les plus anciennement habités. La villa de Pranzay, *villa Prantiacum*, dont l'existence est signalée au VIIe siècle, par un curieux acte, appartenait alors à Ansoald, évêque de Poitiers. En effet, en 696, ce prélat, qui venait de fonder à Poitiers l'hôpital Saint-Luc, le dota de plusieurs domaines parmi lesquels celui de la villa de Pranzay, avec toutes ses dépendances et ses colons, serfs et ingénus (3). Puis on y voit surgir une église dédiée à saint Pierre, mentionnée en 917, mais existant sans doute auparavant (4).

Le faubourg d'Enjambes situé au pied du coteau où s'élevait le château de Lusignan, dans la vallée de la Font-de-Cé, formait jadis une commune et une paroisse distinctes. L'existence de la villa d'Enjambes, *villa Engambella infra castro Liziniaco*, est signalée dès l'an 1009, et celle de l'église de Saint-Martin d'Enjambes, en 1119. Mais il est clair qu'elles remontent à une époque plus ancienne (5).

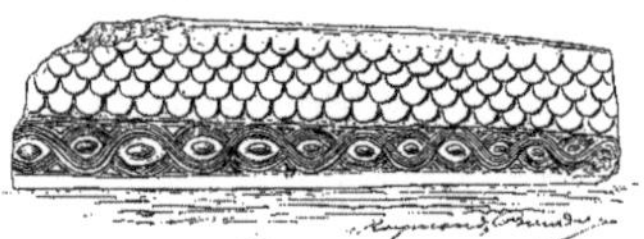

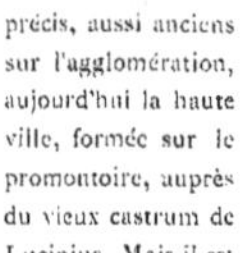

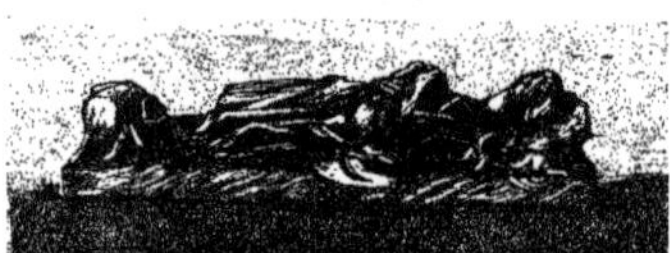

On ne possède pas de renseignements précis, aussi anciens sur l'agglomération, aujourd'hui la haute ville, formée sur le promontoire, auprès du vieux castrum de Lucinius. Mais il est plus que vraisemblable qu'elle n'a pas attendu la construction du premier château féodal des Lusignan au Xe siècle, pour prendre naissance. Les origines des villes, des familles, des institutions sont presque toujours enveloppées de la plus grande obscurité. Pour les expliquer, la fable se substitue souvent à l'histoire. Si l'on en croyait la célèbre légende de Mélusine, Lusignan, cette ville si petite par l'étendue et si grande par le nom, devrait sa fondation à cette fée extraordinaire. L'histoire merveilleuse de Mélusine est intimement liée à celle de Lusignan. C'est elle qui est la mère de ses fameux seigneurs. Elle a bâti le château, les églises. Vouvent, Mervent, Parthenay, Saint-Maixent, Niort, Fontenay, Maillezais, etc., en un mot tout ce qui se rattache de près ou de loin aux Lusignan, lui doivent l'existence. Elle est leur protectrice. Ses apparitions sont le présage ou la conséquence de grands malheurs. Tout ce qui semble extraordinaire ou inexpliqué lui est attribué. C'est elle qui a dressé les pierres levées. Son ombre hante le bord des fontaines et les profondeurs des forêts. Partout on la redoute et on l'invoque. Qu'est-ce donc que Mélusine ?

Jean d'Arras, le trouvère aux gages du duc de Berry, comte de Poitou, en 1387, et Couldrette, le poète du sire de Parthenay, en 1401, ont raconté sa légendaire histoire d'après des romans plus anciens, aujourd'hui perdus.

(1) Grégoire de Tours, liv. IV, c. 18. — *Austrapius*, par l'abbé Jarlit.
(2) Pouillé du diocèse, dit Grand-Gauthier. — *Dict. topogr. de la Vienne*, par Rédet.
(3) Pardessus, *Diplomata*, etc., t. II, p. 239.
(4) *Dict. topogr. de la Vienne*, par Rédet, 333.
(5) Idem.

NOTE DE L'ÉDITEUR. — Les sarcophages et pierres funéraires ci-dessus dessinés proviennent du cimetière qui occupe l'emplacement de celui de l'ancienne paroisse de Pranzay.

Mélusine, fille d'Elinas, roi d'Albanie, et de la fée Pressine, ayant tué son père, fut maudite par sa mère et condamnée à devenir serpent depuis la ceinture, tous les samedis; mais si un chevalier l'épousait sans vouloir s'enquérir d'elle le jour fatal, sa peine ne durerait qu'une vie d'homme; si, au contraire, son époux devenait parjure, sa malédiction ne cesserait qu'au jugement dernier. Tout à coup la scène change de théâtre. Mélusine, transportée en Poitou, habite la fontaine des fées, au pied du promontoire de Lusignan. Raimondin, neveu du comte de Poitiers et fils du comte de Forez, accompagne son oncle à la chasse au sanglier dans la forêt de Colombier. Le comte, terrassé par un sanglier blessé, est tué par son neveu qui, du même coup, vient d'abattre l'animal. Raimondin désespéré s'enfuit sans savoir où il va, à travers la forêt. Son cheval l'emporte jusqu'à la fontaine des fées. Soudain Mélusine lui apparaît dans tout l'éclat de sa beauté, lui promettant richesse et puissance s'il veut l'épouser, mais à la condition de ne jamais s'enquérir de ce qu'elle ferait le samedi. Raimondin, ébloui et amoureux, promet tout. Le nouveau comte de Poitiers, instruit de cette merveille, consent au mariage, et sur la demande de Raimondin, lui donne le fief de la Font-de-Cé. Bientôt les noces sont célébrées avec magnificence, en présence de la cour du comte de Poitiers, sur le plateau qui domine la fontaine des fées, sous des tentes magnifiques que la puissance de Mélusine a fait surgir comme par enchantement. La construction de l'admirable château de Lusignan, commencée le lendemain, était terminée en quelques jours sous l'impulsion magique de la fée. Depuis lors, tout réussit à Raimondin et à Mélusine, et leur puissance ne fait que grandir. Ils eurent dix enfants dont l'un, le terrible Geoffroy à la Grand'dent, est un personnage tout à fait historique. Malheureusement Raimondin compromit son bonheur en violant son serment. Egaré par de funestes soupçons, il surprit un samedi sa femme dans un souterrain du château, plongée jusqu'au buste dans un bain dont elle faisait jaillir l'eau avec sa queue de serpent. Mélusine ne s'aperçut point de l'indiscrétion de son époux. Mais quelque temps après, celui-ci lui ayant avoué imprudemment qu'il connaissait son secret, Mélusine s'évanouit. Puis se métamorphosant en femme-serpent, elle s'envola par une fenêtre du château, du côté du portail de l'Echelle, en poussant un cri sinistre. Depuis lors, elle apparaît sur les créneaux du château toutes les fois qu'un malheur menace ses descendants ou leur forteresse de Lusignan. Raimondin, accablé par la douleur, laissant ses domaines à Geoffroy à la Grand'dent, partit pour Rome et se fit ermite (1).

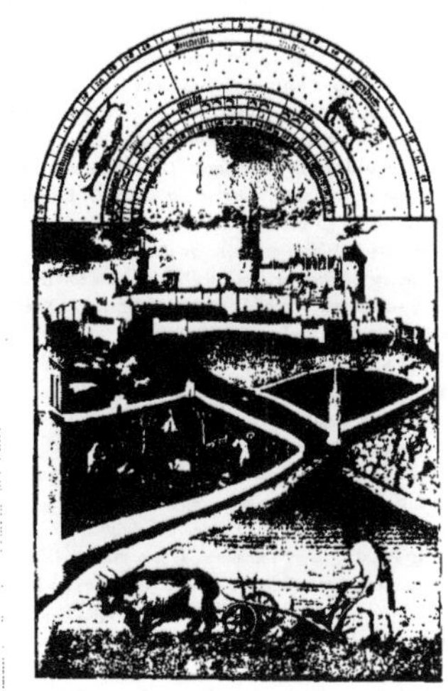

LE CHÂTEAU DE LUSIGNAN AU XIVe SIÈCLE
D'APRÈS LE LIVRE D'HEURES DU DUC JEAN DE BERRY
appartenant à Monseigneur le Duc d'Aumale

Quelle est la source de ce mythe étrange qui, chanté en prose et en vers par les trouvères, faisait les délices des cours féodales, surtout de celle des Lusignan, fiers d'une telle origine? Problème difficile dont personne ne saurait prétendre avoir trouvé la solution. M. Desaivre, dans une dissertation pleine de curieuses observations, considère Mélusine comme une fée gauloise, une déesse mère. C'est une fée des eaux, la fée du rocher et de la source de Lusignan. On sait combien le culte des fontaines était cher aux Gaulois. Mélusine, adoptée et honorée par le chef gallo-romain du pays, Lucinius ou Licinius, en a reçu le nom, *mater Lucinia*, d'où dérive sa déno-

(1) *Mélusine et Geoffroy à la Grand'dent*, par J. Babinet.

mination populaire de *Merlusine*. Les chefs barbares et les Lusignan l'acceptèrent avec bonheur comme leur ancêtre légendaire. Puis les vieux romanciers, prédécesseurs de Jean d'Arras et de Couldrette, transportant la fée des temps gaulois aux temps féodaux, en auront fait, soit par flatterie, soit par crédulité naïve, une fée chrétienne protectrice et mère des fameux sires de Lusignan. Mais à l'origine et en réalité elle n'est rien autre chose qu'une divinité agreste et gauloise (1).

M. l'abbé Jarlit donne à la fable de Mélusine une origine bien plus lointaine. La fée moitié femme et moitié serpent du Poitou, dont Jean d'Arras et les autres trouvères font une princesse d'Albanie, c'est-à-dire du pays du Caucase, doit être identifiée à la femme serpent qu'Hercule, d'après le récit d'Hérodote, rencontra et épousa chez les Scythes. Son nom, comme sa légende, est d'origine scythique. Il dérive du vieux mot slave, *Milouziéna*, femme gracieuse, enchanteresse. Ce mythe de Mélusine, que M. Jarlit serait même enclin à faire remonter au fait paradisiaque de la tentation de la femme par le serpent, semble en tout cas bien constaté dans le pays des Scythes. L'auteur en conclue logiquement qu'il a été importé à Lusignan par les colonies Teifales du IVe siècle, qui, on le sait, sont de race scythique. Là, il s'est transformé et incarné dans la famille des premiers seigneurs à laquelle il a survécu, conservant dans toute sa force, malgré ses modifications, sa popularité superstitieuse. Au surplus, ce n'est pas seulement en Poitou que l'on rencontre la légende de Mélusine. Elle est encore vivante en Forez, en Dauphiné, sur les bords du Rhin, en Luxembourg, et partout en Occident elle semble avoir été importée d'Orient par les peuples Ariens (2).

Si, comme nous serions disposés à l'admettre, l'importation en Poitou du mythe de Mélusine est due aux Teifales scythes, nous ne saurions considérer avec M. Jarlit les chefs Teifales des colonies de Lusignan comme les premiers ancêtres de la famille de ce nom. Cette opinion nous semble absolument gratuite. Quand on n'a pas de documents à invoquer, toute hypothèse est interdite. Lorsque les Lusignan apparaissent pour la première fois dans l'histoire locale, au commencement du Xe siècle, ils sont déjà en possession de nombreux domaines. Mais nul ne saurait fixer la source première de leur famille et de leur puissance. Toutefois, la petite ville où ils règnent jouit déjà d'une certaine importance. Dès l'an 929, elle est signalée comme chef-lieu d'une viguerie qui s'étendait fort loin du côté du département actuel des Deux-Sèvres, puisqu'elle comprenait Ribrolle (commune de Salles), Rouvre et Bretignolle (commune de Saint-Maxire) (3).

Hugues Ier de Lusignan, dit le Veneur, vivait à la fin du IXe siècle. Hugues II, son fils, dit le Cher ou Bien-Aimé, construisit le premier château féodal qui devait s'augmenter avec la puissance de ses maîtres et devenir un célèbre et magnifique monument (4). Il laissa un fils, Hugues III, le Blanc, qui vivait en 967 et avait une épouse nommée Arsendis. Leur fils, Hugues IV, le Brun ou le Chiliarque (chef de mille), donna à l'abbaye de Saint-Cyprien de Poitiers une forêt située près de Mézeaux, vers l'an 1004 (5). Une autre donation d'une maison à Lusignan, faite en faveur de la même abbaye, vers l'an 1000, par un certain Bernerius et sa femme Constance, mentionne l'existence d'un grand pont sur la Vonne, près duquel cette maison était située. C'est le pont de Pranzay, assis probablement sur des bases romaines. L'acte est signé du viguier Hugues (6). On signale d'autres viguiers de Lusignan, Léger vers 1025, Rainaud vers 1030 (7). Ces anciens officiers royaux n'étaient plus évidemment que des officiers de justice seigneuriaux. Il ne serait peut-être pas impossible que ces fonctions amovibles eussent été occupées par les ancêtres des Lusignan qui les auront ensuite rendues héréditaires et seront devenu indépendants.

Hugues IV eut de nombreux et violents démêlés avec Guillaume III, comte de Poitou, son suzerain, de 1012 à 1030 environ. Ces luttes se produisirent à l'occasion de son mariage avec Aldéarde, fille de Raoul, vicomte de Thouars (1004-1015), que le comte voulait empêcher, et aussi par suite de contestations armées auxquelles donnèrent lieu la possession ou la mouvance des châteaux de Vivonne, de Civrai et de Gençay (8). Cela n'empêcha pas le sire de Lusignan de prendre part à une expédition contre les Sarrasins d'Espagne, vers l'an 1018, au profit du comte de Barcelone qui avait appelé à son secours plusieurs seigneurs français (9).

Hugues IV fonda l'église de Notre-Dame de Lusignan, près de son château. Le terrain sur lequel il voulait la faire construire, situé en face du château, entre les chemins de Saint-Maixent et de la Font-de-Cé, appartenait au chapitre de Saint-Hilaire de Poitiers et contenait cinq journaux de terre. Il l'obtint de sa libéralité en échange de cinq journaux au village de Leigne, près de Cloué. La nouvelle église devait appartenir à l'abbaye de Nouaillé.

(1) *Le mythe de la Mère Lusine*, par M. Léo Desaivre, ap. Mém. Soc. de Statist. des Deux-Sèvres, t. XX, 2e série.
(2) *Origines de la légende de Mélusine*, par l'abbé Jarlit, ap. Mém. des Antiq. de l'Ouest, t. IX, 2e série.
(3) *Dictionnaire topographique de la Vienne*, par Rédet, 239.
(4) *Chronique de Saint-Maixent*, p. 389, ap. Chron. d'Anjou, par Marchegay. — *Dict. des fam. de l'anc. Poitou*, t. II.
(5) Idem. — Cart. de Saint-Cyprien, p. 49, ap. *Arch. hist. du Poitou*, III.
(6) Cart. de Saint-Cyprien, p. 276.
(7) Idem, 274, 276.
(8) *Conventus inter comitem et ugonem*, ap. Besly, 288.
(9) *Dict. des fam. de l'anc. Poitou*, II, 321.

L'acte d'échange passé à Poitiers le 6 mars 1025, en présence du comte et de l'évêque de Poitiers, fut confirmé peu de jours après, à Tours, par le roi Robert. Une bulle du pape Jean XIX, de 1026, exempta Notre-Dame de Lusignan de la juridiction épiscopale au profit de celle de l'abbaye de Nouaillé (1). La construction de cette église, que son fondateur n'eut sans doute pas le temps d'achever, puisqu'il mourut avant 1030, démontre l'accroissement de la haute ville de Lusignan, qui dépendait jusque-là de l'antique paroisse de Pranzay, dont elle fut alors détachée. Une autre église paroissiale, Saint-Aquilin, mentionnée en 1119, existait à Lusignan. Elle dépendait aussi de Nouaillé. La date de sa fondation est inconnue. Au XVIe siècle elle était en pleine décadence, et il n'en reste plus de traces (2). Il y avait en outre un prieuré de Saint-Gilles de Lusignan, mentionné en 1181, mais qui disparut dès la fin du XIVe siècle. Sa situation demeurée inconnue doit être cherchée sur le bord de la Vonne (3).

Hugues IV, décédé vers l'an 1030, laissait plusieurs enfants qui figurent dans la lettre adressée alors par le pape Jean XIX aux grands seigneurs d'Aquitaine. L'aîné, HUGUES V, dit le Pieux, épousa Almodis, fille de Bernard, comte de La Marche, sœur d'Aldebert II, aussi comte de La Marche, et belle-sœur du comte de Poitou. Répudiée plus tard pour cause de parenté, vers 1040, Almodis épousa Pons, comte de Toulouse. Hugues V eut à soutenir contre son suzerain Gui Geoffroy, comte de Poitou, une guerre dont on ignore les causes. Assiégé dans son château de Lusignan par l'armée du comte, il périt en combattant, le 8 octobre 1060, devant la porte dont il disputait lui-même les approches aux assaillants (4).

Son fils, HUGUES VI, dit le Diable, était d'humeur violente et batailleuse. Il reprit la lutte contre le comte de Poitou. S'étant emparé, durant qu'il la soutenait, de trois églises appartenant à l'abbaye de Saint-Maixent et dont il chassa les moines, il reconnut ensuite ses torts. Le 10 mars 1069, il fit hommage à l'abbé, déclarant tenir de lui, comme ses ancêtres, ces trois églises et un autre fief. Il renonça même à la somme de 500 sous que les seigneurs de Lusignan recevaient des abbés de Saint-Maixent, sans doute à titre d'avoués (5). Ses violences contre Hugues de Couhé, chanoine de Saint-Hilaire, dont il avait ravi les biens, lui attirèrent de la part du pape Grégoire VII, en avril 1079, une menace d'excommunication qui dut le déterminer à en opérer la restitution (6).

Hugues VI fut du nombre des seigneurs français qui répondirent à l'appel d'Alphonse VI, roi de Castille et de Léon, menacé par les Sarrasins. Mais il voulut mettre son voyage périlleux sous la protection divine par une donation solennelle en faveur de son église Notre-Dame de Lusignan. En présence de Pierre II, évêque de Poitiers, du jeune duc Guillaume IX, comte de Poitou, et de beaucoup d'autres notables personnages réunis dans cette église au printemps de l'année 1087, il lui donna le domaine de Faidunay, qui n'est autre que Saint-Amant, en la paroisse de Marçay. Son épouse Aldéarde, fille d'Aimeri IV de Thouars et ses deux fils, Hugues et Rorgon, consentirent publiquement à la donation (7).

Revenu de l'expédition d'Espagne, qui ne dura qu'une année, Hugues VI reprit les armes pour faire valoir ses droits, du chef de sa mère Almodis, sur le comté de La Marche, dont le souverain Boson III venait de mourir (1091). Il s'en suivit une longue guerre qui eut souvent pour théâtre le territoire de Charroux, entre lui et le nouveau comte Eudes, soutenu par Guillaume III, comte d'Angoulême. Ses ambitieuses prétentions ne furent pas couronnées de succès. Le comté de La Marche ne devait devenir que longtemps après le domaine de sa race (8).

En 1101, Hugues VI se croisa avec le duc Guillaume IX et partit pour la Terre sainte, accompagné sans doute de nombreux vassaux. Après les plus pénibles épreuves en Asie Mineure, ils arrivèrent à Antioche, s'emparèrent de Tortose et parvinrent enfin à Jérusalem. Hugues assista à la funeste journée de Ramla, le 26 mai 1102, où périrent tant de ses compagnons d'armes. Il échappa au désastre, quoi qu'en ait dit un auteur mal informé, et, en 1103, il était de retour à Lusignan (9).

Généreux envers l'abbaye de Saint-Cyprien de Poitiers, à laquelle il avait donné, vers 1090, l'église de Sainte-Croix d'Angle, Hugues de Lusignan se montra au contraire plein de violence envers l'abbaye de Saint-Maixent. Les préjudices qu'il lui causa donnèrent lieu, en 1104, à un traité qu'il s'engagea à observer sous peine d'excommunication. De nouveau infidèle à ses engagements, il était menacé de censure par le pape Pascal II, lorsque la mort le frappa en 1110 (10).

HUGUES VII, le Brun, avait à peine recueilli l'héritage de son père, qu'il entra en lutte, avec Simon de Parthenay.

(1) *Mémoire sur l'Église de Lusignan*, par Mgr Cousseau, ap. Ant. de l'Ouest, XI. — *Etudes sur Robert le Pieux*, par Pfister, 377.
(2) *Gallia christiana*, II. — Grand-Gauthier.
(3) *Dict. topogr. de la Vienne*, 376.
(4) *Chronique de Saint-Maixent*, p. 401, 402.
(5) *Cartulaire de Saint-Maixent*, publié par M. Alfred Richard, t. II, 482.
(6) Besly, 357. — *Notes sur Couhé*, par M. Lièvre.
(7) *Fascic. antiq. Nobiliac.* — Dom Fonteneau, t. XXI. — *Dict. topogr. de la Vienne*, 370.
(8) *Hist. Pont. et comit. Engol.* — *Hist. de Guillaume IX*, par Palustre, ap. Mém. Ant. Ouest, t. III, 2e série, p. 285-287.
(9) *Mém. sur l'Eglise de Lusignan*, par Mgr Cousseau. — Guill. de Tyr.
(10) *Cart. de Saint-Cyprien*, 135. — *Cart. de Saint-Maixent*, I, 240, 260. — Chron. de Saint-Maixent.

son neveu, contre le comte Guillaume IX, leur suzerain. La guerre, commencée en 1110, dura longtemps et fut marquée de part et d'autre par des ravages et des incendies, notamment du côté de Montreuil-Bonnin et en Gatine. Enfin le comte les vainquit complètement le 5 août 1118 (1). La même année, Hugues VII, rentrant en paix avec l'abbaye de Saint-Maixent, lui rendit hommage pour les domaines que lui et ses ancêtres en avaient reçus et promit de protéger les terres des moines à Pamproux et Saint-Germier. Il reconnut aussi tenir en fief de la même abbaye les églises de Jazeneuil (2). En 1120, de concert avec Sarrazine, son épouse, il fonda l'abbaye de Bonnevau, de l'ordre de Citeaux (3).

En 1140, l'église Notre-Dame de Lusignan vit réunis dans son enceinte Geoffroy, évêque de Chartres, légat du pape, Geoffroy de Loroux, archevêque de Bordeaux, et beaucoup d'autres personnages ecclésiastiques. Hugues le Brun, voulant témoigner son estime envers l'archevêque, qui avait été moine à Fontaine-le-Comte, fit une libéralité à cette abbaye (4). L'influence de ce prélat ramena la paix gravement troublée entre le sire de Lusignan et l'évêque de Poitiers, Gislebert II. Hugues VII prétendait avoir le droit, comme vassal de l'évêché, de toucher une somme de mille sous à chaque mutation d'évêque, et il avait saisi, pour se la faire payer, plusieurs domaines épiscopaux, malgré l'excommunication lancée contre lui. En 1144, touché par les instances de l'archevêque et en considération du salut de son épouse récemment décédée, il se rendit à Poitiers, au chapitre de la cathédrale. Là, en présence des prélats et du consentement de ses cinq fils également présents, il renonça à ses injustes prétentions, se reconnut vassal de l'évêché et prit sous sa protection particulière son domaine de Celle-l'Évesquault (5).

Hugues le Brun, dévoué au gouvernement du roi Louis VII, souverain de l'Aquitaine depuis son mariage avec la duchesse Aliénor, correspondait avec son célèbre ministre Suger, pour le règlement des affaires du Poitou (6). Il le suivit à la croisade de 1148, où il trouva la mort. Il laissait six enfants : Hugues VIII, Guillaume d'Angle, Rorgon, Simon de Lezay, Valéran et Aimée (7).

Hugues VIII, le Brun, sire de Lusignan, prit également la croix et alla au secours des chrétiens d'Orient. Il y fut fait prisonnier à la bataille de Harene, en Syrie, le 13 août 1165 (8). La révolte qui éclata en Poitou en 1168 contre Henri II, roi d'Angleterre, le nouvel époux d'Aliénor, trouva dans Amaury, l'un de ses fils, un de ses soutiens les plus ardents. Le roi Henri s'empara du château de Lusignan, malgré ses puissantes fortifications. Il y mit garnison, et, après la défaite des autres confédérés, confia la garde du pays à la reine Aliénor et à un lieutenant militaire, le comte Patrice de Salisbury. Guy de Lusignan, fils puîné de Hugues VIII, voulut venger sa famille de l'affront qu'elle avait reçu. Il assassina d'un coup de lance le comte de Salisbury. La victime fut ensevelie à Saint-Hilaire de Poitiers. Quant au meurtrier, il fut banni du Poitou par le roi Henri. Guy de Lusignan, dénué de ressources, prit la croix et partit avec son frère Amaury pour Jérusalem. Bien accueilli du roi Baudouin, il épousa sa sœur, devint roi de Jérusalem et fondateur du royaume de Chypre (9).

Le rôle principal donné par l'historien Robert du Mont à Amaury de Lusignan, qu'il appelle Aimeri, dans la révolte nationale de 1168, laisserait supposer que Hugues VIII périt en Palestine, ou du moins peu de temps après son retour en Poitou. Ce qui est certain, c'est que son nom ne figure plus nulle part. En 1170, Bourgogne de Rancon, son épouse, concède seule des fiefs à Raymond de Rexe dans les marais de Damvix en bas Poitou. Elle est assistée de ses fils Geoffroi, Guy, Aimeri et Guillaume de Valence (10). Mais on n'y trouve mentionnés ni son mari Hugues VIII, ni son fils aîné Hugues. La présence de Guy prouve qu'il n'était pas encore parti pour la Terre sainte. Hugues VIII et Bourgogne de Rancon avaient un autre fils du nom de Hugues, omis dans toutes les généalogies, dont la mort à Lusignan, au mois de mars 1169, est signalée dans un acte de donation de son frère Geoffroi de Vouvent (11).

L'attitude des Lusignan durant les longues guerres civiles qui éclatèrent entre les fils de Henri II, tantôt alliés, tantôt ennemis des seigneurs d'Aquitaine, demeure obscure. L'histoire signale cependant, en 1188, une révolte de Geoffroi de Lusignan et de Geoffroi de Rancon, contre Richard, comte de Poitou, révolte dont ce prince triompha (12).

(1) *Cart. de Saint-Maixent*, I, 266, 273, 276. — Chron. de Saint-Maixent.
(2) *Cart. de Saint-Maixent*, I, p. 295, 311.
(3) *Gallia christiana*, II.
(4) Idem.
(5) *Doc. hist. inéd.*, par Champollion-Figeac, II. 27. — Baluze, t. 51, p. 93.
(6) Duchesne, *Hist. Fr.*, IV, 496.
(7) *Dict. des Fam. de l'anc. Poitou*, II. — Baluze, 51, p. 92, acte de 1199 qui mentionne sa mort.
(8) Idem. — *Hist. des Croisades*, par Michaud, II.
(9) Robertus de Monte. — Roger de Hoveden, ap. *Hist. de France*, t. XIII.
(10) *Hist. des Chasteigners*, par Du Chesne, p. 32, preuves.
(11) Baluze, t. 51, p. 86; donation en faveur de l'Absie.
(12) Benoit de Peterborough.

Hugues IX de Lusignan, fils aîné de Hugues VIII, avait épousé Mathilde, fille et héritière de Vulgrin, comte d'Angoulême. Il suivit, en 1190, le roi Richard Cœur de Lion à la croisade. En 1194, il était de retour à Lusignan. Tour à tour bienfaiteur ou persécuteur des églises, comme ses ancêtres, il reconnut en 1198, à Niort, devant le sénéchal de Poitou et l'archevêque de Bordeaux, les torts dont il s'était rendu coupable envers l'abbaye de Nouaillé, et s'engagea à réparer les dommages causés par sa violence (1).

Après la mort du roi Richard, en 1199, Hugues IX s'empara du comté de La Marche, sur lequel il avait des droits. Mais afin de mieux les consacrer, il s'empara par surprise de la personne de la reine Aliénor et la contraignit à lui abandonner la propriété de cet important fief (2). Le nouveau comte de La Marche fut d'abord fidèle au roi Jean sans Terre qui séjourna du 25 juin au 9 juillet 1200, à Lusignan, où il reçut les hommages du vicomte de Limoges et du comte d'Angoulême. Mais bientôt il se déclara contre lui pour se venger de ce qu'il avait épousé sa fiancée, la célèbre Isabelle Taillefer d'Angoulême, fille du comte Aymar, élevée au château de Lusignan. Il prit donc parti avec toute sa famille et la noblesse poitevine pour le roi Philippe-Auguste. Mais la fortune lui fut contraire. Vaincu et pris avec Arthur de Bretagne, protégé du roi de France, au siège de Mirebeau, le 1er août 1202, par le roi Jean, il fut envoyé prisonnier à Caen. Mais auparavant Jean sans Terre ordonna, le 11 août, au maire de Poitiers, de traîner Hugues IX devant son château de Lusignan, qu'il fut contraint de livrer, et où le sénéchal de Poitou mit garnison. Le comte de La Marche recouvra la liberté vers la fin de l'année 1202 moyennant une forte rançon et le serment de fidélité (3). Malgré ses engagements, il reprit les armes contre Jean sans Terre, auquel Philippe-Auguste enleva le Poitou. Plus tard, le 25 mai 1214, il se réconcilia avec le roi anglais dont la fille Jeanne fut fiancée à son fils Hugues. Hugues IX se croisa de nouveau, en 1218, et prit part à l'expédition de Damiette, où il mourut en 1219 (4).

Hugues X de Lusignan, fils de Hugues IX, épousa au mois d'avril ou de mai 1220, Isabelle, veuve du roi Jean sans Terre, et devint par là comte d'Angoulême. C'était alors le plus puissant seigneur de l'Ouest. Le nouveau roi d'Angleterre, Henri III, le flatta beaucoup, lui donna tout pouvoir en Poitou, lui promit des subsides, lui envoya des encouragements. Mais ils ne tardèrent pas à se brouiller. Le roi de France en profita pour gagner Hugues de Lusignan. L'alliance qu'ils contractèrent facilita, en 1224, l'expédition victorieuse de Louis VIII en Poitou. Mais après la mort de Louis VIII, le comte de La Marche, changeant de politique, écouta les propositions de Henri III qui lui donna de riches et nombreux fiefs en Saintonge et en Aunis (1226-1227). Le jeune Louis IX, ou plutôt sa mère régente, Blanche de Castille, réussit à traiter avec lui à Vendôme, le 16 mars 1227. Hugues X stipula avec eux de nouvelles conventions, à Clisson, le 30 mai 1230. Il promettait fidélité au roi et jurait de tenir de lui à hommage lige tous les châteaux et toutes les terres qu'il possédait en Poitou, Saintonge, Marche et Angoumois (5). Un an auparavant, en janvier 1229, il avait également traité avec Guy V, vicomte de Limoges, auquel il avait fait une longue guerre (6).

La fière Isabelle, baronne de Lusignan, comtesse de La Marche et d'Angoulême, qu'on appelait la comtesse-reine, parce qu'elle avait jadis porté la couronne d'Angleterre, ne dédaigna pas de donner un témoignage de sympathie religieuse envers l'église et prieuré de Notre-Dame de Lusignan. Du consentement de son époux, elle y fonda, au mois de mars 1230, un anniversaire après son décès pour le repos de son âme et le salut de ses parents. Elle donna dans ce but au prieur, Aimeri de la Vergne et à ses successeurs, à perpétuité, une maison située à Lusignan, dans le bourg dit de Curzay, près de la Font-de-Cé, plus d'autres maisons situées près du cimetière de l'aumônerie de la Font-de-Cé. Ce petit bourg de Curzay relevait de la seigneurie de Curzay, appartenant alors à Guillaume de Curzay, chevalier, vassal lui-même du baron de Lusignan (7). Le prieuré de Notre-Dame avait reçu en don du même Guillaume de Curzay, en 1229, le moulin d'Enjambes (8).

Durant les négociations entamées entre Louis IX et Henri III, en 1234 et 1235, pour la prolongation des trêves, Hugues X de Lusignan marchanda son adhésion. Il exigeait de Henri III le don de l'île d'Oléron. Il s'empara même du château de Blaye et de la personne du seigneur Geoffroi Rudelle, vassal fidèle du roi d'Angleterre. Les sévères observations du pape Grégoire IX, qui travaillait à la conclusion d'une paix générale, et la pro-

(1) Roger de Hoveden. — *Chron. des seigneurs de Lusignan*, par M. Delisle, ap. Bibl. de l'école des Chartes, 4e série, t. II. — Dom Fonteneau, t. XXI, 691. — Cart. de l'évêché, p. 3.

(2) Bern. Iterii Chron. — Aubri de Trois-Fontaines, chron. ap. *Hist. de France*, t. XVIII.

(3) *Jean sans Terre*, par Lecointre-Dupont, ap. Mém. Antiq. Ouest. t. XII. — *Rot. litt. pat.*, I. — *Rot. chart.*

(4) Chron. des comtes de La Marche. — Bernard Itier, ap. *Chron. de Saint-Martial*, p. 106.

(5) Lettres de Henri III. — Rymer, *Fœdera*, etc., t. I. — Dom Fonteneau, t. XVII, p. 51. — *Layettes du trésor des Chartes*, par Teulet, II. — *Chron. des comtes de La Marche*, par M. Delisle.

(6) Bull. de la Soc. archéol. de la Corrèze, t. XI.

(7) *Mémoire sur N.-D. de Lusignan*, par Mgr Cousseau, d'après les Arch. de Nouaillé. — *Dict. topogr. de la Vienne*.

(8) Arch. de Nouaillé.

messe de Henri III de payer au comte de La Marche une rente annuelle de 200 livres, le firent céder (12 juillet 1235). Une trève de cinq ans fut conclue entre les deux royaumes (1).

L'hommage féodal auquel était tenue la baronnie de Lusignan envers l'évêché de Poitiers imposait aux seigneurs une obligation d'une nature particulière. Ils étaient tenus, avec trois autres barons poitevins, de porter l'évêque lors de son intronisation solennelle dans sa cathédrale. Hugues X, en 1236, reconnut formellement cette obligation (2).

Hugues X et Isabelle habitaient souvent le château de Lusignan. Ils l'augmentèrent et construisirent dans la grande cour intérieure un logis magnifique, appelé encore au XVIe siècle le logis de la reine. La fameuse tour Mélusine et le portail de Geoffroi à la Grand'dent, situés à l'entrée de la seconde cour, doivent être aussi leur œuvre. (*Voir l'héliogravure page 5 et le plan page 11.*) Lorsque le roi Louis IX vint à Poitiers, au mois de juillet 1241, pour mettre son frère Alphonse en possession du comté de Poitou, Hugues X, inquiet des progrès de la puissance royale et poussé par son orgueilleuse épouse, prit une attitude hostile dans son château de Lusignan. Après d'habiles négociations durant lesquelles le roi et son frère ne craignirent point d'aller trouver leur redoutable vassal dans son repaire, Hugues consentit à rendre hommage et à signer un arrangement (juillet 1241). Mais à peine le roi était-il parti, qu'exalté par les reproches d'Isabelle, il organisa un vaste soulèvement et vint déclarer insolemment au comte Alphonse qu'il ne le reconnaissait plus (3).

Louis IX entrant en campagne à la tête d'une puissante armée, arriva à Poitiers à la fin d'avril 1242. Au lieu de commettre l'imprudence d'attaquer la forte citadelle de Lusignan, derrière les murailles de laquelle le comte de La Marche l'attendait avec confiance, le roi se borna à lui enlever Béruges et Montreuil-Bonnin, puis marcha rapidement en Saintonge au-devant de Henri III d'Angleterre. Les victoires de Taillebourg et de Saintes terrassèrent la ligue féodale. Hugues X et Isabelle, dépouillés d'une grande partie de leurs domaines, vinrent humblement demander pardon au roi et subirent le traité qu'il leur imposa (1er août 1242, traité de Pons). Ils conservèrent néanmoins la baronnie de Lusignan et le comté de La Marche, pour lesquels ils rendirent hommage au comte Alphonse. Mais celui-ci, par prudence et en vertu du traité, entretint durant plusieurs années des garnisons dans leurs châteaux (4).

L'année suivante, 1243, Hugues X et Isabelle partagèrent leurs biens entre leurs enfants. L'aîné, Hugues XI, eut Lusignan, les comtés de la Marche et d'Angoulême. A Geoffroi échurent Château-Larcher, Bois-Pouvreau, Sanxay, Jarnac, Châteauneuf. Guy eut Cognac, Merpins, etc. Adhémar reçut Couhé. Guillaume de Valence eut Bellac, Rancon, etc. (5). Après la mort de la comtesse-reine, ensevelie à l'abbaye de la Couronne, près Angoulême (1246), Hugues X, entraîné par le roi, prit la croix avec son fils Hugues le Brun (6). Avant de quitter le Poitou, il renouvela par son testament du 8 août 1248, daté de Lusignan, le partage de ses biens fait en 1243 et fonda deux anniversaires dans l'église de Notre-Dame de Lusignan. Une aumône devait se distribuer ces jours-là par les mains du prévôt du prieur, du chapelain de Pranzay et de l'aumônier de la Font-de-Cé (7). Puis il partit pour l'Orient avec le roi. Son fils Hugues ne partit qu'au mois d'août 1249, avec le comte Alphonse de Poitou. Celui-ci avait eu le soin de lui faire prendre l'engagement de le servir pendant une année à la tête de douze chevaliers, moyennant une forte rétribution et des gages pour chaque chevalier. Lorsqu'ils débarquèrent en Egypte, Hugues X venait de mourir au combat de Damiette (5 juin 1249). Hugues XI, son fils, ne fut pas plus heureux. Il trouva la mort dans l'expédition sur Mansourah, en 1250. Ses douze chevaliers, à la tête desquels vint se mettre, en Syrie, son frère Guy de Lusignan, sire de Cognac, continuèrent fidèlement leur service jusqu'au mois de juin 1250, époque à laquelle le comte Alphonse les en dégagea par sa quittance donnée à Acre (8). Quelques jours après, le 3 juillet, Yolande de Dreux, veuve de Hugues XI, qui avait suivi son mari en Orient, faisait au comte Alphonse, au nom de ses enfants mineurs, l'hommage de la baronnie de Lusignan (9). De retour en Poitou, en 1254, elle recevait du comte la pension promise à son mari en 1249 (10).

(1) Lettres de Henri III.

(2) Cartul. de l'Évêché, p. 16, ap. Arch. hist. du Poitou.

(3) Mémoires de Joinville. — *Layettes du trésor des Chartes.* II, 453. — Lettre d'un habitant de La Rochelle à la reine Blanche, publiée par M. Delisle.

(4) *Récits d'un ménestrel de Reims.* — Guill. de Nangis. — Joinville. — *Layettes du trésor des Chartes*, II. — Les grandes chroniques de France.

(5) *Layettes du trésor des Chartes.* II, 498.

(6) Nangis. — Joinville.

(7) *Layettes du trésor*, III, 42, 43.

(8) Pièces orig. provenant du baron de Joursanvault (Bibl. de Poit.), imprimées dans l'*Histoire d'Alphonse, comte de Poitou*, par B. Ledain. — *Chronol. des comtes de La Marche.*

(9) *Layettes du trésor des Chartes*, III, 102.

(10) Idem, III, 223.

Hugues XII, fils aîné de Hugues XI, atteignait à peine sa majorité en 1257 lorsqu'il rendit hommage au comte Alphonse de Poitou, le 22 septembre, jurant de lui livrer à première réquisition son château de Lusignan aussi bien que ses autres forteresses. Il s'engagea même à lui payer 10,000 livres dans le cas où il lui ferait la guerre ou s'il ne lui livrait pas ses châteaux dans le terme d'une année. Son oncle, Guy de Lusignan, se porta garant de cette obligation (1). On voit par là qu'Alphonse de Poitiers n'était pas entièrement rassuré sur les dispositions secrètes de cette famille qui conservait toujours des relations avec Henri III d'Angleterre (2). Hugues XII suivit le roi Louis IX à sa dernière croisade en Afrique, où il succomba, comme son souverain, aux attaques de la peste, au

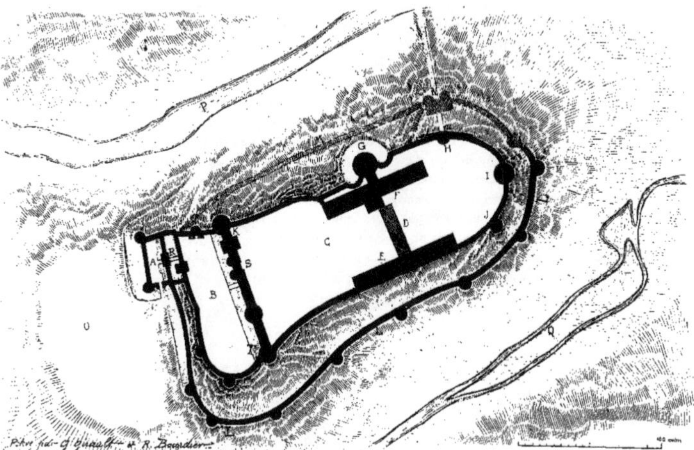

LÉGENDE DU PLAN

A. Barbacane ou *Pourpris de la porte*, ainsi désigné dans le croquis de 1574. (*Voir page 17.*)
B. La basse Cour.
C. La grande Cour.
D. Galerie en bois reliant le logis de la reine aux autres logis.
E. Logis de la Reine.
F. Grands Batiments qui semblent plus considérables dans l'enluminure du livre d'heures de Jean de Berry.
G. Tour de Mélusine.
H. Poterne communiquant avec les fausses brayes et le corps de garde.
I. Tour Poitevine.
J. Poterne communiquant aux fausses brayes, du côté de la basse ville.
K. Tour de la Fontaine, ainsi nommée par le récit du siege de 1574, parce que la fontaine de Mélusine, d'ailleurs peu importante, coulait à sa base.
L.L.L. Fausses brayes.
M. Idem.
N. Corps de garde retrouvé récemment et actuellement en démolition.
O. Place du Bal ou boulevard.
P. La Vonne, rivière.
Q. Ruisseau venant de la Font-de-Cé, anciens terrains marécageux.
R. Porte de Geoffroy à la Grand'dent.
S. Porte de l'Échelle.
T. Tour probable, dite de l'Horloge ou de la Lanterne.

mois d'août 1270. Son corps, rapporté en Poitou, fut enseveli à l'abbaye de Valence, fondée par son grand-pére. Il avait épousé Jeanne de Fougères (3).

Hugues XIII, son fils aîné, recueillit en grande partie les immenses domaines des Lusignan. Il fit la campagne d'Aragon en 1285. Comme il n'avait point d'enfants de sa femme Béatrix de Bourgogne, il institua pour son héritier, en 1283, Guyard, son frère, et, à défaut de celui-ci, Guy, son oncle. Mais Guyard l'ayant gravement mécontenté, il fit, en juin 1297, un nouveau testament par lequel il l'exclut de son héritage en faveur de son cousin Geoffroi. Il fit aussi, par un codicille, des dispositions en faveur du roi Philippe le Bel, auquel il engagea La Marche et l'Angoumois pour une forte somme d'argent. Lorsque Hugues XIII vint à mourir, le 1er novembre 1302, Guyard

(1) Lettres de Henri III, II, 75, 85, 317.
(2) *Chronol. des comtes de La Marche*, par M. Delisle. — *Arch. hist. du Poitou*, XI, 45.
(3) *Layettes du trésor des Chartes*, III, 375, 376.

de Lusignan brûla le second testament de son frère et prit le titre de seigneur de Lusignan et de comte de La Marche. Mais Philippe le Bel, intervenant comme créancier et légataire, fit saisir ses domaines de La Marche et d'Angoulême. Le 1er juillet 1304, le Parlement déclara que Guyard demeurerait en saisine de ses terres, malgré les réclamations de son cousin Geoffroi. Guyard de Lusignan, qui avait suivi le roi au camp devant Lille, le 22 septembre 1304, mourut en 1308 sans postérité. Son oncle Guy, seigneur de Couhé, dernier descendant mâle de la branche aînée des Lusignan, mourut en 1310 et fut enseveli aux Jacobins de Poitiers, où il avait ordonné de lui ériger un magnifique tombeau en cuivre doré, semblable à celui de son frère, Hugues XII, à Valence (1).

Trois ans auparavant, au mois de juillet 1305, Bertrand de Got, archevêque de Bordeaux, visitant le prieuré de Notre-Dame de Lusignan, y avait reçu la nouvelle de sa nomination au trône pontifical, qu'il occupa sous le nom de Clément V (2). Il y revint le 19 août 1308 et y signa une bulle pour l'abbaye de Fontaine-le-Comte. Il était accompagné d'un moine arménien, Hayton, de la famille royale des Lusignan de Chypre (3).

Aussitôt après la mort de Guyard de Lusignan, le 28 novembre 1308, l'évêque de Poitiers voulant, à titre de suzerain, faire saisir la baronnie de Lusignan, y envoya dans ce but Hugues de Montfaucon, son châtelain de Chauvigny. Mais, lorsque celui-ci se présenta au château, Guillaume de la Barre, sergent du roi, qui en avait déjà pris possession, refusa de lui en remettre les clefs et l'expulsa au nom du roi (4). D'autre part, Yolande de Lusignan, sœur de Guyard et épouse d'Élie Rudel, sire de Pons, réclama en justice, à titre d'héritière, la baronnie de Lusignan et les comtés de la Marche et d'Angoulême. Le roi Philippe le Bel transigea avec elle, au mois de mars 1309. Yolande abandonnait au roi, Lusignan, la Marche et l'Angoumois, sous réserve d'usufruit. Le roi s'attribuait le droit de rendre la justice, de recevoir les hommages féodaux et de placer des châtelains et des gardes dans les châteaux. Il concédait à Yolande le droit d'y nommer des baillis et prévôts chargés de l'administration des revenus, et la faculté d'y habiter (5). Usant aussitôt de son droit, il confia, en 1309, à Hugues de la Celle, la garde de l'important château de Lusignan, aux gages de cinq sous par jour (6). Après la mort de Yolande, arrivée vers la fin de 1314, Lusignan se trouva entièrement réuni au domaine de la couronne (7).

II. — Lusignan depuis sa réunion a la couronne

Louis X augmenta le ressort du siège royal institué à Lusignan. En juin 1315, il enleva au sénéchal de Poitou, pour les y placer, les châtellenies de Sanxay, Cherveux, Château-Larcher, Prahec, la Mothe-Saint-Héraye, parce que, de toute antiquité, elles étaient mouvantes de Lusignan. Mais, en septembre 1324, le roi Charles le Bel, à la demande du seigneur de ces châtellenies, les plaça dans le ressort judiciaire de Saint-Maixent. Le premier sénéchal de Lusignan, après la création du siège, s'appelait Pierre Prévôt, de Germont ou de Jazeneuil. S'étant rendu coupable de plusieurs graves excès et abus de pouvoir, il fut banni par les réformateurs royaux, vers 1318, malgré la protection de Hugues de la Celle, chevalier, conseiller du roi et son représentant à Lusignan. Emprisonné plus tard à Bourges, Pierre Prévôt obtint du roi, en 1328, la faveur d'être transféré dans la prison du château de Lusignan et d'y être jugé par le sénéchal de Poitou. Celui-ci, qui était alors Pierre Raymon de Rabastains, finit par le renvoyer absous, le 12 février 1330, moyennant une amende de 800 livres acceptée par la Chambre des comptes, et sous réserve des actions civiles (8).

Les Anglais de la Guyenne menacèrent un instant le château de Lusignan, en 1324. A la nouvelle du danger, le maire de Poitiers, Jean Guischart, déploya la bannière de la commune et accourut à son secours avec un grand nombre de gens d'armes et d'habitants. Les détails de cet événement sont restés ignorés (9).

Jean, duc de Normandie, fils et lieutenant général du roi de France, envoyé contre les Anglais en Guienne, séjourna à Lusignan au mois de novembre 1345. L'année suivante, le 30 septembre 1346, le comte Derby marchant

(1) *Chronologie des comtes de La Marche*, par M. Delisle. — *Arch. hist. de la Saintonge*, XII, 29. — *Hist. du Poitou*, par Thibaudeau, éd. 1840, t. I, 398, 399. — *Annales d'Aquitaine*, par Bouchet, 184. — *Arch. hist. du Poitou*, XI, 45.

(2) Antiq. de l'Ouest, XI.

(3) Mém. Ant. Ouest, XI, 364.

(4) Cartul. de l'évêché, p. 141, 142, ap. *Arch. hist. du Poitou*.

(5) *Arch. hist. de la Saintonge*, XII, 29.

(6) *Arch. hist. du Poitou*, XI, 40.

(7) *Chronologie des comtes de La Marche*.

(8) *Arch. hist. du Poitou*, XI, 112, 229, 176, 354.

(9) *Annales d'Aquitaine*, par Bouchet, 189. — *Inventaire des arch. munic. de Poitiers*, par Rédet, 308.

sur Poitiers avec une armée d'Anglo-Gascons, brûla la ville basse de Lusignan et contraignit le châtelain à lui rendre le château. Il y plaça une garnison de cent hommes d'armes et des gens de pied sous le commandement de Bertrand de Montferrand, puis il continua sa route vers Poitiers, qu'il emporta et pilla le 4 octobre. La garnison anglo-gasconne de Lusignan prolongea son occupation pendant près de cinq ans, au grand désespoir du pays, qu'elle opprima sans pitié et qu'elle tint en continuelles alarmes. Ils pillèrent successivement Sainte-Soline, Melle et même Loudun, en 1350. Battus à Chenay, par le capitaine royal, Floton de Ravel, en juin 1348, ils mirent en déroute. à Limalonges, en septembre 1349, le capitaine Jean de Lisle. Enfin, au mois de mai 1351. Lusignan fut enlevé aux Anglais par le connétable Charles d'Espagne et Jean le Meingre, dit Boucicaut. malgré la résistance du château qui fut plus longue que celle de la ville (1).

Institué capitaine du château de Lusignan, Boucicaut s'empressa de le réparer. Le receveur de Poitou, Philippe Gillier, lui versa pour cet objet, le 8 juin 1351, la somme de 250 livres (2). Jean de Berry, comte de Poitou, assigna à ce brave chevalier 250 livres de gages par mois, en temps de guerre, et 160 livres pendant les trêves. Mais, au mois de juin 1356, il ordonna de lui verser par avance le dernier semestre de l'année, afin de mieux pourvoir à la défense de cette place importante (3).

Boucicaut était encore gouverneur de Lusignan lorsque le traité de Brétigny fit passer le Poitou sous la domination anglaise. Le 25 septembre 1361, à Poitiers, il en donna la saisine verbale au célèbre Jean Chandos, lieutenant du roi d'Angleterre, tout en conservant le titre de gouverneur au nom du nouveau souverain. Le lendemain, 26 septembre. Chandos alla à Lusignan. Hugues de Forses, capitaine du château, et Louis d'Harcourt, commissaire du roi de France, lui en remirent les clefs. Chandos y entra, en prit possession réelle et y coucha avec sa suite. Le 27 septembre, il confirma Huguet Repin dans sa charge de garde du sceau de la châtellenie (4). Les revenus de la prévôté de Lusignan sont évalués par les comptes de l'administration anglaise de 1363 à 1370, à une somme variant de 105 à 180 livres par an (5).

La guerre recommence en 1369. Vers le milieu de cette année, une partie de la garnison anglaise de Lusignan. commandée par Simon Burleigh et Adam Chel, dit d'Agorisses, était sortie, chevauchant vers Mirebeau. Un parti français, aux ordres de Jean de Bueil, Louis de Saint-Julien et Carenloet le Breton, qui battait le pays, surprit tout à coup les Anglais. Un combat très vif s'engage. Les Français vainqueurs poursuivent avec une telle rapidité l'ennemi, que Burleigh, arrêté par une chaussée rompue, tomba en leur pouvoir. D'Agorisses n'eut que le temps de se jeter dans le château de Lusignan (6).

Lors de la conquête du Poitou par Duguesclin, en 1372, une tentative infructueuse peu connue fut faite sur Lusignan, au mois de septembre. Le siège n'y fut mis d'une manière sérieuse que le 5 mars 1373. La garnison anglaise était commandée par Jean Cresswell et Geoffroy de Saint-Quentin. Afin de réduire cette place redoutable qu'il était difficile d'emporter d'assaut, Jean de Berri, comte de Poitou, la fit environner de bastides garnies de six cents lances environ, sous les ordres de Jean de la Personne. sénéchal de Poitou. Hugues de Froideville, maréchal d'Auvergne, Gadifer de la Salle, Alain de Beaumont, etc. D'après Froissart et Hay du Chastellet, Duguesclin aurait paru un instant au siège. vers le 1er avril 1373, et se serait rendu maître de Lusignan par composition. Il est possible que la ville ait été prise alors. Mais, en réalité. le blocus du château dura vingt mois. Le duc de Berry faisait sans cesse renforcer les bastides et y faisait placer des engins. Lors de la trêve qui intervint en mars 1374, les deux commandants de Lusignan, réduits à la misère, obtinrent du duc de Lancastre, lieutenant anglais en Aquitaine. 6,000 florins pour se ravitailler. Vainement ils essayèrent de rompre les lignes des assiégeants. Fait prisonnier dans une sortie, en juin 1374. Cresswell fut emprisonné dans la tour Trompe, à Lusignan, sous la garde de Robinet Mellou, capitaine de ladite tour. Jean d'Arras nous apprend que cette tour était située entre le château et le bourg, et qu'elle tirait son nom de ce que le sonneur de trompe se tenait sur son sommet pour donner l'alarme. Enfin le château capitula le 1er octobre 1374. Le duc de Berry en confia la garde, ce jour-là même. à titre de capitaine châtelain, à son écuyer Lyonnet de Pennevaire, aux gages de 25 francs par mois (7).

On manque de renseignements sur les travaux exécutés par le duc de Berry au château de Lusignan, où il aimait à séjourner. Une curieuse miniature d'un livre d'Heures de ce prince, sur laquelle nous reviendrons plus loin,

(1) Froissart. éd. Luce. t. IV. 11, 219. 223. et notes. p. VII. — *Chronique normande du XIVe siècle*. éd. Molinier, 69. 100, 268, 269. — *Arch. hist. du Poitou*. XIII. introd.. par Guérin. et passim; XVII. introd. XXIII.

(2) *Arch. hist. du Poitou*. XVII, introd. XXIII.

(3) Pièces origin. à la bibl. de Poitiers.

(4) *Procès verbal de délivrance à Jean Chandos*. publié par Bardonnet.

(5) *Coll. des Doc. français en Angleterre*. par J. Delpit. p. 148.

(6) Froissart, éd. Luce, t. VII, 121. et notes LIII, LIV.

(7) *Arch. hist. du Poitou*, t. XIX. introd. XLVII-LI. — Froissart. éd. Luce. t. VIII et notes LXI-LXIV. — *Hist. de Duguesclin*, par Hay du Chastellet. — D. Fonteneau. t. VIII. 153. — Arch. munic. de Poitiers. E. 13. l. 12.

représente cet admirable monument. (*Voir l'héliogravure, page 5.*) Le toit de la tour principale était alors surmonté d'une image de Mélusine, en métal doré, dont Jean d'Arras, secrétaire du duc, avait composé la fabuleuse histoire, à la demande de Marie de Bar, sa fille (1). Le duc de Berry acheta, le 24 janvier 1408 (v. s.), d'un certain Huguet Giraudeau, de Lusignan, un pré situé au jardin du château, près du chemin de Poitiers audit château. Cette acquisition avait évidemment pour objet l'agrandissement des dépendances (2).

Pendant les guerres civiles des Armagnacs et des Bourguignons, le sire de Heilly, envoyé par le roi, en 1412, pour saisir le comté de Poitou sur le duc de Berry, prit bien possession de toutes les villes et de tous les châteaux, mais il n'osa pas ou ne put pas mettre la main sur celui de Lusignan, dont le sire de Barbazan avait la garde (3). Lors du séjour du dauphin Charles à Lusignan, au mois d'octobre 1418, Barbazan fit construire un boulevard à l'entrée du château (4). En 1424, Charles VII donna Lusignan, comme place de sûreté, au comte de Richemont (5). Il y fit un assez long séjour en 1427. Débiteur de 10,000 livres et de 11,000 écus d'or à Georges de la Trémoïlle, son chambellan, le roi lui donna comme gage de sa créance, le 29 octobre 1428, le château et la châtellenie de Lusignan. Il stipula que la garnison continuerait à se composer de 30 hommes d'armes et de 20 hommes de trait, soldés sur les aides de la châtellenie; qu'après le payement de sa dette, le château serait remis à Barbazan et que, jusque-là, le capitaine, Nicolas de Montlouis, qui y commandait comme lieutenant de Barbazan, obéirait à la Trémoïlle. Charles VII reprit Lusignan le 9 novembre 1432, et donna à la Trémoïlle d'autres domaines en gage (6).

Charles VII séjourna souvent à Lusignan, en 1441, 1450, 1451, 1453, et fit réparer le château, dont Jean du Mesnil était capitaine en 1448. La reine, Marie d'Anjou, fonda dans l'église de Notre-Dame une confrérie religieuse dite de la Visitation (7).

C'est au château de Lusignan que l'illustre Jacques Cœur, arrêté à Taillebourg le 31 juillet 1451, fut conduit par Mathieu de Harcourt, capitaine des archers de la garde du roi. Il y fut détenu durant tout le temps de l'instruction de son procès, sous la garde d'Antoine de Chabannes. La commission chargée de l'examen de cette grave affaire, composée de Hugues de Couzay, lieutenant du sénéchal de Poitou, Jean Tudert, Pierre Rocque, Denis d'Auxerre, Pierre Gaboureau, Guillaume Toreau, Jean Barbin, magistrats presque tous d'origine poitevine, travailla jusqu'au mois de juin 1452. Transféré alors au château de Maillé, en Touraine, Jacques Cœur fut amené, en 1453, au château de Poitiers, pendant que le roi, revenu à Lusignan où il avait mandé les commissaires avec les pièces de la procédure, se préparait à faire prononcer la sentence définitive. Le 29 mai 1453, le chancelier Jouvenel des Ursins, en présence du roi, du grand conseil et de toute la cour, donna lecture de l'arrêt qui condamnait Jacques Cœur au bannissement et confisquait ses biens pour crimes de concussion, d'exaction, de transport d'argent hors du royaume, en particulier chez les Sarrasins. L'innocence du richissime argentier, proclamée par la plupart des historiens, paraît aujourd'hui très problématique. Deux jours après, le 2 juin, Charles VII quittait Lusignan pour entreprendre la seconde campagne de Guyenne (8).

Louis XI enleva le gouvernement de Lusignan, en 1461, à Galoys de Vaussemain et le confia à Yvon du Fou, qui le possédait encore en 1475. C'était un serviteur dévoué au nouveau roi. Des réparations d'une certaine importance, s'élevant à la somme de 2,000 livres, furent ordonnées au château de Lusignan par Louis XI, à la suite d'un court séjour qu'il y fit en janvier 1463. Il chargea naturellement Yvon du Fou d'en surveiller l'exécution, par commission du 22 septembre 1464. Les travaux, dirigés par Jean Guibon, maître des œuvres du roi en Poitou, eurent pour objet la construction d'une chapelle au château, la réparation de la toiture de la grosse tour, des ouvrages de charpenterie et menuiserie dans le logis du lieutenant du château et dans les cuisines. Ils étaient terminés en juin 1466. De nouvelles réparations y furent encore entreprises en 1479-1480, par ordre du roi, qui leva dans ce but une taille de 700 livres sur la province (9). Louis XI autorisa, en 1469, son frère Charles, duc de Guyenne, à résider à Lusignan pendant une épidémie qui régnait en Saintonge (10). Plus tard, Charles VIII passa à Lusignan avec son armée, le 20 février 1487, en allant réprimer la révolte de Dunois en Guyenne.

(1) *Gazette archéologique*, 1887, nos 3-4.

(2) Arch. nat., J. 186, n° 86.

(3) Cousinot, *Gestes des Nobles*, p. 141.

(4) Clairembault. t. IX, p. 557. — *Hist. de Charles VII*, par de Beaucourt, I, 445.

(5) Mém. de Gruel.

(6) *Chartrier de Thouars*, par le duc de la Trémoïlle, p. 17-19. — D. Fonteneau, t. XXVI, 373.

(7) *Mém. sur N.-D. de Lusignan.* — *Éloge de Charles VII*, par Baude, ap. *Nouv. rech. sur Baude*, par Vallet de Viriville. — Arch. des Deux-Sèvres.

(8) *Jacques Cœur et Charles VII*, par Pierre Clément. — *Le procès de Jacques Cœur*, par de Beaucourt, ap. *Revue des questions historiques*, avril 1890.

(9) Bibl. nat., suppl. franç., 6737. — Arch. des Deux-Sèvres, G, 22. — Arch. mun. de Poitiers, F, 78, l. 16. — F. fr. 21,423, ap. Mém. Ant. Ouest, 2e série, t. II, 504.

(10) Ms. fr. 6,961. Legrand.

En 1524, le château de Lusignan reçut un prisonnier de distinction, Philbert de Chalon, prince d'Orange, partisan de l'empereur Charles-Quint et ennemi de la France. François du Fou, sieur du Vigean, qui en était capitaine, fut chargé de sa garde. Il le traita, d'ailleurs, avec humanité. Jean Bouchet, qui alla voir le prisonnier et causa avec lui, rapporte qu'il charmait ses loisirs par la lecture des auteurs latins et des Chroniques françaises (1). La noblesse du Poitou, réunie à Lusignan, en 1529, par François de la Trémoïlle, lieutenant du roi, pour le payement de la rançon de François Ier, vota une taxe d'un dixième sur ses revenus (2). Lorsque Charles-Quint, traversant la France, en 1539, s'arrêta à Lusignan, il fut frappé de la beauté et de la force imposante du château. Son admiration ne pouvait se rassasier de sa vue, et il écoutait avec complaisance les légendes de Mélusine, la fabuleuse fondatrice de cette étonnante forteresse, racontées dans leur naïf langage par les bonnes femmes qui lavaient la lessive à la fontaine de la Font-de-Cé (3).

Les guerres de religion allaient bientôt porter à ce château des coups terribles dont il ne devait pas se relever. Antoine de Bourbon, roi de Navarre, gouverneur de la Guyenne, y séjourna aux mois de mai 1559 et d'octobre 1560, s'efforçant de calmer les esprits surexcités. Après la prise de Poitiers sur les bandits huguenots de Sainte-Gemme, le 1er août 1562, le maréchal de Saint-André envoya à Lusignan une garnison de 60 hommes. Le sieur de la Messelière, qui la commandait, dévoué à l'autorité royale, veilla toujours avec vigilance sur la place importante qui lui était confiée (4). Il n'en fut pas de même du sieur de Sainte-Soline, qui avait acheté au sieur du Vigean la capitainerie du château. Au lieu d'y entretenir un nombre d'hommes suffisant, il n'y laissa qu'un pauvre vieux morte-paye. Lorsqu'au mois de novembre 1567 une troupe de protestants se présenta, le vieux soldat se laissa surprendre maladroitement, car s'il eût seulement tenu fermée la porte du château, l'ennemi n'aurait pu y pénétrer (5). Les protestants ne le conservèrent pas longtemps; mais, au mois d'octobre 1568, ils méditaient d'y rentrer par surprise, lorsque La Haye, lieutenant général de Poitou, prévenu du complot, y fit envoyer de Poitiers, en toute hâte, quatre enseignes du régiment du comte de Brissac (6).

Lusignan courut bientôt un danger bien plus sérieux. Gabriel de Rechignevoisin, sieur de Guron, capitaine du château, voulut profiter de la présence du comte de Brissac pour faire quelque tentative contre les protestants. Le 12 février 1569, ils tombèrent à l'improviste avec 800 arquebusiers sur le quartier de l'amiral Coligny, à la Mothe-Saint-Héraye, et en ramenèrent des prisonniers, parmi lesquels Montgommery et deux gentilshommes du pays nommés de Serres. Brissac quitta Lusignan, laissant à Guron son régiment, commandé par son lieutenant d'Aunoux. Les trois prisonniers, bien traités par Guron, tramèrent contre lui la plus noire trahison. Ils gagnèrent d'abord à leur dessein deux de ses officiers, Tesson et Usseau, et s'entendirent avec Coligny pour lui livrer la place. Voici la ruse qu'ils imaginèrent : chaque jour, la garnison faisait des sorties et ramenait au château des ennemis qui n'étaient autres que des soldats apostés par Coligny. On en amena ainsi, à plusieurs fois, quatre-vingts, qui furent emprisonnés dans la tour Poitevine. Le dimanche du carnaval, d'Aunoux, qui commandait dans la ville, invita à dîner les officiers du château. Les traîtres Tesson et Usseau, voulant profiter de cette occasion favorable, étaient sortis la veille pour faire leurs expéditions ordinaires. Ils rentrèrent le lendemain à l'heure du dîner, pensant que tous les officiers étaient à table en ville. Par un hasard heureux, Guron n'était pas sorti du château. Arrivés devant la première porte du château, avec de nouveaux prisonniers, Tesson et Usseau font abaisser le pont-levis par les soldats de garde, qui ne soupçonnaient rien, et pénètrent dans le corps de garde. En un instant, ils massacrent ces malheureux désarmés. La même scène de meurtre se renouvelle à la seconde porte, sans que personne s'en aperçoive. Devenus maîtres de la troisième porte par le même procédé barbare, les conjurés pénétraient dans l'intérieur, lorsqu'un habitant, nommé Olivier, courant épouvanté au logis de la Reine, où Guron dînait avec sa femme, plusieurs gentilshommes et ses deux prisonniers, les de Serres, lui cria : « Monsieur, sauvez-vous, on tue tout au corps de garde ». Aussitôt tout le monde court aux armes. Mais les deux de Serres, qui étaient du complot, se jettent sur Guron au moment où les conjurés entrent dans la salle. Guron, qui avait saisi une pertuisane, parvient à se dégager, et, suivi de douze des siens, gagne par un escalier dérobé les galeries hautes, et, de là, la tour Mélusine. Cependant les conjurés, avec le secours des prisonniers de la tour Poitevine qu'ils ont délivrés, continuent le massacre de la garnison et plantent un drapeau blanc sur la tour pour avertir Coligny, qui se tenait dans le parc à proximité, de faire avancer ses troupes. De son côté, Guron, dans la tour Mélusine (*voir le plan, page 11*), hisse son pavillon pour avertir les troupes de la ville, et dirige le feu des fauconneaux sur les rebelles. D'Aunoux et du Cluseau, beau-frère de Guron, entendant ce bruit, accourent au

(1) *Annales d'Aquitaine*, par Bouchet, 391.
(2) Idem, 453.
(3) Brantôme, *Vies des grands Capit. franç.*, t. V des œuvres, p. 19.
(4) Bibl. nat., f. fr. 15.877, p. 82, 236.
(5) Brantôme, t. V, p. 18.
(6) *Hist. des Troubles*, par La Popelinière.

château avec leurs soldats. Les deux premières murailles, qui n'étaient pas défendues, sont escaladées; un combat furieux s'engage à la troisième porte. Guron favorise par son tir les efforts des assiégeants. Enfin la porte de l'Échelle leur est ouverte. Alors se livre une véritable bataille, car plusieurs soldats de Coligny ont pénétré dans le château par une poterne de la tour Poitevine. Refoulés dans cette tour, les conjurés se voient bientôt privés de leurs communications avec le dehors, par suite de la perte de l'escalier de la poterne, dont les défenseurs du château s'étaient emparés et qu'ils avaient intercepté au moyen de pièces de bois. Se sentant perdus, Montgommery et les deux Serres descendirent des fenêtres de la tour à l'aide de draps de lit. L'un d'eux eut une cuisse cassée. Tous ceux qui ne purent s'échapper reçurent la juste peine de leur forfait. Ils furent tués sans miséricorde. Les deux traitres, Tesson et Usseau, hachés par morceaux, furent jetés comme les autres par-dessus les murailles. Guron demeurait donc maître de la place. Mais à quel prix! sa malheureuse femme avait été massacrée et le château était partout jonché de morts. Coligny, complice et témoin de cette horrible tragédie, vraiment honteuse de la part d'un grand capitaine, se retira, la rage dans le cœur, et se vengea en incendiant le château de Guron (1).

Il reparut devant Lusignan au moment où il se préparait à assiéger Poitiers, mais il l'attaqua d'une manière plus loyale. Le siège, commencé le 15 juillet 1569, ne fut pas soutenu, paraît-il, avec l'énergie suffisante. Guron, commandant du château, n'avait que 100 à 200 hommes et six canons que lui avait laissés Du Lude, gouverneur du Poitou. Une batterie, placée sur la hauteur du parc par Coligny, ayant ouvert une brèche et abattu la tour du coin, et Paillerie, un des capitaines de la garnison, ayant été tué sur la brèche, Guron capitula le 20 juillet, à condition que tous les défenseurs sortiraient libres. Coligny confia la garde de la place à François de Pont, sieur de Mirambeau (2).

Après la bataille de Moncontour (octobre 1569), le sieur de Mirambeau, sommé par Louis de Lansac, au nom du duc d'Anjou, lui rendit sans résistance le château de Lusignan, le 28 octobre. Il avait cependant réparé la tour du coin et disposait de forces suffisantes. Coligny en conçut une grande colère et disait que, s'il l'eût tenu, il lui aurait fait trancher la tête (3).

Les seigneurs de la Baronnière et de Lancières surprirent le château de Lusignan, le mardi gras, 24 février 1574, pour le compte du parti protestant. Doyneau, sieur de Sainte-Soline, qui en était capitaine, venait de résigner sa charge à Strozzi, qui n'en avait pas encore pris possession. Il n'y avait laissé que peu de soldats et une femme qui faisait l'office de portier. Profitant de cette négligence, la Baronnière, sous couleur de mascarade, se fit ouvrir la porte par cette femme, s'empara des clefs, et, avec l'aide de huit hommes postés près de là, fit prisonniers les soldats de garde dans les tours, et se rendit maître du château (4). Les protestants s'y fortifièrent aussitôt et y réunirent des forces considérables dont le sieur de Chouppes était un des principaux chefs. Durant plus de six mois, ils tinrent le pays en alarme à plusieurs lieues à la ronde, attaquant les villes, arrêtant les voyageurs, commettant partout d'audacieuses déprédations (5). La nécessité d'éteindre ce foyer de brigandages, d'arracher à la rébellion un de ses principaux boulevards, s'imposait de la manière la plus absolue. Mais l'entreprise n'était pas facile. Le duc de Montpensier, commandant de l'armée royale en Poitou, essaya d'abord de l'enlever par ruse. Pendant qu'il était campé non loin de là, à Sanxay, le 16 août 1574, le capitaine Saint-Martin, détaché de son armée avec une troupe d'élite, marcha sur Lusignan pendant la nuit. Il réussit à pénétrer dans la ville par intelligence avec des officiers qui devaient livrer la porte de la tour de la Fontaine. Mais, l'entreprise ayant été aussitôt découverte, il n'eut que le temps de fuir en passant par-dessous la herse de la porte, qui, par hasard n'avait pu glisser jusqu'à terre (6).

Il n'y avait plus qu'à se préparer au siège. Le duc de Montpensier arriva, le 30 septembre 1574, avec son armée devant Lusignan. Les assiégés, au nombre de 750 hommes, commandés par René, vicomte de Rohan, et le sieur de Saint-Gelais, avaient mis le feu à la basse ville et construit, en avant de la porte de la ville, deux forts nommés, l'un le fort du Lion, l'autre le ravelin des Dames. L'armée royale vint asseoir son camp à Enjambes, à l'entrée de la presqu'île sur laquelle sont situés la haute ville et le château. Le 12 octobre, l'artillerie renversa la façade de l'église. Le 13, elle battit le ravelin et la ville jusqu'au portail de Geoffroy. Mais l'attaque la plus efficace fut celle de la batterie de huit canons placés sur la hauteur de Puyberger, qui domine toute la ville. Leur tir renversa presque entièrement, le 15 octobre, le logis de la reine. Le 23 octobre, une brèche ayant été pratiquée, on donna sans succès l'assaut au fort de la Vacherie, où fut blessé le sieur de Bussy, lieutenant du duc de Montpensier. Les assiégés firent une sortie vigoureuse sur le camp le 28 octobre. Ils enclouèrent deux canons, tuèrent quatre-vingts

(1) Récit imprimé dans la *Revue d'Aunis, Saintonge et Poitou*, t. V, 49; d'après D. Fonteneau, t. LXV, 805. — *Hist. des Troubles*, par La Popelinière, l. V, 180, 181.

(2) *Histoire de d'Aubigné*, t. III, 81. — *Hist. des Troubles*, par La Popelinière, l. VII, 239, 240.

(3) La Popelinière, l. X, 330. — Brantôme, Œuvres, IV, 24. — Journal de Généroux, p. 62.

(4) Chronique de Pierre Brisson. — Journal de Denis Généroux, p. 114.

(5) Journal de Le Riche.

(6) Journal de Généroux. — Journal de Le Riche. — Thibaudeau, *Hist. du Poitou*, éd. 1840, t. II, 283.

hommes, et ne furent refoulés qu'avec peine par le sieur de Puygaillard. Les assiégeants établirent dans le parc, le 21 octobre, une batterie de cinq canons qui battait par derrière le ravelin de la Vacherie. Le 24 novembre, ils placèrent une autre batterie au Petit-Parc, près d'Enjambes, dirigée contre le ravelin des Dames, auquel on donna un assaut inutile. Le 24 décembre, une canonnade générale foudroya le château. Les batteries de Puyberger ouvrirent la tour Poitevine et la muraille jusqu'au logis de la reine, déjà abattu. Les assiégeants donnèrent un grand assaut infructueux; ils parvinrent toutefois à conquérir le ravelin de la Vacherie et à s'établir dans les fausses braies et au pied de la tour Poitevine. Pendant qu'ils travaillaient à saper et à miner le rocher ou la base des murailles, les

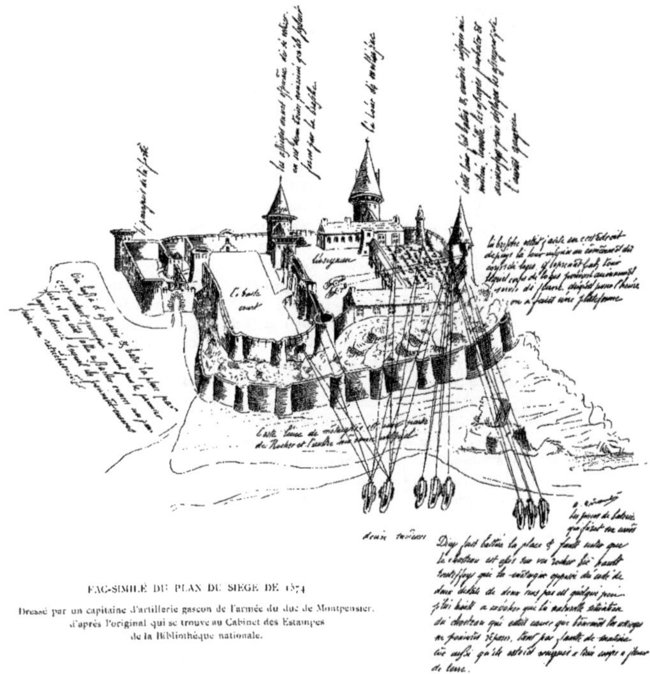

FAC-SIMILÉ DU PLAN DU SIÈGE DE 1574

Dressé par un capitaine d'artillerie gascon de l'armée du duc de Montpensier, d'après l'original qui se trouve au Cabinet des Estampes de la Bibliothèque nationale.

assiégés construisaient une plate-forme casematée sur les ruines du logis de la reine. Cependant, malgré leur énergie, les défenseurs de Lusignan étaient en proie à la plus affreuse misère. La famine était telle qu'ils en étaient réduits à manger les chats et les rats. Une situation si précaire ne pouvait manquer d'amener la capitulation. Elle fut signée au Mureau, le 15 janvier 1575. Le duc de Montpensier accorda aux assiégés la liberté de se retirer avec armes et bagages, et d'être conduits en sûreté dans leurs maisons ou à La Rochelle. Ils sortirent donc par la porte du Parc au nombre de 200 ou 300 hommes exténués et manquant de tout, et s'acheminèrent vers La Rochelle sous la conduite du sieur de Puygaillard (1).

La conquête de Lusignan avait coûté trop cher pour qu'on ne recourût pas au seul moyen capable de prévenir la triste nécessité d'un nouveau siège. Le duc de Montpensier détermina le roi Henri III à faire détruire entière-

(1) *Discours des choses avenues par chacun jour durant le siège de Lusignan, l'an 1574.* — Journal de Le Riche. — Bull. de la Soc. des Ant. de l'Ouest. t. XIII. *Notice sur le château de Lusignan*, par M. Babinet, avec le plan du siège de 1574.

ment une place aussi redoutable. D'ailleurs, les populations, écrasées par les réquisitions, les déprédations, les violences de toute nature exercées par les deux partis qui se disputaient tour à tour sa possession, réclamaient avec instance cette exécution. Le roi chargea Aimery de Barbezières, seigneur de Chémerault, du soin de procéder à la démolition, et lui accorda le privilège d'employer les matériaux à la construction de son château de Marigny, situé dans le voisinage. Chémerault requit immédiatement de toutes parts, de par le roi et sous peine d'amende, une armée de démolisseurs. La ville de Saint-Maixent fournit, à elle seule, en avril 1575, quarante maçons, vingt charpentiers et deux cents pionniers. L'œuvre de destruction se poursuivait avec activité, lorsqu'en décembre 1575 la reine Catherine de Médicis, qui négociait à Boisgrollier, dans le voisinage, avec son fils, le duc d'Alençon, eut la curiosité de venir voir les ruines. Les sieurs de Brantôme, de Lansac, de La Rochepozay, de Strozzi l'accompagnaient. L'aspect désolé de ce magnifique château de Lusignan, de cette *perle antique*, à moitié démoli et désormais condamné à disparaître, toucha la reine profondément. Elle maudit l'ordre barbare du roi et se promena longtemps sur les décombres. Elle écouta, elle aussi, avec complaisance, comme Charles-Quint, les récits des bonnes femmes qui, en lavant la lessive à la fontaine, racontaient les apparitions de Mélusine, dont le cri sinistre s'était fait entendre pour la dernière fois lorsque la destruction de son admirable demeure fut résolue (1).

Malgré cette précaution héroïque, Lusignan toutefois n'en avait pas fini avec la guerre civile. La nuit du 20 au 21 février 1586, la ville fut prise et pillée par les protestants de Carbonière, qui y pénétrèrent en rompant la porte avec un pétard. Les courses et les pillages recommencèrent dans les environs. Après une vaine tentative du capitaine de Verluisant, le 15 avril, M. de Malicorne, gouverneur du Poitou, y vint avec plusieurs compagnies et s'empara de la basse ville, le 12 mai. Un petit combat fut livré aux défenseurs de la haute ville, qui s'y maintinrent. Le capitaine Carbonière, sommé le 20 mai, par le maréchal de Biron, de rendre la ville, refusa. Enfin le roi de Navarre ayant consenti à l'évacuation, Biron vint à Lusignan avec deux cents chevaux, le 9 juin 1586, et en fit sortir les protestants. Il ordonna ensuite le démantèlement des murs de la ville (2).

Plus tard, en 1616, le prince de Condé révolté ayant fait avancer près de Lusignan deux mille six cents hommes commandés par le seigneur de Saint-Arsent, pendant que le roi était à Poitiers, le duc de Guise, campé à Pamproux avec l'armée royale, résolut de les déloger. Le 7 janvier 1616, il tomba sur eux à l'improviste avec quatre mille hommes, et les mit en complète déroute, dans un lieu indéterminé, non loin de Lusignan. Puis il retourna à Pamproux et envoya à Poitiers les enseignes prises sur les rebelles (3). L'autorité royale entretenait une garnison à Lusignan, car on redoutait toujours, non sans motifs, la turbulence des grands seigneurs et les prétentions excessives des protestants. Une curieuse brochure de l'époque raconte la terreur comique éprouvée par cette garnison et plusieurs habitants de la ville, dans la nuit du 22 juillet 1620. Pendant que les soldats veillaient sur les murailles, deux hommes de feu apparurent dans les airs, entre le château et le parc, au-dessus de la rivière. Après un combat acharné qu'ils se livrèrent, l'un d'eux tomba blessé en poussant un cri épouvantable qui éveilla plusieurs habitants. Puis des monstres enflammés et de hideux oiseaux noirs et blancs se montrèrent planant sur la ville et sur le parc, où leurs cris effroyables glacèrent de peur tous ceux qui les entendirent (4).

La démolition du château de Lusignan n'était pas complète. On avait même épargné, en 1574, la tour Mélusine. Ce qui en subsistait en 1622 inspirait encore de mortelles inquiétudes aux populations voisines, et particulièrement aux habitants de Poitiers. Le comte de La Rochefoucauld, vivement sollicité par le corps de ville, ordonna d'en raser les derniers restes, à l'exception d'un logis, et requit pour cette besogne les paysans des environs. Ils exécutèrent si ponctuellement cet ordre, sous la surveillance du maire de Poitiers, qu'il n'en resta pas pierre sur pierre. Désormais tout est bien fini. L'antique forteresse des Lusignan n'est plus qu'un souvenir. Mais la paix publique est assurée. Plus tard, à la fin du XVIIIe siècle, l'intendant de Blossac fit planter une promenade sur ce promontoire solitaire, naguère témoin de tant d'événements et théâtre de tant de luttes (5).

Le retour si désiré de la tranquillité, que l'apparition du frondeur, prince de Marcillac, chassé presque immédiatement de Lusignan en avril 1650, par le maréchal de La Meilleraye, ne pouvait troubler qu'un instant, permit de relever lentement les ruines des longues guerres religieuses. L'église de Notre-Dame, d'abord pillée et transformée en temple par les protestants durant leur domination, avait été horriblement dégradée par l'artillerie du duc de Montpensier, en 1574. La façade, une partie des voûtes, le prieuré situé sur le côté du nord, avaient été renversés. L'église de Pranzay, située au lieu où se trouve le cimetière actuel, avait été également détruite. Le service paroissial en fut

(1) Brantôme, Œuvres, t. V, 15-20. — Journal de Le Riche.
(2) Journal de Le Riche.
(3) *La défaite des carabins et autres troupes de M. le prince de Condé, faite le jeudi 7 janvier par M. le duc de Guise, 1616.*
(4) *Effroyable rencontre apparue proche le château de Lusignan la nuit du 22 juillet 1620.*
(5) Thibaudeau, *Hist. du Poitou*, t. II, 385. — Chronique de Brisson, ap. *Chron. Fonten.*, p. 352. — Lettre de Besly, janvier 1622, ap. *Arch. hist. du Poitou*, t. IX.

transféré à Notre-Dame, et les deux paroisses finirent par être réunies en 1712. Celle de Saint-Martin d'Enjambes ne fut réunie qu'à l'époque du Concordat.

Les accroissements de la ville ne furent guère sensibles. Les tanneries et les fabriques de draps constituant sa seule industrie, n'avaient pas assez d'importance pour produire quelque développement de la population (1). Des lettres patentes de décembre 1695, enregistrées au Parlement le 10 juillet 1696, convertirent en hôpital Hôtel-Dieu dit de Saint-Louis, l'ancienne aumônerie de Pranzay fondée pour loger les pèlerins et les pauvres passants, où de grands abus s'étaient produits. Elles réunirent, en outre, au nouvel établissement, la maladrerie ou aumônerie de la Font-de-Cé. Ces deux anciennes aumôneries, dont l'existence remontait au XIIe siècle, devaient leur fondation ou dotation aux seigneurs de Lusignan. Les lettres patentes y réunirent également les aumôneries de la Villedieu-du-Perron, de Couhé, de Vivonne, de Chenay et de Chey. On y joignit, en 1699, l'aumônerie de Saint-Christophe de Civray, et en 1707 les aumôneries de Saint-Sauvant et de Saint-Jacques de Coulombiers. L'hôpital de Lusignan ainsi constitué était destiné aux pauvres malades de la ville et des paroisses circonvoisines. Il avait un revenu de 2,800 livres. Mais l'admission des soldats malades devint pour lui une lourde charge, car Lusignan était un lieu de grand passage de troupes. L'administration en fut confiée à des religieuses hospitalières de Sainte-Marthe, par l'évêque de Poitiers, Mgr de la Poype de Vertrieux (2). L'hôpital actuel, qui occupe l'emplacement de l'ancien, a été reconstruit avec goût, il n'y a pas de longues années, par M. Ferrand, architecte diocésain.

L'ancien domaine des seigneurs de Lusignan, réuni à la couronne en 1308 par Philippe le Bel, se composait principalement de la forêt ou parc de Lusignan, aménagée en coupes de douze arpents par an, de la forêt de Saint-Sauvant et de la forêt de Coulombiers. Une autre partie du domaine de Lusignan fut engagée par le roi, le 11 août 1718, au marquis de Bonneval, moyennant la somme de 54,360 livres. Il se composait de : 1° les halles; 2° le minage; 3° le terrage du parc de Lusignan; 4° le moulin banal de Vauchiron; 5° des terres vaines et vagues dans la forêt de Saint-Sauvant; 6° le four banal de Lusignan; 7° le pré du Domaine; 8° le pré de Clifort; 9° les terres de la Vacherie; 10° le pré de la Prévôté; 11° le droit de pêche dans la Vonne; 12° le pré de la Nayde; 13° le pré de l'Héronnière; 14° le terrage au huitième des fruits sur vingt boisselées du parc de Saint-Sauvant. Tout cet ensemble fut affermé par le marquis de Bonneval au sieur Tilleux, chirurgien, pour le prix de 1,430 livres par an (3). Les autres portions du domaine étaient engagées à divers habitants de Lusignan, à titre de cens et rentes et de propriété incommutable. Elles produisaient, en 1730, la somme de 350 livres. C'étaient : les coteaux du château; la petite garenne située au-dessus de la basse ville et de la Vacherie, touchant au chemin de la porte de Notre-Dame; le pré de la Plesse; une tour touchant au pré de la Vacherie et au chemin de Poitiers à Lusignan; une autre tour près dudit chemin, au-dessous de l'emplacement du château; le péage de Lusignan perçu à raison de 10 deniers par charrette, 4 deniers par bœuf, vache ou veau; le lieu de la Mothe, où l'on joue à la boule; le poids du roi consistant en 10 deniers par cent pesant (4).

La châtellenie ou baronnie de Lusignan, avant sa réunion à la couronne, relevait à hommage lige des comtes de Poitou et des évêques de Poitiers. Elle s'étendait sur près de quarante paroisses, dont plusieurs sont fort éloignées, mais la plupart dans le voisinage, telles que Cloué, Coulombiers, Celle-l'Évescault en partie, Curzay, Jazeneuil, Marçay, Marigny-Chémerault, Saint-Sauvant, Pamproux, Mézeaux, etc. Soixante-et-un vassaux en relevaient. Les seigneurs du Chillou et du Breuil devaient, à première réquisition, se rendre au château de Lusignan pour y garder la porte Saint-Jacquelin durant quarante jours. Le seigneur du Plessis-Sénéchal devait garder la porte de la Vallée, celui de la Graslière la porte au Seigneur, et celui de Lansonnière une porte de la ville dite porte Marchande (5).

Curzay, l'un des principaux fiefs mouvants de Lusignan, jouissait du droit de haute justice. La famille de Curzay le posséda depuis le commencement du XIe siècle jusqu'au XVe. Il passa à la famille Ratault aux XVe et XVIe siècles. Le château est une construction de cette dernière époque, réédifiée en 1715. (*Voir le dessin page 20.*) Le château de Marconnay (commune de Sanxay), qui relevait de Curzay, est une curieuse forteresse des XIVe et XVe siècles. Son enceinte, flanquée de tours rondes, et son donjon carré, subsistent encore (6). (*Voir pl. 6 et 7.*)

Mauprier, autre fief relevant de Lusignan, avait un ancien château flanqué de tours aux quatre angles. Détruit par un incendie, il a été reconstruit dans notre siècle. Il fut longtemps possédé par la famille de Gourjault depuis

(1) *Almanach provincial du Poitou.*
(2) *Bull. de la Soc. d'Agriculture de Poitiers*, t. XI, 43. — Notes de M. Rédet, d'après les arch. dép. — Grand-Gautier. — *Dict. topogr. de la Vienne.*
(3) Dom Fonteneau. *État du domaine du roi en Poitou en 1730.*
(4) Idem.
(5) *Hiérarchie féodale des châteaux*, par Rédet, ap. Bull. des Ant. de l'Ouest, t. VIII, 145. — *Dict. topogr. de la Vienne*, par Rédet.
(6) *Répert. arch. de la Vienne*, ap. Bull. Ant. de l'Ouest, t. IX, 233. — *Dict. topogr. de la Vienne.*

1363 au plus tard jusqu'à la fin du xviie siècle. Les Gourjault avaient, dès le commencement du xve siècle, leur chapelle funéraire dans l'église de Pranzay. Ils possédaient les moulins de Chézeau ou Chédeau, assis sous le château de Lusignan (1). Maouprier passa ensuite aux Bellin de la Liborlière et appartient aujourd'hui à la famille Mayaud. C'est au château de Mauprier que, le 27 septembre 1574, eut lieu une entrevue entre le seigneur de Surin, délégué de la reine-mère, et les seigneurs de Chouppes et de Céré, pour obtenir la soumission de Lusignan. La tentative échoua.

Château de Curzay construit en 1715, restauré de 1884 à 1890.
(D'après une photographie de M. le vicomte de Curzay.)

L'archiprêtré de Lusignan comprenait dans sa circonscription, d'après le pouillé de Gauthier, les paroisses de Notre-Dame, Pranzay, Enjambes, Voulon, Marigny, Cloué, Celle-l'Évescault, Saint-Georges et Saint-Michel de Vivonne, Château-l'Archer, Iteuil, Mézeau, Coulombiers, Anché, Marnay, Alonne, Andillé, Marçay, Ligugé, Ruffigny, Bapteresse. La dignité d'archiprêtre était annexée, dès le xiiie siècle, au prieur ou doyen du chapitre de Celle-l'Évescault. Plus tard, elle fut unie à la cure de Voulon. La nomination aux cures de Notre-Dame de Lusignan, Saint-Aquilin de Lusignan, Pranzay et Enjambes, appartenait à l'abbé de Nouaillé (2).

Le prieuré de Notre-Dame valait, en 1769, 4,800 livres, sur laquelle somme le prieur donnait au curé quatre-vingt-seize boisseaux de seigle et 60 livres pour portion congrue. La cure valait en totalité 500 livres. Celle de Pranzay valait 1,200 livres, mais le curé payait son vicaire. Celle d'Enjambes valait 386 livres en 1728. Il n'y avait dans cette paroisse que très peu de catholiques, car c'est là que se trouvait agglomérée la population protestante qui, en 1769, s'élevait à deux cents habitants. Un petit prieuré d'Enjambes, fondé dans la chapelle du Parc, restaurée en 1624, était tombé en ruine. Le service se faisait dans l'église de Saint-Martin d'Enjambes en 1769 (3).

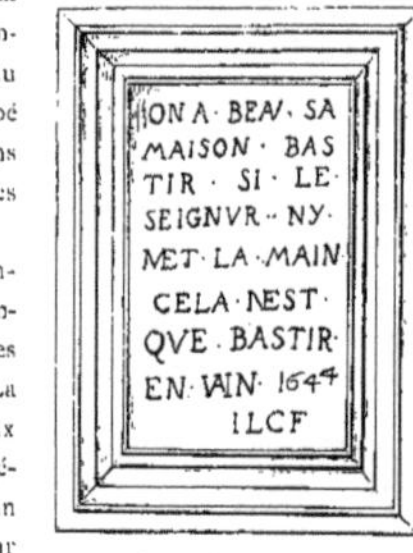

Inscription protestante
sur une cheminée d'une maison xviie siècle
du faubourg d'Enjambes.

Le siège royal de Lusignan comprenait dans son ressort environ l'étendue de la châtellenie, sauf quelques modifications apportées plus tard. La justice y était exercée dans les deux derniers siècles par un lieutenant général, un lieutenant particulier, un lieutenant de police et un procureur du roi. Les appels étaient portés au Parlement de Paris et au présidial de Poitiers, suivant les cas prévus par l'édit de 1551 (4). Voici la composition du siège royal en 1789 : M. Bonneau Duchesne, lieutenant général; M. Bouthet de la Richardière, lieutenant de police; M. Bouthet de Monfrault, lieutenant particulier; M. Mathé, procureur du roi (5).

L'administration de la communauté des habitants, confiée sans doute anciennement à un syndic électif, fut transformée par l'édit de 1765 qui établissait partout une organisation municipale uniforme, composée d'un maire et de plusieurs échevins. Voici les noms des derniers membres du corps de ville de Lusignan, au moment de la Révolution : M. Bouthet de la Bessonnerie, maire; Vaugelade, lieutenant de maire; Bouthet de Monfrault, premier échevin; Nau de la Sauvagère, procureur du roi; Gouault, greffier (6).

Lusignan, en 1790, fut érigé en chef-lieu de district et fut par suite doté d'un tribunal. On supprima le district en 1795, mais le canton fut agrandi en 1801 par la suppression des cantons de Sanxay et de Saint-Sauvant. Depuis lors, sa situation, au point de vue administratif, ne s'est pas modifiée. C'est toujours une petite ville et un grand nom.

(1) *Dict. des fam. de l'ancien Poitou*, t. II, 169.
(2) *Pouillé du diocèse de Poitiers*, par Beauchet-Filleau.
(3) Notes de M. Rédet, d'après les Arch. départ.
(4) *Dict. topogr. de la Vienne*.
(5) *Almanach provincial et historique du Poitou*.
(6) Idem.

MONUMENTS

LE CHATEAU

Il ne subsiste plus rien de l'admirable château de Lusignan, si vanté par Brantôme, si célèbre dans l'histoire. Mais, plus heureux que la plupart des monuments de ce genre, il a survécu pour ainsi dire à lui-même dans deux anciennes et très curieuses gravures qui en ont conservé la représentation antique, sinon irréprochable, du moins suffisante pour s'en rendre compte. La plus intéressante est sans contredit une des miniatures du magnifique livre d'Heures de Jean, duc de Berry, comte de Poitou, aujourd'hui possédé par le duc d'Aumale (*voir l'héliogravure, page 5*), qui en a libéralement laissé prendre une photographie pour l'illustration de notre ouvrage. Ce beau et curieux livre, exécuté vers 1410 pour le duc de Berry, par l'enlumineur Pol de Limbourg, contient les vues des brillantes résidences dont il était maître et qu'il avait construites ou embellies (1). Il ne faut donc pas trop s'étonner d'y rencontrer le château de Lusignan. La vue est prise des hauteurs de Puyberger. On y reconnaît très bien l'ensemble et les principales parties du monument, la tour Mélusine, la tour Poitevine au-dessus de laquelle plane en volant la fameuse fée-serpent, le logis de la reine, le portail de l'Échelle, le portail de Geoffroy à la Grand'dent, la tour de l'Horloge ou de la Lanterne, la Barbacane, le mur d'enceinte crénelé et la muraille enveloppant les fausses braies sur le penchant du coteau.

Un autre croquis plus imparfait, mais non moins curieux, dessiné également des hauteurs de Puyberger, en 1574, par un officier de l'armée assiégeante du duc de Montpensier, représente la vue cavalière du château de Lusignan foudroyé par l'artillerie (2). (*Voir le dessin en fac-similé, page 17.*) On y reconnaît d'une manière plus nette encore les diverses parties qui le composaient. Les cours intérieures, avec leurs enceintes et leurs portes, apparaissent clairement, aussi bien que la galerie de bois faisant communiquer le logis de la reine aux bâtiments voisins de la tour Mélusine, et que les assiégés de 1574 abattirent (3). La description du château, donnée dès 1387 par Jean d'Arras, dans son roman de Mélusine, et celle du récit du siège de 1574, donnée par un témoin oculaire, sont absolument conformes à la miniature du livre d'Heures de Jean de Berry et au croquis militaire de 1574. Il serait assez facile, au moyen de ces documents, de restituer l'illustre forteresse. C'est ce qu'ont tenté de faire deux habiles dessinateurs, MM. Girault et Bourdier, auteurs du remarquable plan joint à cette notice. (*Voir le plan, page 11.*) Grâce à quelques recherches faites sur les lieux et au croquis de 1574, reproduit par M. Girault, ils ont ressuscité l'aspect antique du fameux château. De la place du Bail, emplacement presque certain du boulevard construit en 1412, on pénétrait par la porte du Bail dans une barbacane appelée aussi pourpris, puis, par la porte de Geoffroi à la Grand'dent, précédée de douves et de pont-levis, dans la grande cour. La tour de l'Horloge ou de la Lanterne, dominant tout Lusignan, s'élevait à droite. Les écuries étaient à gauche. La tour de la Fontaine était aussi à gauche, et, à ses pieds s'ouvrait, suivant le récit du siège, une petite poterne pour descendre dans les fausses braies et vers la Vonne. On entrait par une troisième porte, dite de l'Échelle, dans la cour intérieure. Là, on voyait à droite une chapelle et le grand logis de la Reine regardant sur la basse ville. A gauche, un logis s'étendait jusqu'à la tour Mélusine, la plus haute, la plus belle, la plus forte de toutes celles du château. Puis il y avait à la suite d'autres logis regardant sur le parc, et qui, du temps de Jean de Berry, devaient être plus considérables, si l'on en juge par l'enluminure du livre d'Heures. Une galerie de bois, renversée pendant le siège de 1574, les réunissait au logis de la Reine. C'est par là que le capitaine de Guron, assailli par les conjurés de 1569, se réfugia dans la tour de Mélusine. Le promontoire se terminait par la tour Poitevine, ainsi désignée dès le XIVe siècle. L'artillerie des assiégeants, en 1574, la renversa presque entièrement. Non loin de là, une poterne conduisait dans les fausses braies à un corps de garde retrouvé par M. Girault, et complètement démoli depuis quelques jours. Tout autour et à la base du coteau, circulait une muraille garnie de tours qui constituait ce que l'on appelait les fausses braies, dont les traces sont encore apparentes. Elle se reliait vers l'extrémité du promontoire avec le fort de la Vacherie, qui a complètement disparu.

(1) *Gazette des Beaux-Arts*, 1884, t. 29, p. 403-404; art. de M. L. Delisle sur le livre d'Heures de Jean de Berry.

(2) Ce curieux dessin a été trouvé à la Bibliothèque nationale, en 1858, par M. Babinet, conseiller à la Cour de Cassation, dans un carton contenant des dessins non classés.

(3) *Notice sur le château de Lusignan*, par M. Babinet, ap. Bull. de la Soc. des Antiq. de l'Ouest, t. XIII, 216. 307.

Peu de temps après sa première démolition, sous le règne de Henri IV, un graveur de cette époque, Claude de Chastillon, exécuta une vue de Lusignan, prise des hauteurs du parc. Le promontoire du château n'apparait plus, comme dans la miniature du xve siècle, recouvert de tours élégantes, de vastes logis, entouré de formidables défenses. Ce n'est plus qu'un triste amas de décombres déserts. Près de là, les maisons de la ville se pressent autour de l'église Notre-Dame, dont la toiture et les voûtes, renversées par l'artillerie de Montpensier, ne sont pas encore réparées. Le mur de fortification de la ville a été épargné et on y voit la porte du parc qui s'ouvre au sommet du coteau, non loin de l'emplacement du château. Plus loin, à droite, on aperçoit le clocher de St-Martin d'Enjambes (1).

En 1730, un état du domaine du roi constate l'existence du logis épargné en 1622. Il était situé au bout de la Barbacane ou pourpris de la porte du château, sur le bord du coteau qui regarde le parc, au nord. C'est la mairie actuelle de Lusignan. En 1782, les agents du comte d'Artois, apanagiste du Poitou, conçurent le projet d'aménager ce bâtiment pour y installer le bailliage ou siège royal de Lusignan. Le plan qui en fut dressé par l'architecte Vétault, et qui existe aux archives de la mairie, ne fut pas exécuté. (*Voir ci-contre le fac-similé de ce plan.*) L'état de 1730 mentionne aussi une grande écurie, située plus loin dans l'ancienne grande cour du château, entre deux tours de la muraille du nord. (*Voir le dessin ci-dessous.*) Cette écurie, qui figure également sur le plan de 1782, a été, depuis une époque assez récente, transformée en école communale. Enfin le même état de 1730 et le plan de 1782 indiquent les deux tours de la porte de la Barbacane, abattues beaucoup plus tard. Quant à l'emplacement du château proprement dit, jusqu'au bout du promontoire, il était occupé par une plantation de vignes et d'arbres fruitiers. C'est sur ce terrain nivelé qu'a été établie la promenade actuelle, créée par l'intendant de Blossac, au xviiie siècle.

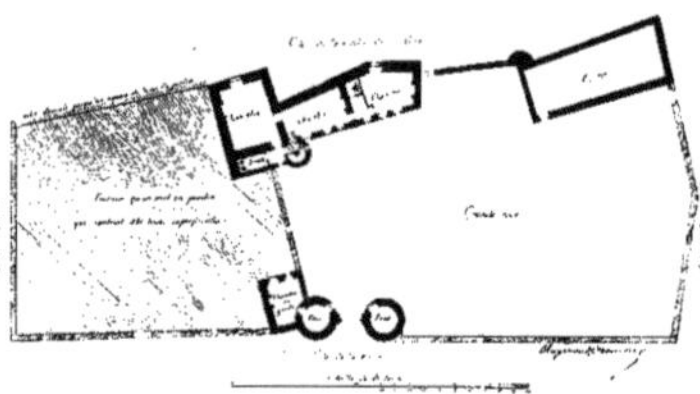

S'il est assez facile de se rendre compte de la disposition et de l'aspect général du château de Lusignan tel qu'il existait au moyen âge, il est moins aisé de fixer la date des diverses parties qui le composaient. Le château primitif de Hugues II le Cher avait été évidemment reconstruit et augmenté dans des proportions considérables aux xiie et xiiie siècles, époques de la plus grande puissance de ces célèbres seigneurs. Hugues IX et Hugues X, l'époux de la comtesse-reine, sont presque certainement les fondateurs de ces robustes et élégantes tours, de ces vastes logis, de ces fortes murailles dont les anciens dessins nous ont transmis l'intéressante silhouette. Le caractère si régulier et si beau de l'appareil de quelques murs et de quelques bases de tours, sur le penchant septentrional du coteau, quoique insuffisant pour donner leur âge d'une manière précise, parait néanmoins très conforme au style architectural de la fin du xiie et du commencement du xiiie siècle. Les restaurations de Jean, duc de Berry, n'auront pas modifié le caractère général du château. Les toitures élancées et les fenêtres à croisillons sont évidemment son œuvre. Il doit être aussi l'inspirateur de la représentation *en grande stature*, placée sur la grande porte du château, du terrible Geoffroy à la Grand'dent, fils de Mélusine, dont Brantôme parle avec admiration. Geoffroy n'a jamais été seigneur de Lusignan. Mais le duc de Berry, qui avait fait écrire le roman de la fée-serpent, aura voulu que l'image d'un des principaux héros de la légende figurât sur l'entrée même du château qui fut le berceau de sa race, de même qu'il avait fait placer sur une des principales tours la représentation en métal doré de Mélusine. Les travaux ordonnés par Louis XI consistèrent surtout en réparations, à l'exception, toutefois, d'une chapelle construite à neuf. La physionomie générale du château, lors de sa chute en 1575, n'avait donc pas perdu son caractère militaire de forteresse féodale que lui avaient imprimé ses fondateurs, les vieux seigneurs de Lusignan.

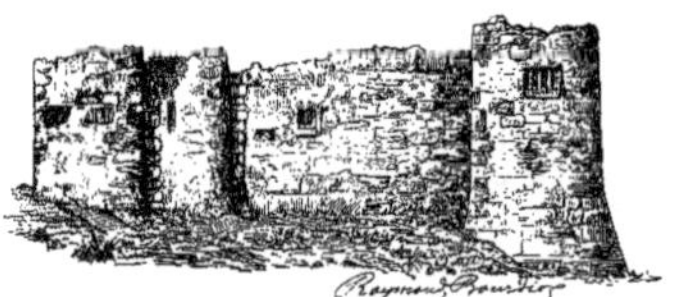

Ruines du château de Lusignan en 1782, sur lesquelles on a bâti l'école.

(1) Voir le fonds, Chastillon, cabinet des Estampes, à la Bibliothèque nationale.

L'ÉGLISE DE NOTRE-DAME

L'église de Notre-Dame, fondée, comme nous l'avons dit, par Hugues IV le Brun, en 1025, est un vaste édifice de style roman, en forme de croix latine, long de 57 mètres sur une largeur de 16 mètres. Elle est divisée en trois nefs et sept travées par deux rangs de piliers composés chacun d'un carré flanqué de deux demi-colonnes engagées sur chaque face, excepté sur celle regardant les bas côtés. Les voûtes des trois nefs sont en berceau. Toutefois, celles des cinq premières travées de la grande nef, ruinées par l'artillerie du siège de 1574, ont été refaites en croisées d'ogive au XVIIe siècle. (*Voir planche 4.*) Tous les chapiteaux sont historiés ou décorés de jolis feuillages et entrelacs. Les pointes de diamant, rosaces ou volutes sculptées sur les angles de plusieurs piliers, forment une ornementation d'un très bon effet.

Une coupole sur trompes recouvre l'intersection des transepts voûtés en berceau. Au-dessus s'élève un clocher carré. Une profonde abside en hémicycle termine l'église. Sa voûte en cul-de-four est munie de nervures entre-

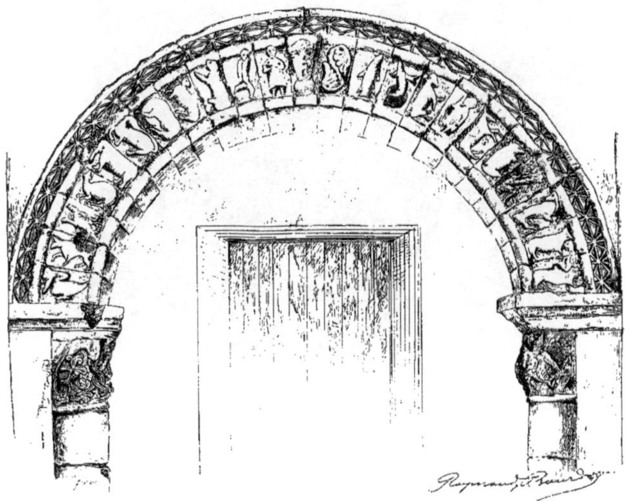

croisées, retombant sur des colonnettes qui séparent les cinq fenêtres dont elle est percée. Des colonnes avec chapiteaux sculptés décorent sa surface circulaire extérieure. Des colonnettes du même genre accompagnent les pieds-droits des fenêtres à plein cintre et supportent leurs archivoltes ornementées. Une absidiole s'ouvre sur chacun des bras du transept. L'absidiole de droite, dont l'arc ouvert sur l'église est en tiers-point, est éclairée par trois baies. Sa décoration extérieure ressemble à celle de l'abside principale. (*Voir planche 5.*) L'absidiole de gauche, voûtée en plein cintre et en cul-de-four, a des proportions beaucoup plus petites. Une seule fenêtre l'éclaire. Sur sa surface extérieure, il n'y a que des pilastres ou contreforts très plats, et la fenêtre en plein cintre, à petits claveaux, ne présente ni colonnettes, ni aucune ornementation. Cette absidiole appartient évidemment à la construction primitive du XIe siècle, tandis que presque toute l'église, sauf la muraille du sud, comme nous le dirons tout à l'heure, accuse franchement le style roman du XIIe siècle. (*Voir planche 5.*)

Une porte latérale, qui s'ouvre au nord dans la sacristie moderne, mettait autrefois l'église en communication avec le prieuré. L'archivolte qui se développe autour de son arc en plein cintre présente une très riche décoration romane. Sur chacun de ses claveaux sont sculptés des animaux, les uns réels, les autres fantastiques, et quelques personnages. Un masque humain occupe le claveau central. (*Voir le dessin page 23.*) L'autre porte latérale qui s'ouvre au sud, sur une rue de la ville, n'appartient pas au même style. Elle est de la fin du XVe siècle. Un beau et vaste porche de la même époque la précède. On y pénètre par une ouverture en arc aigu dont la profonde voussure est formée de sept ou huit nervures prismatiques, à la fois colonnes et archivoltes, car aucun chapiteau ne vient rompre leurs lignes depuis les bases jusqu'à la fermeture de l'arc. Cette ouverture est accompagnée de pilastres appliqués. Les rampants de l'arcature sont ornés de crochets. La porte proprement dite, encadrée par cette grande ouverture, est en arc surbaissé et partagée en deux parties par un pilier ou trumeau prismatique. Le tympan qui la surmonte est dépouillé depuis longtemps des trois statues qu'il contenait, probablement la Vierge et saint

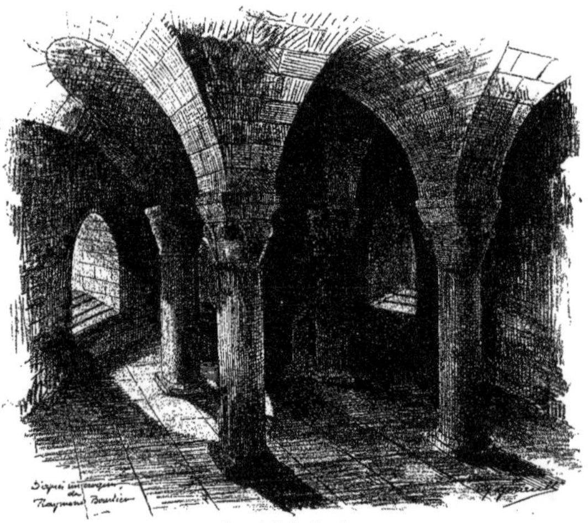

Crypte de l'église Notre-Dame.

Junien, dont il ne reste plus que les consoles et un dais. Le porche se termine par un grand pignon triangulaire. (*Voir planche 3.*)

Sous l'abside principale, dont le sol est sensiblement plus élevé que celui du reste de l'église, règne une crypte intéressante dans laquelle on descend par deux escaliers latéraux. Six colonnes la divisent en trois nefs et trois travées. Leurs socles ornés de grilles indiquent nettement le style du XIIe siècle. Des voûtes en arêtes recouvrent la crypte. (*Voir le dessin ci-dessus.*)

Le clocher carré qui s'élève sur la coupole de l'intersection des transepts se compose de deux étages. Quatre arcatures aveugles, ornées de pointes de diamants, décorent le premier étage sur chaque face. Le second étage présente également chacune de ses faces percée de quatre baies cintrées, accompagnées de groupes de colonnettes qui se répètent aux angles du clocher. Un troisième étage devait exister, si l'on s'en rapporte à une vieille vue de Lusignan, par Chastillon. Il est certain tout au moins que la corniche manque. La tourelle de l'escalier du clocher flanque un de ses angles. Une autre tourelle d'escalier conduisant sur les voûtes, placée dans l'angle du transept méridional, est recouverte d'une toiture conique à écailles imbriquées. (*Voir planche 5.*)

La plus grande partie de l'église de Notre-Dame, pour ne pas dire l'édifice tout entier, appartient donc, on le voit, au style roman du xiie siècle. Certaines portions, toutefois, doivent dater de la première construction commencée en 1025. Si on examine avec quelque attention la muraille méridionale de la nef, on y remarquera le petit appareil rustique et grossier dont elle se compose, ainsi que les traces très apparentes d'une petite porte cintrée avec des claveaux très réguliers, mais très exigus. Ce n'est pas là le mode de construction bien plus parfait des autres parties de l'église. Il est plus ancien. Nous avons fait remarquer également le caractère simple et primitif de l'absidiole de gauche, absolument différente des autres absides. La conclusion qui semble découler de cette constatation, c'est que les murs de la nef datent de la construction primitive du xie siècle, et que la division de l'église en trois nefs a été conçue et exécutée au xiie siècle, sans qu'on se soit donné la peine de les détruire. C'est ce qui explique le peu de largeur des bas côtés et l'absence sur cette face des deux demi-colonnes engagées des piliers. Par conséquent, l'église du xie siècle était couverte en bois. Toutes les voûtes sont du xiie siècle seulement, et pour les contrebuter, il a fallu ajouter les gros contreforts qui existent encore.

Si maintenant l'on recherche la date précise de la reconstruction du xiie siècle, on éprouvera quelque difficulté, par suite de l'absence de texte écrit. Mgr Cousseau, dans son Mémoire sur l'église de Lusignan, invoquant une charte non datée de donation de cet édifice, faite à l'abbaye de Nouaillé par Hugues de Lusignan, à une époque qu'il croit pouvoir fixer à l'année 1110 environ, en conclut qu'il faut y voir la date de son achèvement. Mais la participation de l'évêque de Poitiers, Isembert, à cet acte, le reporte nécessairement en arrière, à une époque antérieure à l'an 1087. Cette donation ne s'applique donc qu'à l'ancienne église du xie siècle. La date de celle du xiie siècle, rebâtie évidemment par les moines de Nouaillé qui en étaient possesseurs, demeure incertaine, mais peut être placée cependant, sans danger d'erreur considérable, dans le premier tiers du siècle.

Profondément mutilé pendant les guerres de religion, mal entretenu ensuite par les prieurs commendataires, ce beau monument, livré aux plus tristes dégradations par la Révolution, courut les plus grands dangers. Les réparations entreprises en 1810 par l'initiative du curé, M. Joseph Fradin, le sauvèrent et permirent de le rendre au culte. Mais rien de ce qu'il contenait n'a échappé. Les tombeaux des Lusignan, ses fondateurs, des prieurs et autres personnages qui, nécessairement, devaient s'y trouver, ne sont plus qu'un souvenir. Le comité des Monuments historiques, qui l'a classé parmi les édifices dignes de conservation, y a opéré d'intelligentes restaurations qui assurent désormais son avenir.

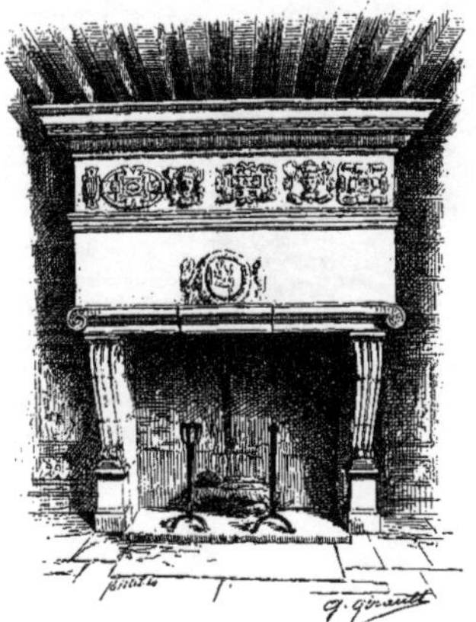

Cheminée xvie siècle de l'ancien château de la Boujatière, près Sanxay.

JAZENEUIL

L'ANTIQUITÉ de Jazeneuil, *Zezinoialo viculo,* VIIe siècle. *Gazenogilum*, 1110, *Jazanoyl*, 1267, est attestée par la vie de saint Léger. En 681, l'évêque de Poitiers, Ansoald, conduisit le corps de saint Léger jusqu'à ce *vicus*. Les moines de Saint-Maixent, dont cet illustre personnage avait été abbé, vinrent l'y recevoir en grande pompe et l'emportèrent ensuite dans leur monastère.

Au commencement du XIIe siècle, il y avait à Jazeneuil trois églises : Saint-Maurice, Saint-Macou et Sainte-Geneviève, qui étaient l'objet de contestations fort vives entre l'abbaye de Saint-Maixent et celle de la Chaise-Dieu, en Auvergne. L'évêque de Poitiers, Pierre II, chargé par le pape de juger l'affaire, les adjugea à l'abbaye de la Chaise-Dieu, en 1111. De son côté, Hugues le Brun, sire de Lusignan, prétendit que le droit de cette abbaye était injuste et déclara, vers l'année 1120, à l'évêque, qu'il tenait ces églises en fief de l'abbaye de Saint-Maixent. Un de ses successeurs, Hugues XI, en 1248, rend encore hommage du fief de Jazeneuil à l'abbaye de Saint-Maixent (1).

Quoi qu'il en soit, l'église de Jazeneuil, dédiée à saint Jean-Baptiste, qui ne tarde pas à figurer seule, à la place des trois autres désignées ci-dessus, demeura en la possession de l'abbaye de la Chaise-Dieu jusqu'à la Révolution, ainsi que l'attestent les documents depuis le pouillé de Gautier.

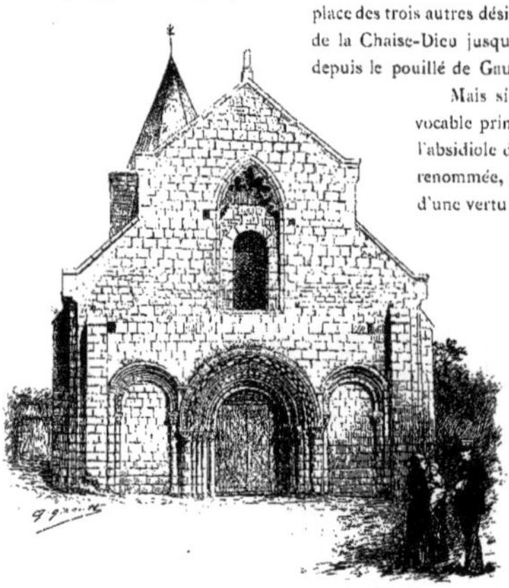

Mais si l'antique église de Saint-Macou, ou du moins son vocable primitif, a disparu, une belle fontaine qui jaillit derrière l'absidiole de l'église actuelle, en a retenu le nom. Cette source renommée, hantée jadis par quelque fée bienfaisante, était douée d'une vertu curative en laquelle les habitants du pays professaient la foi la plus vive. Les mères y plongeaient leurs nouveau-nés, qu'elles croyaient ainsi préserver des maladies. Saint Macou ou Maclou, qui a détrôné depuis bien longtemps la divinité gauloise de la fontaine, a hérité de sa puissance et conservé son prestige, pour ainsi dire, jusqu'à nos jours.

Un combat d'une certaine importance, mais qui n'eut d'ailleurs aucun résultat, fut livré, le 17 novembre 1568, près de Jazeneuil, entre l'armée royale du duc d'Anjou et l'armée protestante du prince de Condé.

Les droits de péage et de foire de Jazeneuil constituaient un fief relevant féodalement de Lusignan. Un autre fief, le vieux château de Jazeneuil, relevait de Curzay.

Église de Jazeneuil en 1890, façade ouest.

Le prieuré du Bois-Métais, mentionné dès l'année 1218, dépendait de l'abbaye de la Réau. Plus tard, il fut desservi dans l'église de Jazeneuil. La paroisse de Jazeneuil faisait partie de l'archiprêtré de Sanxay, de la châtellenie et ressort de Lusignan et de l'élection de Poitiers (2).

L'ÉGLISE

L'église de Jazeneuil est une œuvre remarquable de l'art roman de la fin du XIe ou du commencement du XIIe siècle. Elle se compose d'abord de l'ancienne nef unique, dépourvue de voûtes dans l'origine et aujourd'hui transformée, depuis plusieurs années, en trois nefs voûtées, au moyen de deux rangs de piliers qu'on y a ajoutés;

(1) *Gallia christiana*, II, 1168. — Cartul. de Saint-Maixent.
(2) *Dict. topogr. de la Vienne*, par M. Rédet.

puis d'un transept et de deux absides dont la principale, très profonde, termine l'église, et l'absidiole du bras droit du transsept. Le bras gauche et son absidiole n'existent plus depuis longtemps.

La façade de l'ouest présente, dans sa partie inférieure, la disposition ordinaire des églises romanes de la contrée : une porte centrale accompagnée de deux arcatures aveugles de même hauteur et en plein cintre. Quatre archivoltes se développent autour du cintre de la porte. L'une est ornée d'un damier, l'autre de billettes, une autre de festons et la dernière de palmettes. Les chapiteaux des colonnettes sur lesquelles elles retombent sont tous historiés. Les archivoltes et les chapiteaux des arcatures latérales sont sculptés dans le même genre, mais plus sobrement. La partie supérieure du pignon a été remaniée à une autre époque. Une fenêtre gothique, partagée par un meneau avec ogives trilobées, y a été pratiquée, puis condamnée et mutilée. (*Voir le dessin page 26.*)

Une coupole hémisphérique recouvre l'intersection des transepts et repose sur quatre piliers réunis par des arcs en tiers-point assez peu accentué. Le clocher carré qui la surmonte n'est plus qu'un reste bas et informe de l'ancienne tour. Le transept de droite a conservé ses voûtes romanes anciennes, ainsi que son absidiole. Une petite porte cintrée, entourée d'un cordon de dents de scie, s'ouvre au midi dans ce transept dont le pignon, aux rampants ornés de crochets, a été surélevé au XVe siècle. (*Voir planche 8.*) Deux fenêtres, avec archivoltes ornées de billettes, l'éclairent. Une autre porte romane, qui s'ouvre au nord dans la nef, mérite d'être signalée. L'ornementation de ses archivoltes est un petit modèle du genre.

Mais la partie la plus brillante de l'église de Jazeneuil, ce sont les absides. La base circulaire extérieure de la grande abside est enveloppée d'une série d'arcatures supportées par des pilastres dont les chapiteaux sont richement sculptés et dont les angles sont semés du haut en bas de jolies petites rosaces. Au-dessus s'ouvrent cinq fenêtres en plein cintre. L'absidiole n'en a que trois. Ces fenêtres, entourées d'une archivolte à dents de scie et accompagnées de colonnettes, sont séparées les unes des autres par des pilastres flanqués de trois colonnes. Ces pilastres, dont la saillie produit beaucoup d'effet, montent depuis le pied de l'abside jusqu'à la corniche, également ornementée et soutenue par des modillons historiés. Tout l'ensemble de cette décoration extérieure du chevet est véritablement riche et élégant. (*Voir le dessin ci-dessous.*)

B. LEDAIN.

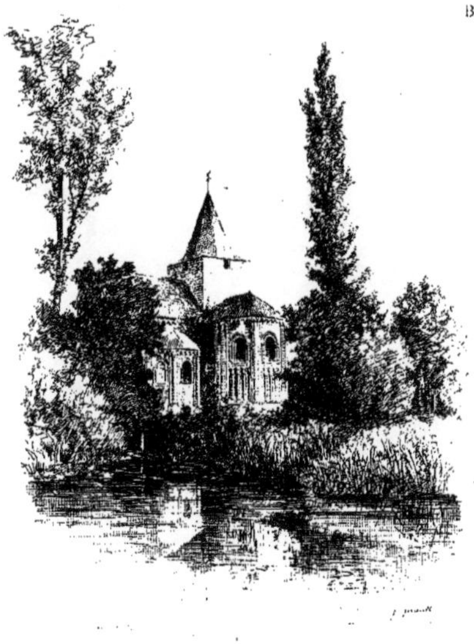

Chevet de l'église de Jazeneuil.

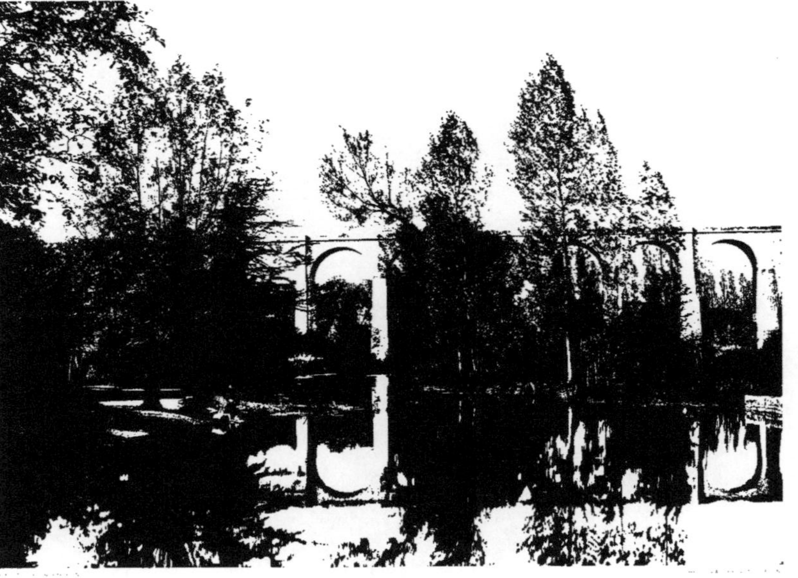

LUSIGNAN (VIENNE)

LE VIADUC

Vue prise du Moulin de la Vau-Chiron, au Sud.

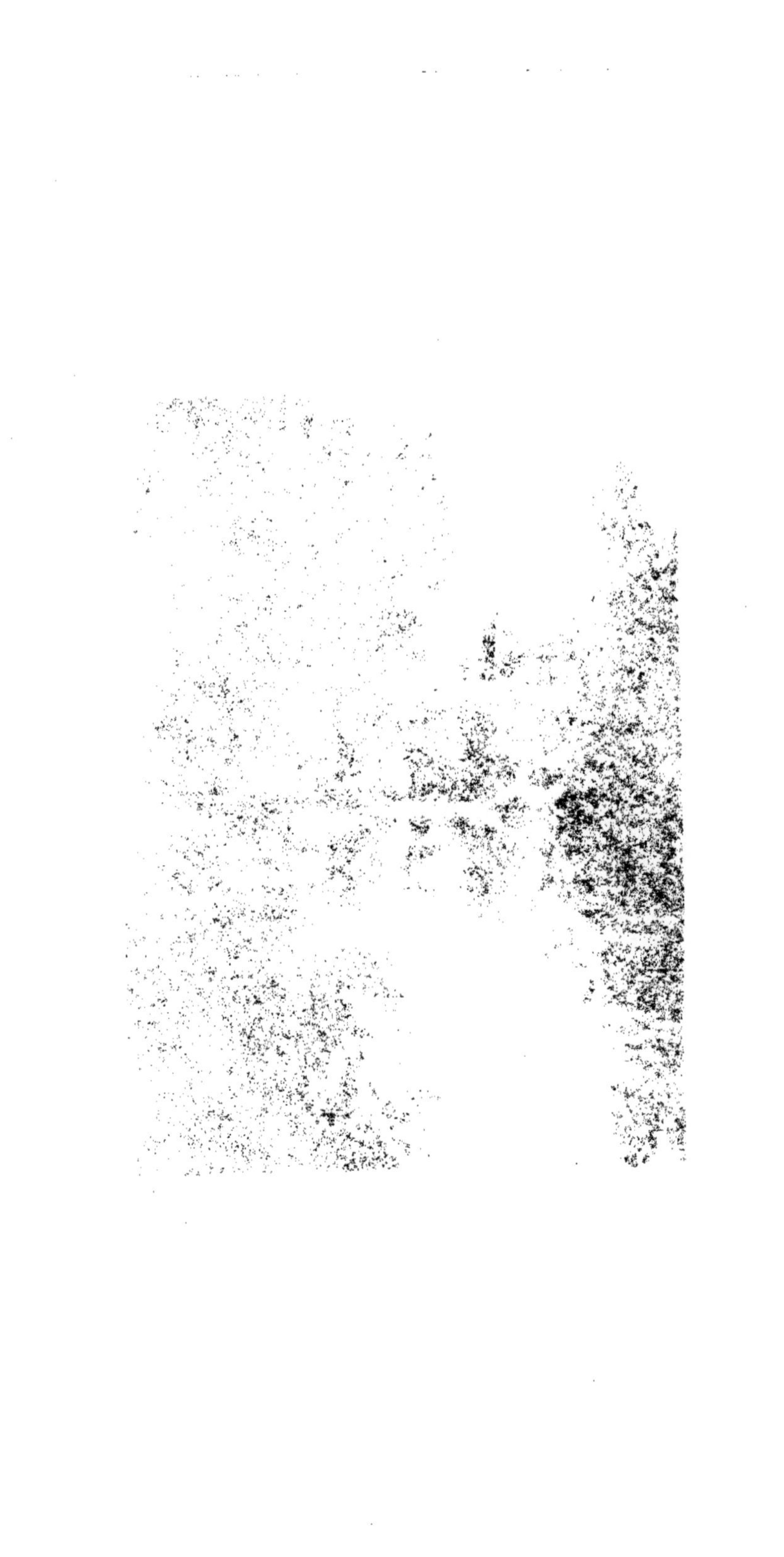

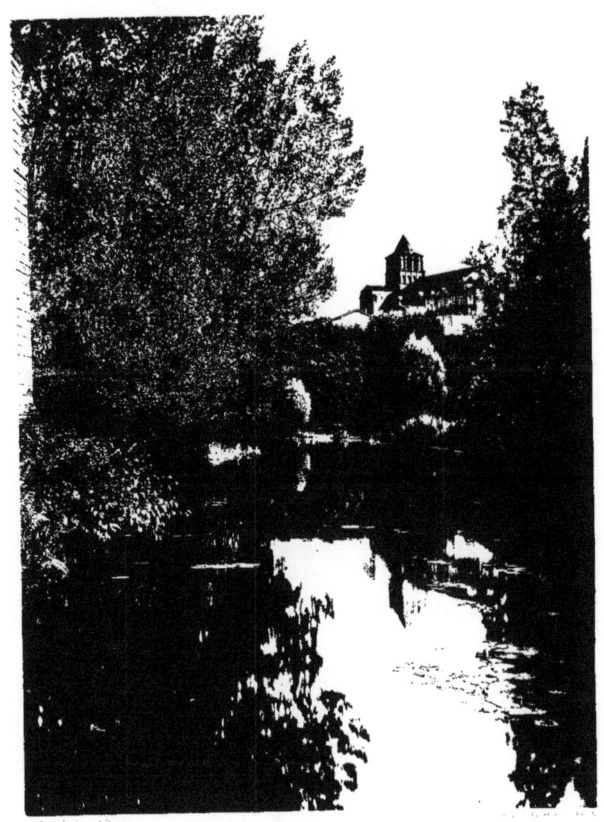

LUSIGNAN (VIENNE)

LA VONNE

Vue prise en amont du Moulin de la Vau-Chiron, sous le Viaduc

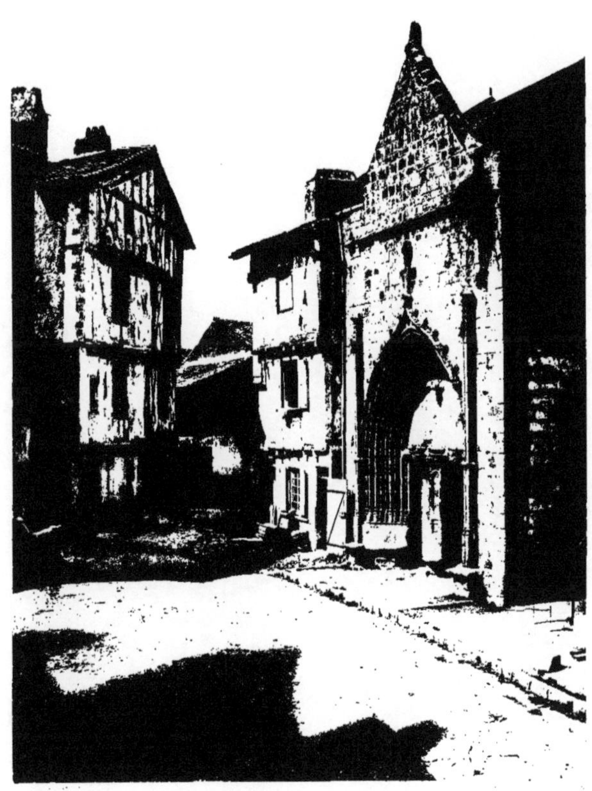

LUSIGNAN (VIENNE)

L'ÉGLISE

Portail Ouest et Place du Marché

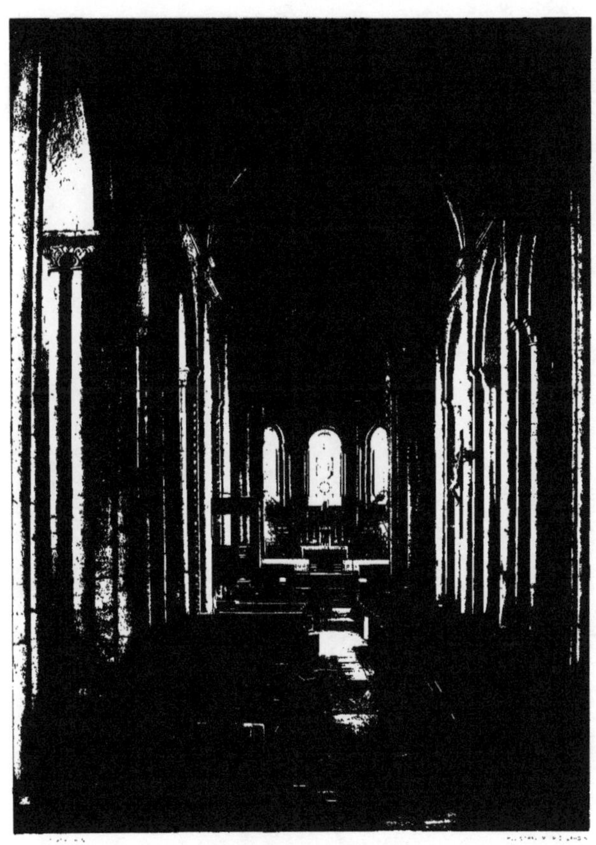

LUSIGNAN (VIENNE)

L'ÉGLISE NOTRE-DAME

Vue intérieure de la grande Nef.

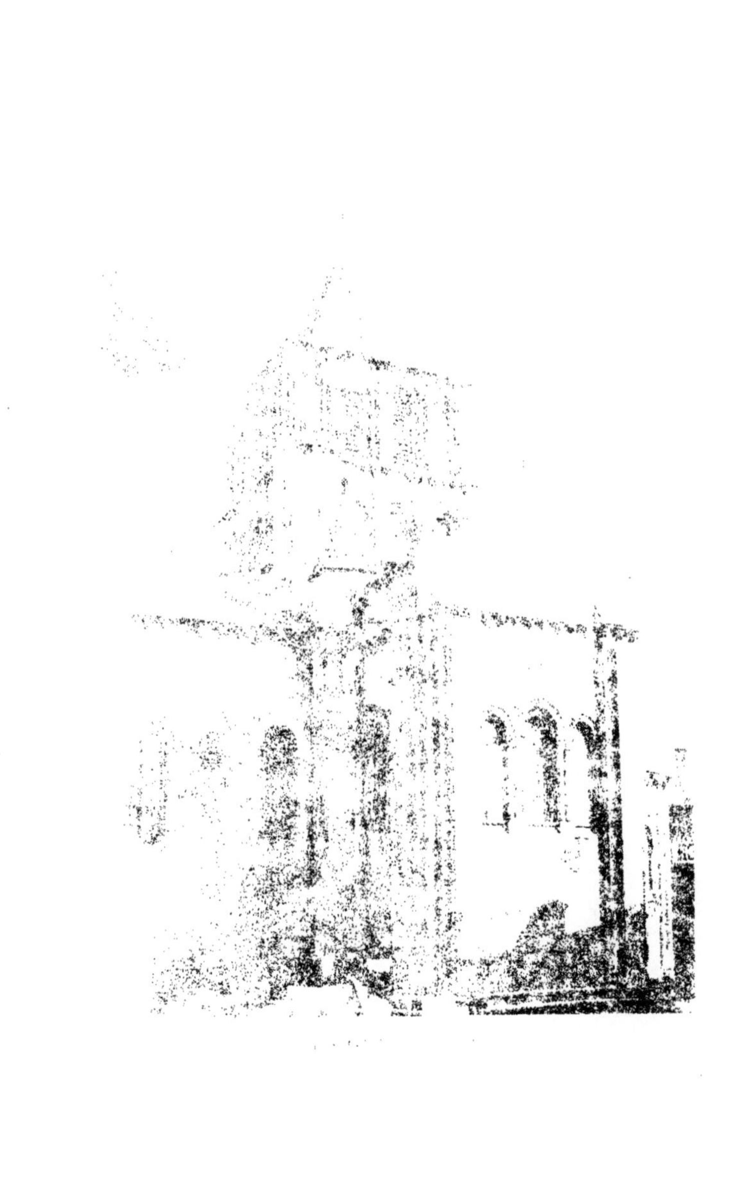

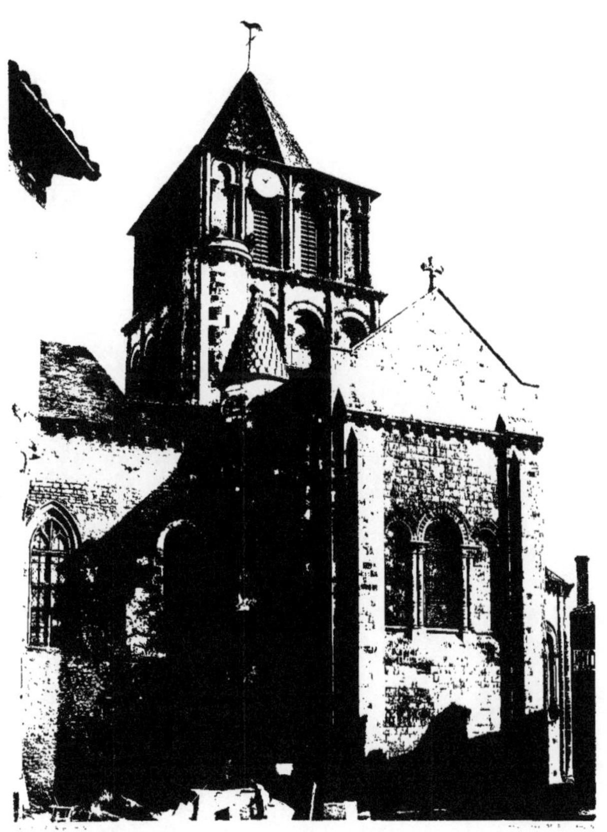

LUSIGNAN (VIENNE)

L'ÉGLISE

le Bras Sud du transept et le clocher.

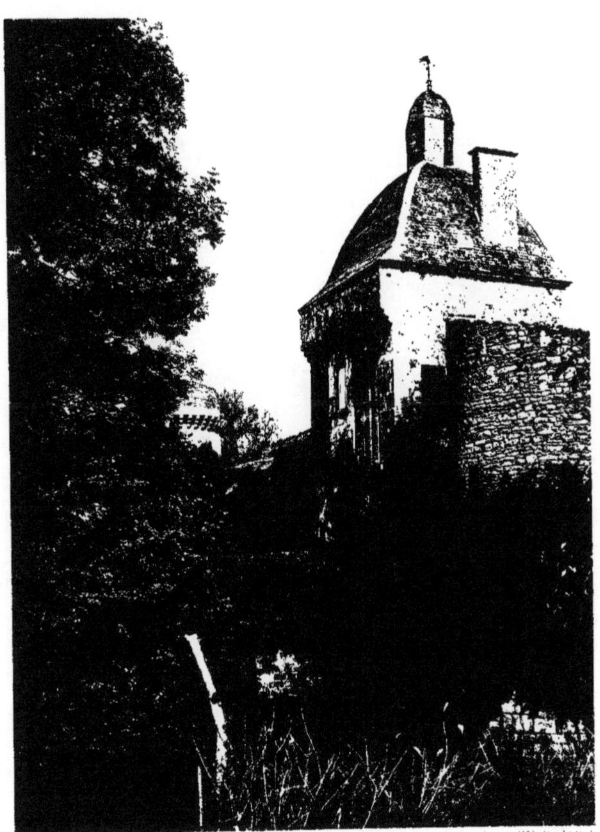

SANXAY (VIENNE)

CHÂTEAU DE MARCONNAY

Vue extérieure prise au Sud-Est de l'Entrée.

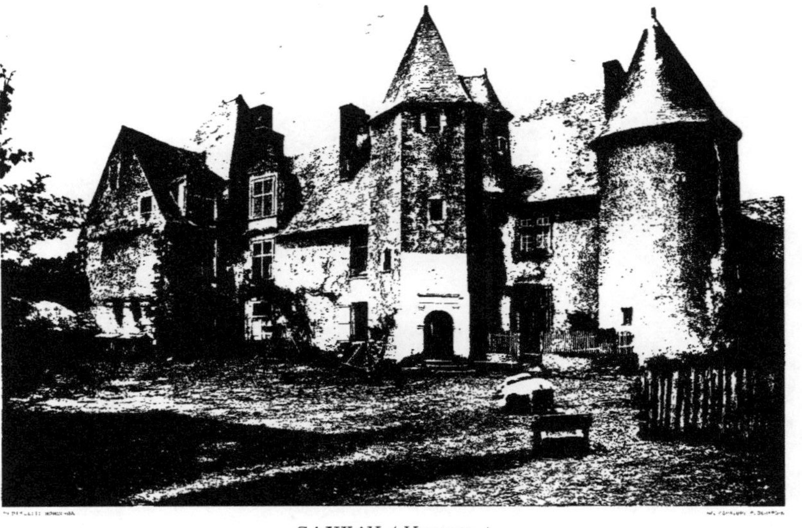

SANXAY (VIENNE)

CHÂTEAU DE MARCONNAY

Vue prise à l'Intérieur de la Cour au Sud-Est.

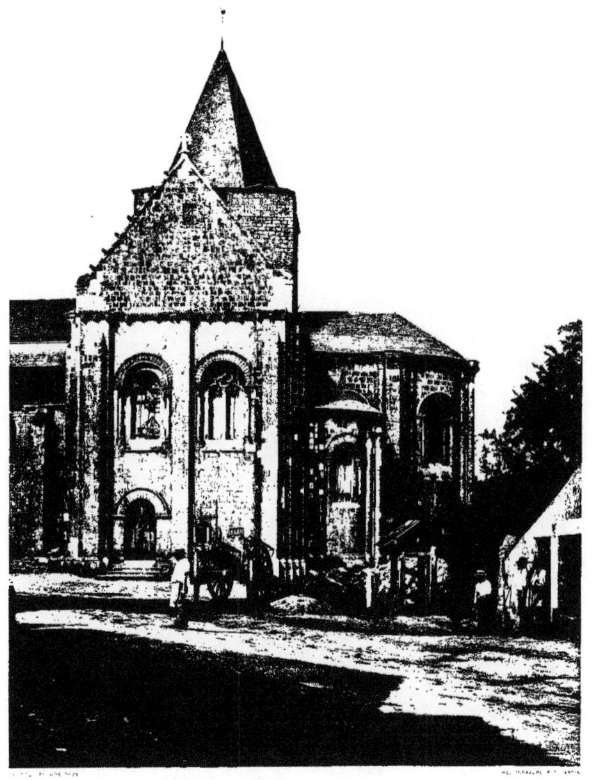

JAZENEUIL (Vienne)

L'ÉGLISE

Façade latérale Sud.

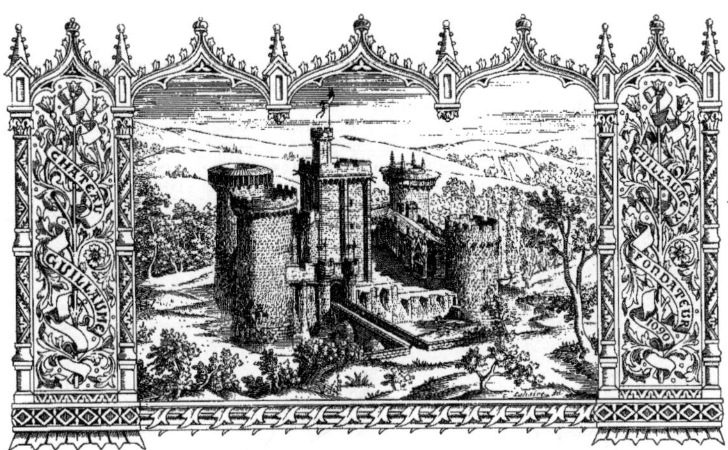

CHATEAU-GUILLAUME AUX XIVe ET XVe SIÈCLES.

CHATEAU-GUILLAUME
EN POITOU

1° *Chaumière du haut Poitou, à Château-Guillaume;*
2° *Le Château, vue prise de la route de Belabre;*
3° — — *du Pénemont;*
4° — — *de l'Esplanade;*
5° — — *de la Chaussée de l'Étang;*
6° — — *au delà du pont Neuf;*
7° *Cartes et plans divers;*
8° *Fac-similé du manuscrit de 1347.*

INDICATIONS PRÉLIMINAIRES

Le Château-Guillaume, en Poitou, offre le plus haut intérêt, tant au point de vue de l'étude de l'histoire, que de celle de l'archéologie, de l'architecture et des mœurs, pendant la féodalité et le moyen âge.

On n'avait rien pu faire de complet jusqu'à ce jour, une partie de la forteresse n'étant pas accessible et le très volumineux chartrier n'ayant été ni examiné, ni classé. Les quelques pages consacrées ci-dessous à l'étude du Château-Guillaume ne sont que le complément des notices parues jusqu'à ce jour sur le même sujet. Sans vouloir les rappeler toutes, il faut, en tête de ce travail, nommer celles qui ont le plus attiré l'attention.

Dans les Annales de la Société des Antiquaires de l'Ouest, le docteur de Beaufort, de Chaillac, fit paraître en 1860 une description très simple, mais intéressante, de la partie accessible du château. Malheureusement, il ne put prendre connaissance des archives, et les éléments historiques les plus essentiels lui firent défaut.

Son œuvre fut reprise par le Président de la Société des Antiquaires de l'Ouest, qui tint à venir faire tout exprès, un séjour au Château-Guillaume. Mais à ce moment, les archives n'étaient pas classées, et le plus profond désordre régnait au milieu des montagnes de vieux parchemins, qui, accumulés depuis des siècles, forment l'inappréciable chartrier du château.

Aussi le savant M. de Longuemar ne voulut-il pas se contenter de ses premières notes prises un peu au hasard, et il se promit, une fois l'ordre rétabli dans les archives, de continuer ses études. Il ne put que commencer ce qui devait être, comme il le pressentait lui-même, son dernier travail; car, ainsi que l'indique la dédicace d'une des brochures, gracieusement offerte par son fils, M. le colonel de Longuemar, aux propriétaires actuels du château, ce fut « la dernière lecture faite à la Société des Antiquaires de l'Ouest par M. de Longuemar. » C'était le 29 janvier 1881.

Actuellement (1888), les travaux de restauration sont à peu près terminés, les archives sont enfin classées, et parmi les documents modernes figure au premier rang la notice de M. de Longuemar.

Emplacement du Chateau-Guillaume. — Les terres, le hameau et la forteresse du Château-Guillaume, ou « Castel-Guillem », autrefois situés en Poitou, dépendent aujourd'hui du département de l'Indre (commune de Lignac, car la commune et la paroisse de Château-Guillaume ont été supprimées et réunies à celle de Lignac,

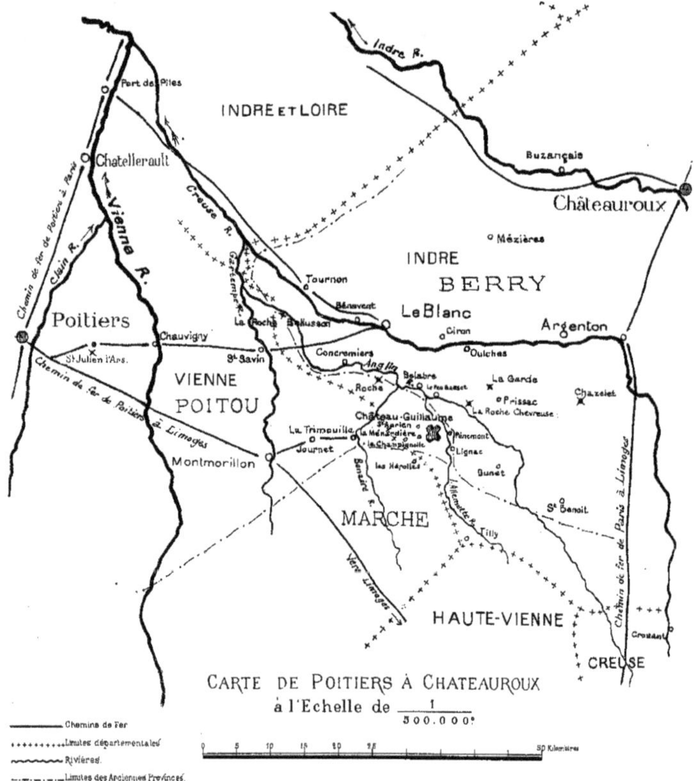

CARTE DE POITIERS À CHATEAUROUX
à l'Echelle de 1/500.000e

Chemins de Fer
Limites départementales
Rivières.
Limites des Anciennes Provinces.

0 5 10 15 20 25 50 Kilomètres

canton de Belabre, arrondissement du Blanc), sur les anciens confins du Poitou, du Berry et de La Marche. Cette position n'avait pas été choisie sans de longues études, car il s'agissait de séparer des provinces qui portaient le nom de Marches Contre-Hostées.

Le Coutumier du Poitou définit ainsi les Marches Contre-Hostées : « *Quasi limites inimici et contra hostes,* » *à cause que les possesseurs d'icelles refusant de servir divers seigneurs, se faisaient investir de leurs biens par* » *les marchions protecteurs des provinces limitrophes.* »

Comme beaucoup de vieux châteaux féodaux, et Château-Guillaume peut à bon droit revendiquer ses titres d'ancienneté, étant de beaucoup l'aîné de Coucy, Pierrefonds, etc., l'antique forteresse avait été assise sur les pentes d'une vallée au fond de laquelle coule l'Allemette; une chaussée retenait les eaux en faisant du fond de la vallée un vaste étang où le château baignait le pied de ses murailles. A cette époque, en effet, on ne se préoccupait guère de bâtir les forteresses sur les hauteurs, et point n'était nécessaire d'avoir un commandement sur le pays environnant, puisque canons et armes à feu n'étaient pas inventés. L'important était que les abords du château fussent inaccessibles et que l'eau fût à proximité. Château-Guillaume, à ce point de vue, réunissait les meilleures conditions, défendu qu'il était par un vaste étang et une rivière. Dans ces dernières années, l'étang a été transformé en prairie. (Voir pl. 2 et 3.)

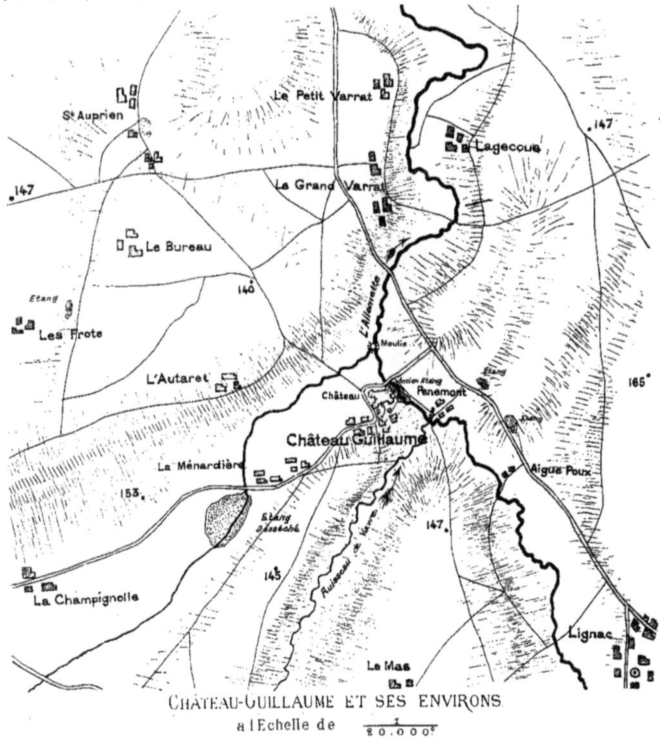

CHÂTEAU-GUILLAUME ET SES ENVIRONS
à l'Echelle de $\frac{1}{20.000^e}$

Situation géographique du Chateau-Guillaume. — Il sera peu question de la situation géographique du Château-Guillaume. les cartes jointes à cette notice parlant suffisamment aux yeux : il est seulement bon de remarquer que si ce point paraît en dehors des grandes voies de communication actuelles (dans ces derniers temps il était même difficilement accessible), c'est qu'il a perdu son importance militaire par la suppression des frontières des anciennes provinces, depuis l'unification du territoire ; c'est ce qui explique sa décadence et sa ruine à partir du xviie siècle. La preuve néanmoins de sa position sur une grande voie de communication naturelle, c'est que le tracé du canal à niveau projeté entre la Loire et la Garonne passait au pied même des murs du Château-Guillaume.

Les lignes qui vont suivre ont pour but de réunir tous les renseignements intéressants fournis pendant la restauration du château et le classement du chartrier. Ce travail succinct comprendra trois chapitres :

I. Histoire du Chateau-Guillaume.

II. Chateau-Guillaume et la vie féodale au moyen age, particularités de la vie seigneuriale. — Mœurs et coutumes.

III. Description et restauration du Chateau-Guillaume.

I

HISTOIRE

Château-Guillaume tire son nom de son fondateur, Guillaume IX, duc d'Aquitaine et comte de Poitou, qui le construisit à l'emplacement d'un château fort datant de l'époque carlovingienne. Guillaume IX commença les travaux au retour de la Croisade à laquelle il avait pris part, en 1101 (1). Son fils Guillaume, né, d'après Besly, en 1099, continua les travaux. Les constructions importantes datent du commencement et du milieu du XIIe siècle, mais il existait des remparts d'une époque antérieure.

LES DUCS D'AQUITAINE
Xe, XIe, XIIe, XIIIe siècles.
Xe siècle. — 1210 (I).

Le château fut conservé par les comtes de Poitou pendant le XIIe siècle, puis donné à une branche cadette qui s'éteignit rapidement.

Il vint en effet dans la puissante famille des La Trémoille, ou Trimouille, en 1210, par le mariage de la dernière héritière, dame de Château-Guillaume, avec le sire de la Trémoille (2). Le premier sire de la Trémoille qui ajouta à ses titres celui de seigneur de Château-Guillaume, fut Guillebaud, cinquième descendant de Pierre de la Trémoille (ce dernier vivait en 1040).

Un des plus anciens titres du chartrier, datant de 1307, règle les droits de justice entre Guy de la Trémoille et le commandeur de Saint-Auprien, de l'ordre religieux des Hospitaliers de Saint-Jean de Jérusalem, dont les terres étaient contiguës à celles de Château-Guillaume.

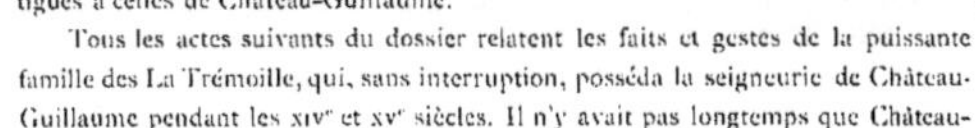

Tous les actes suivants du dossier relatent les faits et gestes de la puissante famille des La Trémoille, qui, sans interruption, posséda la seigneurie de Château-Guillaume pendant les XIVe et XVe siècles. Il n'y avait pas longtemps que Château-Guillaume avait cessé d'appartenir aux La Trémoille, lorsque l'aîné de cette maison fut créé duc de Thouars, en 1563.

LA TRÉMOILLE
XIIIe, XIVe, XVe, XVIe siècles.
1210-1526 (II).

Nombre de pièces montrent que Château-Guillaume, s'élevant sur les limites des trois provinces du Poitou, du Limousin et du Berry, était appelé à jouer un rôle important dans la défense du territoire contre ses envahisseurs.

Réparation des murailles de Château-Guillaume. — 1347. — A l'une des époques les plus critiques de l'histoire de la France, Château-Guillaume fut remis en état complet de défense, comme l'atteste le titre original de 1347. L'année précédente, Édouard d'Angleterre venait de remporter sur Philippe de Valois la funeste victoire de Crécy, et à la suite de ce désastre, le comte de Derby, à la tête des bandes anglaises et gasconnes, avait envahi le Poitou.

Plusieurs places et châteaux forts, notamment celui de Montreuil-Bonnin, furent successivement pris d'assaut et saccagés; la ville de Poitiers fut pillée.

(1) Versailles, Salle des Croisades. — Guillaume IX avait décidé la construction du château dès 1090.

(2) Des renseignements contenus dans le *Chartrier de Thouars*, où il est question de Château-Guillaume et de ses seigneurs, il semble résulter que cette forteresse, entrée, comme il est dit ci-dessus, en 1210 dans la maison de la Trémoille, dépendait du roi au point de vue militaire. Exemple : A la date du 26 novembre 1398, Charles VI mande à ses généraux des aides de payer à Guy de la Trémoille ou à son commandement les gages de dix hommes d'armes pour la garde et défense des châteaux de Chalusset, Chaluins, Maumont, *Chasteau-Guillaume* et autres forteresses tenues par Guy de la Trémoille, au nom du roi dans le duché de Guyenne. — Voir aussi dans ce sens, *Livre de Comptes 1395-1406, Guy de la Trémoille et Marie de Sully*.

1386, 2 avril, quittance de Guy VI de la Trémoille au trésorier des guerres, Jean le Flamand, déclarant avoir reçu la somme de trois cens francs d'or pour la paie d'hommes d'armes que le roi avait ordonné de tenir pour la sûreté et la défense des forteresses de *Chastel-Guillaume* et de la Prugne, en Guyenne, etc., etc.

(I) Guillaume IX d'Aquitaine portait : De gueules au léopard d'or armé et lampassé de gueules.

(II) La Trémoille porte : D'or au chevron de gueules, accompagné de trois aiglettes d'azur becquées et membrées de gueules.

L'armement de toutes les forteresses du pays fut décrété d'urgence. Voici le résumé des mesures prises à l'égard du Château-Guillaume, dont les murailles, à la suite de rudes assauts souvent répétés, avaient besoin d'importantes réparations. La pièce, tout entière, qui est du plus haut intérêt, est reproduite à la fin de cet historique :

« Guy, comte de Fourois, lieutenant pour le Roy, dans les provinces de Poitou, de Saintonge et du Limousin, prescrit au Sénéchal » de notre province de faire exécuter les réparations indispensables aux fortifications du Château-Guillaume, situé ès-frontières du Roy, » notre Sire, pour obvier aux dits ennemis, et de contraindre tous les habitants et justiciables de cette châtellenie à contribuer selon leurs » facultés à ces réparations, et à y faire le guet, mais sans les contraindre à prendre part à celles qui ne seraient pas urgentes, comme » aussi de fournir le nécessaire à la garnison du château, à la condition d'en payer juste et loyal prix. »

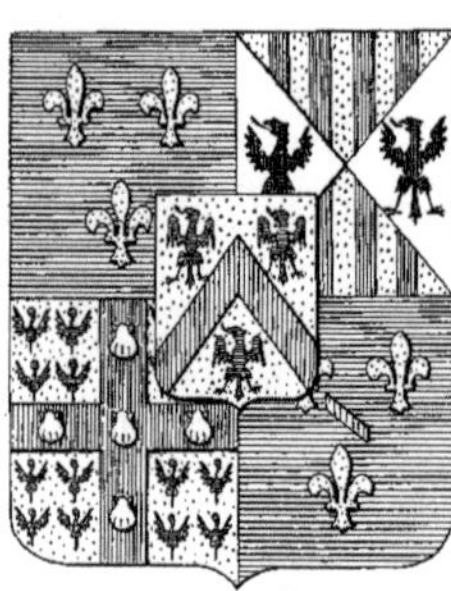

DUCS DE LA TRÉMOILLE
XVIe siècle (III).

C'était sous Guy de la Trémoille. On voit qu'un strict esprit de justice présidait à l'application de ces mesures exceptionnelles, et leur enlevait tout caractère vexatoire, en les maintenant dans d'équitables limites.

En 1526, Château-Guillaume échut en dot à Jacqueline, fille de Georges de la Trémoille, seigneur de Gouville, et passa ainsi à son époux Claude Gouffier, marquis de Boissy, second duc de Roannès, premier titre de duc Français, non de famille souveraine. Jacqueline mourut au château de Chinon en 1548; le roi l'avait condamnée à la captivité pour avoir donné du poison à son mari, vers 1539. On peut lire dans le *Chartrier de Thouars* (documents historiques et généalogiques sur la famille de la Trémoille), page 229, une lettre de Jacqueline relative à ce fait.

On peut citer d'un de ses cousins, François de Bonnivet, le beau trait de désintéressement suivant :

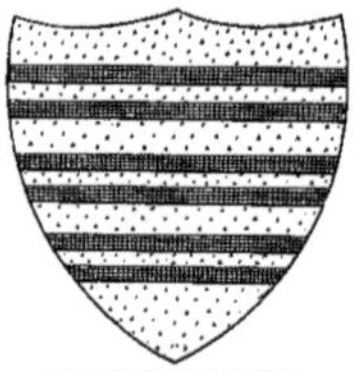

CLAUDE GOUFFIER
Marquis de Boissy, duc de Roannès.
1526-1548 (IV).

Catherine de Médicis, sous sa régence, en 1574, fit venir François de Gouffier, seigneur de Bonnivet, chevalier de l'Ordre du roy, lieutenant général au gouvernement de Picardie, capitaine de cinquante hommes d'armes des Ordonnances, pour lui annoncer qu'elle venait de donner à son fils un régiment d'infanterie :

« *Madame, lui dit-il, il y a un mois que mon fils, passant seul le soir* » *dans une rue de Paris assez écartée, fut attaqué par cinq hommes; le capitaine* » *Lavergne, qui ne le connaissait point, venant à passer par cette rue, mit l'épée* » *à la main, tua deux de ces assassins, mit en fuite les trois autres. Agréez,* » *Madame, que mon fils ne passe point avant son bienfaiteur. Lavergne s'est* » *distingué en plusieurs occasions; vous vous acquerrez un des plus braves hommes* » *de France; à l'égard de moi et de mon fils, vous connaissez notre inviolable* » *attachement pour Votre Majesté.* »

« *Un cœur aussi reconnaissant que le vôtre, lui répondit Catherine de Médicis,* » *engage à ne pas le refuser; je consens à ce que vous souhaitez, et n'oublierai* » *point votre fils.* »

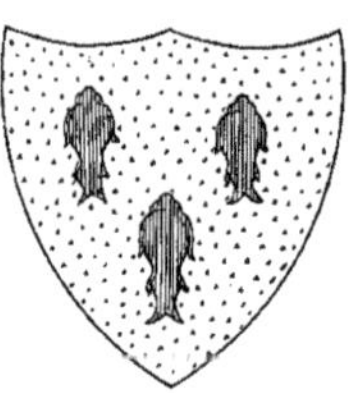

CHABOT
Comte de Charny et de Buzançais.
1548-1578 (V).

François de Gouffier de Bonnivet fut fait chevalier du Saint-Esprit, à la première promotion de cet ordre, le 31 décembre 1578.

Il mourut le 24 avril 1594.

A la mort de Jacqueline de La Trémoille, en 1548, sa fille unique, Claude, apporta Château-Guillaume en dot à Léonor Chabot, fils de l'amiral, comte de Charny et de Buzançais, à qui elle fut mariée en 1549. Château-Guillaume resta entre ses mains pendant trente ans, de 1548 à 1578. Pendant ce temps son père, successivement créé marquis de Boissy et duc de Roannès, s'était remarié quatre fois.

(III) La Trémoille porte : Écartelé, au premier d'azur à 3 fleurs de lys d'or qui est de France; au deuxième, contre-écartelé en sautoir, en chef et en pointe, d'or à 4 vergettes de gueules, et en flancs, d'argent, à l'aigle de sable qui est d'Aragon-Naples; au troisième de Montmorency-Laval; au quatrième d'azur à 3 fleurs de lys d'or, au bâton de gueules péri en bandes, qui est, de Bourbon. Sur le tout d'or, au chevron de gueules, accompagné de 3 aiglettes d'azur, becquées et membrées de gueules, qui est de la Trémoille.

(IV) Gouffier, marquis de Boissy, duc de Roannès, porte : D'or à trois jumelles de sable.

(V) Chabot, comte de Charny et de Buzançais, porte : D'or à trois chabots de gueules.

Charlotte, cadette des filles de Léonor Chabot, comte de Charny et de Buzançais, apporta Château-Guillaume par son contrat de mariage à Jacques Le Veneur, comte de Tilliers, en 1578. (Les titres originaux portent souvent Thuilliers et Tuilliers.) Charlotte, devenue veuve, resta seule propriétaire de Château-Guillaume, jusqu'à sa mort survenue en 1606.

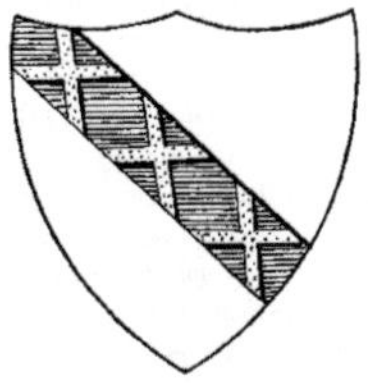

JACQUES LE VENEUR
Comte de Tuilliers ou Tilliers.
1578-1606 (VI).

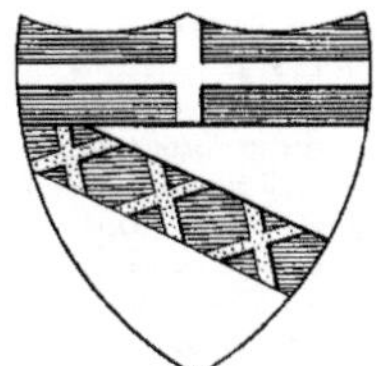

LE VENEUR
Seigneur et abbé de Villy-en-Gouffey.
1606-1612 (VII).

Dans cette même année 1606, à la suite de partages de famille, Château-Guillaume échut à l'un des frères de Jacques Le Veneur, seigneur et abbé de Notre-Dame Villy-en-Gouffey. Il ne devait le garder que peu de temps, car, en 1612, le seigneur et abbé de Villy-en-Gouffey échangea Château-Guillaume contre des propriétés plus à sa convenance en Anjou, au profit de Pierre Riffault, écuyer, et de dame de Suilan, sa femme.

Cette seigneurie demeura soixante-quatre ans dans la famille des Riffault, dont l'un des membres, gentilhomme ordinaire de la chambre du roy et chevalier de l'Ordre de Saint-Michel, prenait le titre de baron. Selon toutes probabilités, ce fut sous un des Riffault que le Pénemont, qui aujourd'hui encore fait partie des terres du Château-Guillaume, fut donné à des cadets qui prirent le titre de vicomte, avec propriété héréditaire.

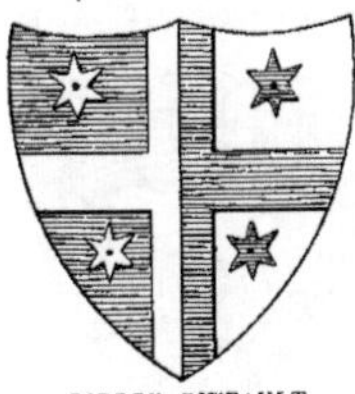

PIERRE RIFFAULT
Baron de Château-Guillaume.
1612-1676 (VIII).

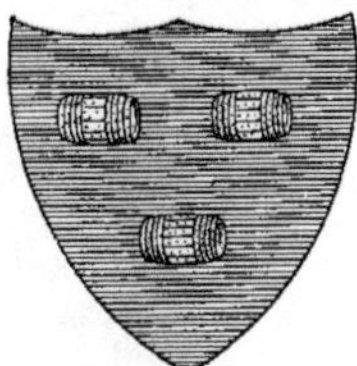

Vicomte de PÉNEMONT
(IX).

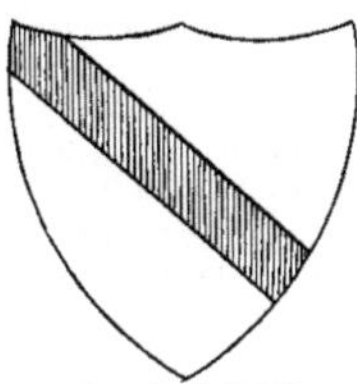

Comte de LA FAIRE
1676-1798 et 1802-1846 (X).

Alors commence, pour durer plus d'un siècle et demi, une véritable période de décadence pour la vieille forteresse du Château-Guillaume, dont les murailles imposantes vont tomber en ruines sous la possession des La Faire, vieille et noble famille du Berry, entre les mains de laquelle elle vint par suite d'expropriation en 1676, sous Claude de La Faire.

Vente du Château-Guillaume au citoyen Veillat-Degalle, 29 pluviose an VI. — En l'an 1798, an VI de la République Française, 29 pluviôse, eut lieu la vente du Château-Guillaume: les antiques murailles et le vieux donjon furent adjugés au citoyen Veillat-Degalle, comme dernier enchérisseur, pour 210,000 livres. L'acte de vente, fait à Châteauroux le 29 pluviôse an VI, par les administrateurs du département de l'Indre, accompagnés du citoyen H. Devaux, commissaire du pouvoir exécutif, réunis pour vendre les biens de l'émigré Lafaire, porte que :

« *L'adjudication fut prononcée en faveur du citoyen François Veillat, pour 210,000 francs. Ce citoyen*

(VI) Jacques Le Veneur, comte de Tuilliers, porte : D'argent à la bande d'azur chargée de trois sautoirs d'or.

(VII) Le Veneur, seigneur et abbé de Villy-en-Gouffey, porte : D'argent à la bande d'azur chargée de trois sautoirs d'or avec le chef d'azur à la croix d'argent.

(VIII) Riffault porte : Parti au 1 d'azur, au 2 d'argent à la croix accompagnée de quatre étoiles, de l'un en l'autre.

(IX) Vicomte de Pénemont : D'azur, à trois tonneaux d'or, posés 2 et 1.

(X) La Faire porte : D'argent à la bande de gueules.

» a déclaré que c'était pour et au nom de François-Guillaume Vincent, demeurant à Paris, rue Denis, n° 44, » et la citoyenne Magdeleine-Julie Mesnard, épouse non commune en biens, de Charles-Benoist Faurre, » membre du Conseil des Anciens, demeurant à Paris, place Vendôme, n° 104, ou pour leur ami à élire, » suivant la procuration reçue; Gabin et Tiron, notaires à Paris, le 15 frimaire dernier. »

Le Château-Guillaume tomba alors complètement en ruines, comme le prouve la visite minutieuse faite en 1803 (15, 17, 18, 21 et 22 prairial an XI), par le citoyen Antoine Cervenon, notaire à la résidence de Lignac, à la requête du citoyen François La Faire, propriétaire, fils et unique héritier bénéficiaire de Louis-Jacques La Faire. (Château-Guillaume, au sortir de la Révolution, était en effet revenu entre les mains de la famille de La Faire.)

L'inventaire montre en chaque endroit que rien n'est demeuré debout : « *La porte en bois à deux battants » est consommée, elle n'a plus de marteau; les battants sont cassés, le cintre en pierre de taille menace de » s'écrouler très prochainement..... Dans la cuisine, pavée en pierres brutes et plates, il en manque en différents » endroits, et elles sont presque toutes cassées; les murs sont sans crépi et noircis; le châssis et la croisée » de la fenêtre donnant sur les fossés sont consommés et ne tiennent plus que par lambeaux et sont sans vitrage... » Dans une vieille tour à côté, les murs sont à découvert, et la dite tour n'est » pas susceptible de réparations... Pour monter au grenier, il n'y a ni échelles, » ni degrés..., ni châssis, ni volets... Les soliveaux de la charpente sont consommés » par la pluie; la latte est vermoulue...* » Et ainsi se continue cette lamentable visite dans chaque chambre, dans chaque tour, dans chaque grenier. Le résultat de l'inventaire est le même partout : une ruine absolue.

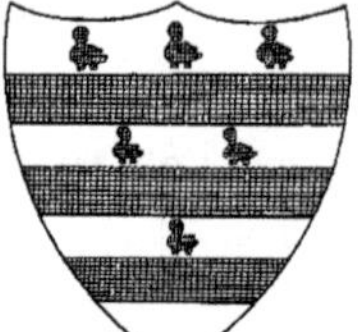

PRÉVOST-SANSAC
Vicomte de TRAVERSAY
1850-1878 (XII).

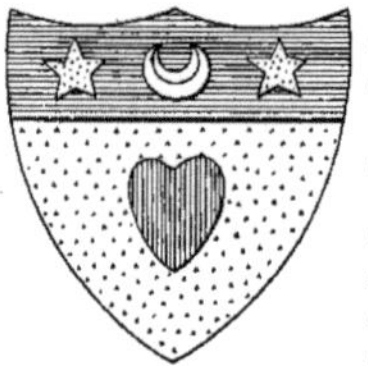

COULARD DE PUYRENARD
1846-1850 (XI).

A la famille des La Faire, qui avait repris le Château-Guillaume en 1802, succéda par donation testamentaire celle des Coulard de Puyrenard, puis celle des Prévost-Sansac de Traversay, qui n'y demeurèrent que peu de temps. Mme la vicomtesse de Traversay était Mlle de Puyrenard.

Les héritiers directs ne pouvant reprendre le Château-Guillaume, la propriété revint alors à la famille Robert de Beauchamp, qui, par ses alliances et sa situation dans le pays, pouvait considérer le Château-Guillaume comme une propriété de famille. C'était en 1878.

ROBERT, Comte de BEAUCHAMP
1878 (XIII).

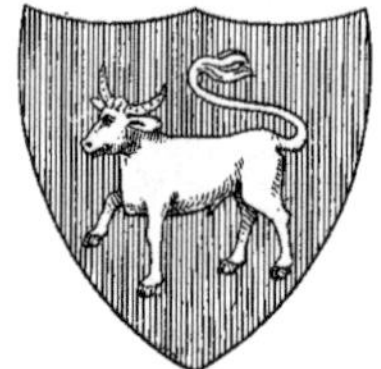

Comte DE LANET (XIV).

« *Madame la comtesse J. de Beauchamp, » née de Lanet, écrivait M. de Longuemar en 1881, n'a pas reculé devant la lourde » et courageuse tâche de rendre à cette vieille forteresse son ancienne physionomie.* »

Aujourd'hui (1888) l'œuvre est bien près d'être accomplie.

(XI) Coulard de Puyrenard porte : D'or au cœur de gueules, au chef d'azur chargé d'un croissant d'argent accosté de deux étoiles d'or.

(XII) Prévost-Sansac de Traversay porte : D'argent à trois fasces de sable, accompagnées de six merlettes de même, posées trois, deux et un.

(XIII) Robert de Beauchamp porte : Au premier d'azur, à trois bombes d'or posées deux et un. Au deuxième d'azur, au chevron d'argent, accompagné en chef de deux étoiles d'or et en pointe d'un buste de chevalier revêtu d'une armure d'argent

(XIV) De Lanet porte : De gueules, au taureau passant d'argent onglé et corné d'or.

II

CHATEAU-GUILLAUME ET LA VIE FÉODALE

AU MOYEN AGE

PARTICULARITÉS DE LA VIE SEIGNEURIALE, D'APRÈS LES DOCUMENTS TIRÉS DE SES ARCHIVES

Ce n'est pas seulement par sa situation, ses proportions, les grands noms mêmes attachés à son histoire, que le Château-Guillaume appelle l'attention; l'étude et la classification du volumineux chartrier ont permis de constater qu'il fut, en même temps qu'un poste de défense, un centre d'activité, un foyer de vie sociale, dont on peut, presque jour par jour, reconstituer les phases. Il est peu des nombreux parchemins parvenus jusqu'à nous, que deux notaires établis en permanence suffisaient à peine à rédiger, qui ne nous fassent assister à quelques scènes ou ne nous remémorent les lois et les usages, depuis le commencement du Moyen âge jusqu'aux abords de notre siècle.

Rang qu'occupait le Chateau-Guillaume. — La terre de Château-Guillaume a été successivement Seigneurie, Châtellenie et Baronnie. Châtellenie est la mention que l'on rencontre le plus fréquemment dans les actes, et surtout dans ceux qui sont postérieurs au xve siècle. Avant cette époque, le Châtelain était Banneret et jouissait des droits les plus étendus.

Role du Seigneur chatelain. — La Châtellenie était l'étendue de la terre et de la justice d'un seigneur Châtelain. Tout d'abord, le Châtelain fut le gouverneur d'un Château établi par les ducs ou les comtes dans les principales bourgades, à la fois pour les tenir dans l'obéissance et y rendre la justice. Les Châtelains « *eurent droit d'avoir* » *maison forte et haute justice annexée à leur seigneurie, avec droit de supériorité sur d'autres justices, mais ils* » *ne pouvaient porter des armoiries qu'en écussons et non en bannières comme les comtes, vicomtes et barons.* ».

Ces privilèges ne furent pas de vains mots pour la Châtellenie de Château-Guillaume. Les quelques documents qui pourront trouver place en ces courtes pages, en fournissent la preuve non équivoque. Néanmoins, la redoutable forteresse avait une autre raison d'être, bien faite pour atténuer l'aspect sévère et menaçant de ses créneaux et de ses tours.

Utilité de la forteresse. — Dans les mauvais jours elle devenait une véritable place de refuge. Les villageois, en suivant aujourd'hui le chemin qui contourne les remparts, ne se doutent guère qu'il fut un temps où leurs pères n'avaient pas d'autre asile, lorsque l'ennemi ravageait la province. Alors, dès que le cri d'alarme était jeté et que les premiers sons du tocsin avaient signalé le danger, les habitants du voisinage, poussant devant eux leurs troupeaux, accouraient s'abriter derrière la deuxième enceinte, qui semblait reculer ses limites pour défendre les petits et les faibles.

Les Charges et leur Répartition. — Les luttes que le Château-Guillaume eut à soutenir furent nombreuses et importantes, et nécessitèrent souvent de sérieuses réparations. La preuve nous en est fournie par l'ordre du Gouverneur de la province, en 1347. (Cette pièce, si intéressante à tous les points de vue, est citée au chapitre Ier et reproduite en fac-similé à l'appendice.)

Les Capitaines d'armes. — La garde ordinaire, comme celle de toutes les forteresses, était confiée à un Capitaine d'armes. En 1571, François de Rapy, qualifié sur un acte de 1585 « écuyer seigneur des Hérolles », jouissait de cet honorable et périlleux privilège. Il paraît qu'il s'acquitta de ses fonctions en loyal gentilhomme. Peut-être fut-il le dernier capitaine officiellement chargé de la garde du Château. Car, à la fin du xvie siècle, les marches ou *frontières* provinciales étaient à peu près supprimées, et l'importance militaire se trouvait, par suite, sensiblement réduite, jusqu'à ce qu'elle devint absolument nulle.

PARTICULARITÉS DE LA VIE FÉODALE

SES DEVOIRS

DROITS D'HOMMAGES. — Au privilège de défendre et de protéger le pays sur lequel elle s'étendait, la Châtellenie joignait le droit d'hommages, rendus aux titulaires par les vassaux et tenanciers de la terre qui étaient justiciables de ses assises. Il arrivait souvent que les plus élevés dans la hiérarchie sociale devaient ce même hommage, pour quelqu'une de leurs possessions, à de moins haut placés qu'eux par la fortune et par le rang. D'où il apparait manifestement que, ce que plusieurs auteurs se plaisent à regarder comme les chaines d'un odieux esclavage et un joug tyrannique, n'était au Moyen âge qu'un ensemble de liens enchainant l'un à l'autre tous les rangs de la société féodale.

ACTES D'HOMMAGES. — Les actes d'hommages sont très nombreux dans le dossier de Château-Guillaume, notamment depuis le XVIe siècle jusqu'au XVIIIe. Ils nous montrent, avec évidence, combien les droits féodaux, très stricts au début, tombèrent peu à peu en désuétude et finalement ne furent plus que figurés.

Un des plus curieux, — qui est cité ici à peu près in extenso, — porte la date du 3 avril 1618.

Tout y est réglé à l'avance comme pour une représentation théâtrale. Le lieu précis de la scène est indiqué; « *l'épée et les éperons sont délaissés* » pour aller quérir le seigneur châtelain, mais celui-ci se rend « *en sa personne sur le pont* » ; le genou est simplement « *penché pour être mis à terre* » ; et le suzerain, qui n'est pas en reste de courtoisie avec son vassal, répondant à un simulacre par un autre, s'empresse de « *le relever*. »

HOMMAGE DE FRANÇOIS DE RAPY, 3 AVRIL 1618. — « Aujourd'huy au Châtelnoble de Château-Guillaume et sur le pont d'iceluy, » s'est présenté François de Rapy, écuyer, seigneur des Hérolles, etc., lequel ayant délaissé son épée et ses éperons, selon la coutume, » s'est transporté à la porte dudit Châtel, a frappé à ycelle et demandé Messire François Riffault, seigneur châtelain de Château- » Guillaume et des Vazois, lequel est venu en sa personne sur le pont, et auquel le dit de Rapy, ayant le chapeau au poing et le genou » penché pour mettre à terre (de quoi il a été relevé par ledit seigneur), a dit qu'il luy faisait hommage-lige pour des fiefs et dépendances » tenus noblement à cause de sa Châtellenie; au droit d'hommage-lige d'une paire d'éperons valant cinq sols et d'une paire de gants » de même valeur, priant et requérant mon dit seigneur le recevoir aux dits hommages, offrant payer les dits devoirs, faire le serment » de fidélité et fournir le dénombrement dans le temps de la coutume, a quoy ledit seigneur a reçu ledit de Rapy, etc. »

L'acte d'anoblissement des propriétés, en vertu duquel le fils de l'ancien Capitaine d'armes de Château-Guillaume avait été autorisé à présenter son hommage-lige à François Riffault, alors titulaire de cette Seigneurie, fut délivré en 1592 par Jacques le Veneur, comte de Tuilliers, chevalier des deux ordres du Roy, capitaine de 50 hommes d'armes « *au droit d'une paire de gants valant 20 deniers et d'une paire d'éperons blancs de la valeur de 5 sols, à chaque muance de seigneur et d'homme.* »

HOMMAGES RÉCIPROQUES. — La marquise de Belabre, veuve d'un officier général, rendit en 1732 « *foy et hommage* » à Jacques de la Faire, seigneur et baron de Château-Guillaume, pour le fief de la Roche-Belon, relevant de cette Châtellenie.

A leur tour, les seigneurs de Château-Guillaume devaient ces mêmes hommages à l'évêque de Poitiers, soit à cause de sa maison épiscopale, soit en raison de sa baronnie d'Angles; avec cette différence, constatée dans notre dossier, qu'au XVe siècle « *le haut et puissant Georges de la Trémoille, seigneur de Château-Guillaume et autres lieux, conseiller, grand maitre d'office et premier Chambellan du Roy,* » donna procuration à son maître d'hôtel, « *André de Chazerat, écuyer* », pour faire « *les hommages féaulx* » qu'il devait à Pierre d'Amboise, évêque de Poitiers, tandis que les successeurs des la Trémoille, dans la possession du Château-Guillaume, rendirent en personne ces mêmes hommages.

Un acte de 1614, signé : « Henry-Louis Chasteignier de la Roche-Posay, évêque de Poitiers, constate que François Riffault, « Chevalier de l'ordre de Saint-Michel, seigneur et baron de Château-Guillaume, s'est présenté « *au pallais épiscopal de Poictiers* » pour lui faire acte d'hommage de sa terre et seigneurie.

JURIDICTION DE LA CHATELLENIE

DROIT DE HAUTE JUSTICE

ORIGINE DE LA JUSTICE SEIGNEURIALE. — Le droit de rendre la justice étant un des attributs de la souveraineté, fut exercé, dès la première race, par les chefs militaires, auxquels les rois avaient donné des terres à titre de bénéfice. Ce droit fut d'abord personnel ; mais il suivit le sort des bénéfices, et ainsi qu'eux, devint héréditaire. Telle est l'origine de la *justice seigneuriale*, qui était rendue par chaque seigneur, dans l'étendue de ses domaines en son nom et pour son compte.

Il s'établit peu à peu trois degrés de juridiction, désignés sous les noms de *basse*, *moyenne* et *haute justice*. Cette dernière prérogative était beaucoup plus rare que les deux autres. Le *haut Justicier* avait *droit de glaire* et pouvait condamner au fouet, à l'amende honorable, à la marque, au bannissement, aux galères et à mort.

Le Seigneur de Château-Guillaume jouissait de cette triple juridiction.

Aussi les archives de cette seigneurie fournissent-elles des exemples nombreux de l'exercice de ses droits par les officiers de justice, soit pour la défense des intérêts lésés du seigneur châtelain ou de ses justiciables, soit pour la répression des méfaits, soit enfin pour la punition des crimes.

Il est facile d'en citer quelques exemples.

EXERCICE DU DROIT DE HAUTE JUSTICE, EXEMPLE DE CONDAMNATION A MORT. — En 1677, un meurtre fut commis en un lieu appelé « Les Essarts », dans le ressort de la Châtellenie. Jeanne Audier, veuve de la victime Pierre Chastenet, accusait de cet assassinat Pierre Cailleau, Chebrez son valet, et un troisième complice appelé Couvret.

Les accusés assignés à comparaitre « à son de trompe et en public » ayant fait défaut, les témoins entendus, les informations prises, « tout vu et considéré, le saint nom de Dieu à ce premier appelé », et la contumace instruite après de longs délais, fut enfin rendue la sentence suivante par le sénéchal et juge ordinaire civil et criminel de la seigneurie : « *Les accusés atteints et dûment convaincus d'avoir, à dessin prémédité, tué Pierre Chastenet, nous* » *condamnons Pierre Cailleau et Couvret à être pendus et étranglés à une potence qui sera dressée dans la place* » *publique par l'exécuteur de la haute justice, et Chebrez, valet de Cailleau, à assister nu et en chemise à* » *l'exécution ayant la corde au col, et de là, être conduit devant le porche de l'église, où étant à genoux, une* » *torche du poids de deux livres à la main, déclarer qu'il a malicieusement assisté Cailleau en son meurtre et* » *ledit Couvet à l'assassinat par eux commis en la personne de Chastenet, et en demandant pardon à Dieu et à* » *la justice; en suite de quoi il sera banni à perpétuité de l'étendue de la Châtellenie, et, en outre, condamne les* » *trois coupables à 150 livres d'amende envers le seigneur de la Cour de céans, sur lesquelles 50 livres seront* » *employées pour les réparations de l'église; et en outre avons condamné iceulx à la somme de 25 livres pour prier* » *Dieu pour l'âme de leur victime.* »

MOYENNE ET BASSE JUSTICE. — Tous les cas déférés au tribunal de la Châtellenie n'offraient pas, heureusement, le même caractère de gravité. Il y avait, plus nombreux que les crimes, les faits délictueux. Quelques extraits pris au hasard dans le Chartrier montreront que la sollicitude seigneuriale, tout en veillant à ses intérêts, n'était pas exclusive de ceux de ses tenanciers.

En 1694, deux métayers, cités à comparaitre devant le Sénéchal de Château-Guillaume « à la prochaine assise », devaient se voir condamner « à payer le droit de mouture », pour avoir cessé de moudre leur grain au moulin banal (1) du lieu « et se purger par serment sur la vérité des grains qu'ils avaient fournoyés à un autre moulin », sinon voir estimer le droit de moudre et, en outre, être condamnés aux amendes que requerralt le seigneur.

Une autre assignation de 1715 a pour objet de faire adjuger une somme de 40 livres à un vieux terrassier devenu infirme et sans moyens d'existence, pour « subvenir à ses aliments et médicaments », et au payement de laquelle le Justicier condamna deux des proches de ce malheureux « solidairement par toutes voies et même par corps. »

En 1748, autre intervention de la justice seigneuriale au sujet du vol d'un taureau, estimé valoir 30 livres et fait au détriment de l'un des métayers du Château, avec stipulation de gros dommages-intérêts et application de peine afflictive; et, comme le délinquant était mort pendant les poursuites de la procédure, ses héritiers, mis en cause, durent donner satisfaction au plaignant.

(1) Moudre au moulin banal de son seigneur était une obligation strictement imposable à ses justiciables, comme l'une des sources de ses revenus. Ce monopole parait bizarre aujourd'hui, et pourtant bien d'autres monopoles, tabacs, allumettes, etc., etc.. sont entrés dans nos mœurs.

LA VIE SEIGNEURIALE

Les souvenirs consignés dans les archives de Château-Guillaume ne sont point limités aux graves épisodes de la vie guerrière et de l'administration locale. On peut encore, en butinant çà et là, dans l'immense Chartrier, retrouver quelques traces de la vie des possesseurs de l'antique manoir.

Toilette de grande Dame au xviie siècle. — Vers 1660, Louise de la Roussière, fille du Seigneur de Champvallon, épousait Pierre Riffault, « Gentilhomme ordinaire du Roy, Chevalier de l'ordre de Saint-Michel, Seigneur et baron de Château-Guillaume. Ils étaient assistés l'un et l'autre de Foucault de Saint-Germain, vice-amiral et maréchal de France, et de haute et puissante dame, Madame de Dampierre.

Aux clauses ordinaires du contrat de mariage, fut joint l'inventaire des objets mobiliers et personnels apportés à Château-Guillaume par la mariée, et dont la valeur reconnue par Pierre Riffault s'élevait à la modeste somme de 2,953 livres, soit environ 6,000 francs de nos jours.

Des dernières pièces de ce trousseau, dont la nomenclature est dressée avec une exactitude scrupuleuse, il suffira d'extraire les plus saillantes pour que l'on ait une idée de la mode du temps et des nombreux emprunts qu'elle faisait à l'industrie étrangère.

Vêtements d'hiver. — Une robe de velours noir estimée 363 livres, soit près de 800 francs; un habit de moire noire, 60 livres; un manteau pareil, 80 livres; un habit gris tout neuf en gros drap, 150 livres; une robe de chambre en taffetas rayé de gris et feuille morte, 50 livres.

Les jupes, au nombre de 15, dont le prix varie de 25 à 60 livres, offraient un assortiment d'étoffes des plus variées, telles que : crêpon noir ou soie cuite et tortillée de Zurich ou de Naples; tabut en gros taffetas ondé, rayé de gris, de citron, de noir et de blanc, avec fleurs rouges; moire bleue ou grise à fleurs chamarrées; ratine blanche ou laine à poil frisé de Florence; brocart à fleurs rouges ou blanches, sorte d'étoffe de laine et soie de Lille et de Hollande; satin à fleurs blanches rayé de rose.

Les vêtements d'été comprennent : un justaucorps à la Rhingrave, en toile de Hollande, garni de dentelles, estimé 50 livres.

Un habit de coton très fin, également garni de dentelles, 36 livres;

Un justaucorps de brocart gris, 20 livres, et deux jupes de basin blanc, 10 livres.

Puis, en femme prudente et qui prévoit le moment où les accidents, les caprices de la mode, obligeront à certains remaniements de ces toilettes, loin des centres populeux où résident les couturières en vogue, Louise de la Roussière s'était approvisionnée, par surcroît, d'étoffes en pièces de nature variée, mesurant 40 bonnes aulnes et valant de 5 à 10 livres l'aulne, pour exercer l'agilité de ses doigts et l'habileté relative de ses suivantes. C'était, d'ailleurs, pour une châtelaine, une utile précaution que de faire bonne figure aux yeux de ses vassales, toujours assez disposées à de malignes remarques, assaisonnées de vieux sel gaulois.

Parmi les détails de l'inventaire consacrés à la lingerie, mentionnons un mouchoir de col en dentelle d'Angleterre, prisé 120 livres, ce qui est un joli denier pour le temps; puis un autre en point de Venise de 30 livres, et quatre autres moins élégants de 25 livres, pièce.

L'article bijoux, de tout temps si cher aux dames, ne figure que pour 250 livres, et l'argenterie de table, renfermée dans un étui en vermeil, pour 150 livres seulement.

Consultation médicale. — Si, du chapitre de la toilette, nous passons à celui de la santé, nous trouvons plusieurs documents parmi lesquels une consultation médicale de la fin de l'année 1721, que n'auraient pas désavoué les médecins de Molière. Nous en donnons quelques extraits.

Le vingt et un novembre 1721, un médecin du Blanc écrivait au seigneur de Château-Guillaume :

« Il est avantageux que le mouvement de fièvre violent qui vous a pris il y a huit jours soit passé après vous avoir agité pourtant » plus de quarante heures avec des vomissements fréquents qui sont des suittes d'une bile âcre qui s'effarouche d'intervalle à autre et » vous tourmente de plusieurs accidents très sensibles, comme des douleurs de tête, dégoût, grande altération, un feu qui parait sortir de » la poitrine.

» Pour remédier à tous ces symptômes, il convient d'adoucir la cause qui les produit...

» Diner de potages succulents sans viandes salées, mais de veau, volailles et bœuf. Le soir, souper de bonne heure d'un peu de » soupe et de roty, poulet, veau ou gibier, enfin de viandes blanches, évitant les noires et tous les ragouts...

» Ménagez-vous, Monsieur, de tout en tout, et vous suis d'un dévouement respectueux. Votre très humble et très obéissant » serviteur.

» De Beauvais. »

Correspondance. — Une autre lettre à « Madame de Chastoguillaume », à la date du 29 décembre 1733, en nous donnant quelques détails sur la vie seigneuriale dans la première moitié du dernier siècle, nous fournit, — toute question d'orthographe à part, — un bon spécimen du style épistolaire usité à cette époque.

« Après vous avoir demandé de vos nouvelles, Madame, et de toute votre famille a comancé par le père, je vous prie de me faire » moudre encore douze boyso de froman comme si cetait pour vous. Je ne sai si vous vous servez de cête nouvelle meule et si elle est » bonne pour le froman. Je n'ay presque plus de farine et j'ai peur d'en manque je n'en ai pas pour la huitene.

» Je ne sai si vou savez que M. de Carmon at une comission pour une compagnie de dragons. Ils l'ont mandé à M. de Flavigny et » le prient d'y aler. M. le premier qui leur a fait donner cette comission s'est réservé la lieutenance et la cornette, à ce qu'ils ont mandé » à M. de Flavigny. Le Capiténe sera ces fête à Vilmort à ce que l'on croit. Je vous demande des nouvelle de M. et de Mᵉ de la Chèse.

» Je suis bien mortifiée de me voir privée de vous voir par mauvaise sante car si j'étai en etat je vous assure que j'irais vous embras- » ser. J'ay eu même beaucoup de peine a alé a la messe aujourdhui je me sui servi de la juman de M. notre Curé n'aiant que la même » pour M. de Flavigny et pour moy. Mme des Bouchaux est au Dorat, Le Chezo suit les belles et fait l'amour de son mieux.

» Je vous souhaite une sante parfaitte et que vous me croiiez pour toujours toute à vous.

» De Flavigny. »

ÉTENDUE ET REVENUS DE LA TERRE DE CHATEAU-GUILLAUME

En 1641, François Riffault fit dresser un inventaire (1) très exact de toutes les propriétés de la Châtellenie et des charges qu'elles avaient à supporter. On comptait, à cette date, 3094 boisselées (309 hectares 40) qui ne produisaient que 458 boisseaux de tous grains (froment, seigle, et un peu d'avoine) et quelques suffrages.

Cet ensemble de terres était partagé en deux métairies et 15 fermes.

Mais, par suite de nouvelles acquisitions, et sans doute aussi en y comprenant les redevances féodales de toute nature, François Riffault était parvenu à affermer la terre au prix de 2,600 livres au moment où son fils Pierre lui succéda. Toutefois, lorsque ce dernier, soit par suite des charges de la succession, soit par suite d'une mauvaise gestion, fut exproprié au profit de ses créanciers, la terre ne trouva acquéreur qu'au prix minime de 28,000 livres. Les frais, il est vrai, étaient assez onéreux et se répartissaient ainsi : 2,500 livres à l'Évêque de Poitiers, de qui relevait Château-Guillaume ; 250 livres aux fermiers de la baronnie d'Angles, dont il était titulaire, plus les droits de mutation et frais des officiers de la justice d'Angles, pour l'expropriation de la terre.

Accroissement et morcellement. — Pour satisfaire aux exigences des ordonnances royales, rendues dans le but d'asseoir régulièrement les impôts par tout le royaume, il se trouva qu'en 1733 la terre de Château-Guillaume, à la suite d'échanges, de ventes et d'acquisitions successives opérées par Jacques de la Faire, comprenait 6 métairies, 5 borderies et 1 moulin.

Après le retour de l'émigration, Louis de la Faire reconstitua l'ensemble de la terre de Château-Guillaume, dont la moitié avait été saisie et vendue nationalement. Elle fut alors (1802) affermée par bail régulier, 2,725 francs, outre quelques menues redevances imposées au fermier.

Vendue de nouveau en détail, cette terre ne comptait plus guère comme propriété dépendant du Château, lorsqu'elle fut sauvée d'une ruine complète par l'acquisition qu'en firent ses possesseurs actuels. Ils lui restituèrent la partie la plus importante de son étendue, et rendirent au vieux castel sa physionomie antique et quelque chose de la splendeur des anciens jours.

L'étude complète du Chartrier, qui contient des pièces multiples depuis le xivᵉ siècle jusqu'à la Révolution, permettrait de reconstituer, presque d'année en année, la vie féodale et la vie sociale dans toute cette région. Le lecteur comprendra sans peine qu'on n'a pu, dans les limites forcément restreintes d'une notice, donner à ce travail toute l'extension dont il est susceptible, et qu'il a fallu se borner, dans les lignes qui précèdent, à ne donner qu'un aperçu fort sommaire peu en rapport avec l'abondance des documents.

(1) En dehors de cet inventaire, les aveux et dénombrements contiennent, dans le plus minutieux détail, les indications de la nature des fiefs, maisons d'habitation, usines, jardins, vergers, bois, garennes et fuies, vignes, prairies, terres labourables, dimes, cens, rentes et redevances en argent et en nature, y compris les suffrages accessoires en volailles de toute espèce, etc.

III

LE MONUMENT

CONSTRUCTION DU CHATEAU — SA RUINE — RESTAURATION

Dans les précédents chapitres, on a exposé l'histoire du Château et de ses possesseurs, puis la vie sociale qu'il avait occasionnée; il reste maintenant à étudier son architecture et ses qualités militaires, puis à exposer les idées qui ont dominé pour sa restauration.

C'est au commencement du XIIe siècle que Guillaume, comte de Poitiers, traça le plan et jeta les fondements de cette puissante forteresse, destinée à protéger la frontière du Poitou qui formait, comme on peut le voir sur la carte de la page 2, une pointe aiguë pénétrant entre les deux provinces limitrophes, et par conséquent facile à attaquer.

Assiette du Chateau. — L'assiette du Château fut établie sur les pentes du coteau de la rive gauche de l'Allemette, à son confluent avec le ruisseau des Ménardières.

Des fossés assez importants isolèrent l'espace réservé au Château du reste du coteau, en même temps qu'une puissante chaussée, partant de la rive droite de l'Allemette, traversait toute la vallée, en retenant les eaux qui formaient un vaste étang et venaient baigner les murailles. (Voir pl. 2, 3 et 4.)

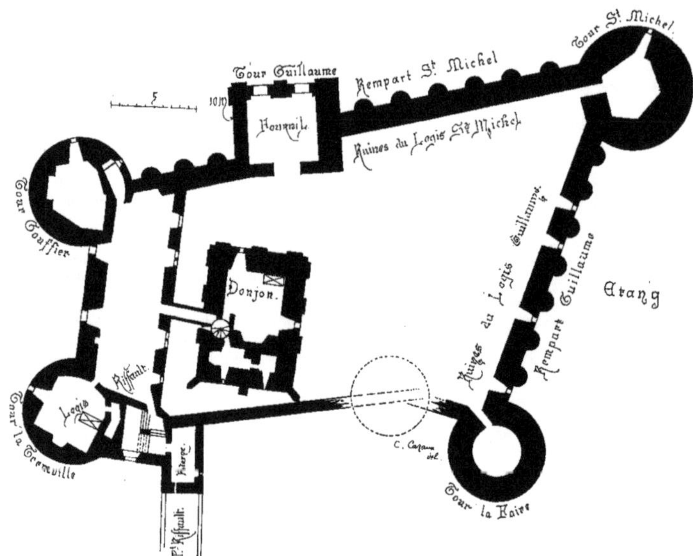

Plan du Château-Guillaume, du milieu du XVIIe siècle à 1878.

Construction du Chateau. — La construction primitive, dont il est facile de suivre le tracé par suite de la nature des matériaux employés et du mode de construction spécial à cette époque, comprenait : le donjon, la première enceinte, formant le château actuel, quadrilatère irrégulier, flanqué de quatre tours puissantes; et enfin, la seconde enceinte, destinée à servir de refuge en temps de guerre aux habitants du pays, qui y accumulaient leurs vivres et leurs bestiaux.

Seconde enceinte. — Elle renfermait une étendue assez considérable; il n'en reste aujourd'hui que des vestiges. Cette seconde enceinte n'entourait pas la première sur tout son pourtour, mais formait simplement une annexe du côté le moins exposé.

Le donjon primitif. — Le donjon primitif est construit en grison du pays; il était disposé sur plan carré et se composait simplement d'une grande pièce non voûtée, à chacun de ses cinq étages, en comptant le rez-de-chaussée.

Ce donjon a été remanié une première fois au XIIIe siècle.

Première enceinte. — La première enceinte, qui forme le Château proprement dit, a, en plan, à peu près la forme d'un rectangle dont l'angle le plus rapproché de la chaussée aurait été comme attiré par cette dernière, de manière à permettre de la battre efficacement et d'en interdire le passage, et aussi pour avoir un pont de la plus faible longueur possible.

Il en résulte que cet angle saillant, situé sur le point le plus exposé, était le point d'attaque tout indiqué. Les nécessités de la disposition locale forcèrent de violer ce principe universellement admis à toutes les époques, en fortification, que l'entrée d'une forteresse doit être aussi éloignée que possible du point d'attaque, et placée en rentrant. Pour corriger cette disposition, dont le principe est éminemment vicieux, l'habile constructeur du Château accumula les moyens défensifs de l'époque autour de cette entrée, et parvint à en faire un modèle de défense dont il n'existe probablement aucun autre type aussi perfectionné.

Le Château était flanqué de quatre tours construites avec une solidité extraordinaire, en moellons de silex agglomérés par un mortier extrêmement dur, formant un tout compact, attaquable difficilement, même au burin. Les tours renferment à l'intérieur une seule pièce non voûtée à chaque étage. La tour placée en saillant, et appelée depuis longtemps tour Saint-Michel, était de beaucoup la plus importante.

Les trois autres tours, dont les noms ont fréquemment varié, portent actuellement les noms de : tour La Trémoille, tour Gouffier et tour La Faire, du nom des principales familles qui ont possédé le Château.

Outre l'entrée Saint-Michel, qui était l'entrée principale en temps de guerre, il y avait une seconde entrée mettant en communication la première et la seconde enceinte à l'emplacement où se trouve le pont actuel d'entrée.

Les bâtiments et les magasins s'appuyaient contre les remparts; les façades intérieures, construites comme à l'ordinaire en matériaux légers, étaient percées de nombreuses fenêtres.

En résumé, au commencement du XIIe siècle, Château-Guillaume pouvait être considéré comme l'une des forteresses importantes de France. Les parties actuellement existantes de la construction primitive assurent au Château un intérêt tout particulier. Pendant sa construction même, le Château fut exposé à diverses insultes et à quelques sièges plus ou moins importants, qui occasionnèrent souvent des réparations sérieuses.

Tout le XIIe siècle est occupé par ces destructions et reconstructions continuelles, qui ne modifièrent pas le plan primitif du fondateur.

Modifications au XIIIe siècle. — Lorsqu'au XIIIe siècle, Guy de La Trémoille devint possesseur du Château, les moyens d'attaque s'étaient beaucoup perfectionnés; aussi sembla-t-il nécessaire de remanier complètement le Château, pour le mettre à la hauteur des nécessités de la défense. Du reste, pendant les XIIIe et XIVe siècles, il y eut des modifications continuelles.

Le donjon fut réparé et agrandi; son plan devint rectangulaire par l'adjonction d'une construction entièrement en pierre de taille calcaire, du plus remarquable appareil, avec contreforts et éperons aux angles.

Le couronnement du donjon refait à neuf se composait de corbeaux superposés, supportant un léger mur de masque, percé de créneaux. Entre les corbeaux se trouvaient de larges créneaux de pied ou mâchicoulis. Ce donjon était couvert par une plate-forme, comme l'indiquent les profils des moulures et les dispositions prises pour l'écoulement des eaux.

L'extérieur des tours et les remparts aboutissant à la tour Saint-Michel étaient d'une construction si parfaite, qu'ils étaient à peu près intacts. On se borna à voûter un étage de chaque tour, pour se mettre à l'abri de l'incendie, et on reconstruisit les bâtiments intérieurs, appelés logis, qui renfermaient le logement des hommes de la garnison et les magasins.

Construction de la tour Guillaume. — La modification la plus importante consiste dans la construction de la tour Guillaume, sorte de bastion rectangulaire formant saillie sur l'enceinte entre la tour Saint-Michel et la tour Gouffier, permettant d'une part de mieux flanquer l'enceinte, et d'autre part de mieux battre la route passant sur la chaussée. (Voir plans, pages 12 et 16 et pl. 5 et 6.)

On remania à cette époque le corps de logis principal s'étendant entre les tours Gouffier et La Trémoille, pour le mettre à la hauteur des nécessités de la vie de ce temps-là. Ce bâtiment communiquait avec le donjon par un pont-levis placé à hauteur du premier étage. Ce pont-levis était l'unique entrée du donjon.

L'habitation du seigneur et de sa famille comprenait le bâtiment, les deux tours voisines, le donjon et la tour Guillaume.

La cour intérieure du Château était divisée en deux parties; la plus petite, touchant les bâtiments seigneuriaux, était plus élevée de quelques marches que la seconde, appelée place d'armes, sur laquelle donnaient tous les bâtiments de la garnison et les magasins.

xive siècle. — Au commencement du xive siècle, le Château eut à subir plusieurs sièges qui occasionnèrent de rudes assauts et endommagèrent plusieurs parties de la construction.

L'ordre de 1347 prescrivait d'importantes réparations qui ne furent exécutées qu'en partie et détruites peu après. On n'eut jamais le temps de réparer les avaries qui se produisaient continuellement; aussi, à la fin de la guerre de Cent ans, la forteresse était en partie dévastée et eût été presque intenable, si les puissantes murailles du fondateur n'eussent résisté à tous les efforts de l'attaque.

Ruine du Chateau au xve siècle. — A la fin du xve siècle, les tours étaient découronnées, les logis intérieurs tombaient en ruine. La forteresse ne renfermait plus qu'une garnison peu nombreuse.

Restauration de Claude Gouffier, au xvie siècle. — Lorsqu'en 1526, Claude Gouffier, duc de Roannès, devint propriétaire et seigneur du Château-Guillaume, on procéda à certains travaux de restauration, mais le rôle de la forteresse s'était complètement transformé.

La frontière, en effet, par l'augmentation continue du domaine royal, avait été reportée de plus en plus loin: l'unification du pays se faisait successivement. Il en résultait que la vieille forteresse n'avait plus de rôle important à jouer, puisque les causes qui avaient nécessité sa construction avaient disparu. Les seigneurs de cette époque comprirent parfaitement la chose; aussi, abandonnant tout ce qui constituait la forteresse proprement dite, ils ne conservèrent que la partie habitée par leurs prédécesseurs, qui devint une maison forte pour résister aux bandes et aux routiers de l'époque. Ils la disposèrent à l'intérieur suivant les exigences du luxe naissant.

Pour protéger le donjon contre les intempéries, on le recouvrit d'une haute toiture qui pouvait être considérée comme un chef-d'œuvre de charpente; on refit les intérieurs du corps de logis principal; on couvrit d'un toit conique la tour de La Trémoille, et on installa des dépendances dans la tour Guillaume, le reste du Château étant abandonné. Les remparts, même découronnés, suffisaient parfaitement pour assurer la sécurité de l'habitation.

Constructions de Pierre Riffault, au xviie siècle. — Au commencement du xviie siècle, Pierre Riffault devint seigneur de Château-Guillaume et en fit sa résidence; il jugea utile de faire de nouvelles constructions. Les divers étages du corps de logis principal ne communiquaient que par un étroit escalier en spirale. Il construisit un corps de bâtiment contre la tour de La Trémoille, dans lequel il établit un large escalier à deux volées; la grande salle fut séparée en deux parties. Pour permettre de chauffer la seconde pièce ainsi formée, on fut obligé de boucher la double fenêtre en ogive qui était à l'extrémité du bâtiment, et d'y installer une cheminée.

Contre le bâtiment de l'escalier, on établit une poterne, mais le pont-levis fut supprimé et remplacé par un pont dormant, existant encore aujourd'hui. (Voir pl. 4.)

A partir du xviie siècle, les diverses familles qui se succèdent au Château-Guillaume n'y font que des réparations d'entretien et des modifications intérieures, en coupant les grandes pièces par des cloisons. Le pont-levis du donjon est supprimé et remplacé par un pont fixe en bois.

Tout ceci ne s'applique qu'aux bâtiments occupés par Pierre Riffault et au donjon; tout le reste, c'est-à-dire la plus grande partie du Château, était exposé aux injures du temps ou des hommes. Les propriétaires utilisaient, pour l'entretien de la partie habitée et des dépendances, tous les matériaux que l'on pouvait arracher à l'ancienne forteresse. Les constructions intérieures de cette partie du Château disparurent; mais les murs d'enceinte et les tours, bien que dépourvues de leurs couronnements, demeurèrent sur une grande hauteur tels que les avait façonnés le fondateur.

Ruine complète du Chateau au xviiie siècle. — A la fin du xviiie siècle, le Château était complètement en ruines; le procès-verbal de visite cité au chapitre Ier en fait foi, car il donne, non seulement l'état de chaque partie du Château, mais établit, pièce par pièce, le devis nécessaire pour sa réparation. A part le donjon, le corps de logis et la tour de La Trémoille, tout l'ancien Château est « complètement ruiné et incapable de réparations. »

xixe siècle. — Au xixe siècle, le Château-Guillaume, fort peu habité par ses divers propriétaires, ne reçut que quelques réparations intérieures de peu d'importance, et tel était son état général, que sa restauration ne paraissait pas pouvoir être tentée.

ÉTAT DU CHATEAU EN 1878

En 1878, le Château, qui avait peu varié de physionomie depuis le commencement du xviie siècle, présentait l'aspect suivant :

Au bout du pont, on entrait dans le Château par une poterne donnant accès à l'escalier construit par Pierre Riffault, et desservant les étages du corps de logis principal, qui avait, pour annexes, la tour de La Trémoille et le donjon.

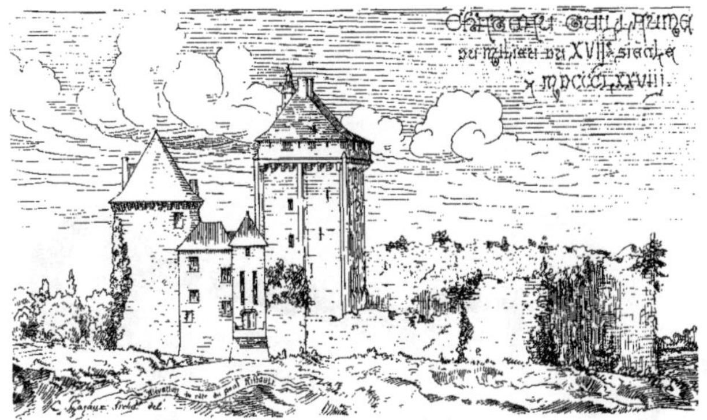

Château-Guillaume, du milieu du xviie siècle à 1878.

ÉLÉVATION DU CÔTÉ DU PONT RIFFAULT

Dans les ruines de la tour Guillaume, on avait installé un fournil; tout le reste du Château était rempli de décombres recouverts d'une végétation parfois exubérante, qui cachait la vue des murailles et ne permettait pas de se rendre compte des dispositions du Château primitif. Dans la tour Gouffier, on voyait un arbre de dimensions considérables.

RESTAURATION DU CHATEAU

Travaux et études préliminaires. — Lorsque la restauration du Château fut décidée, il fallut procéder d'abord à des fouilles et des déblaiements permettant de relever le plan exact, puis fixer les principes d'après lesquels se ferait cette restauration.

Comme on l'a vu plus haut, la raison d'être du Château-Guillaume était sa situation militaire remarquable près de l'extrême frontière du Poitou; cette frontière disparaissant, il devait décliner, et sans sa solidité extraordinaire, il eût sans nul doute complètement disparu; il fallait donc, sous peine de faire un anachronisme, reconstruire le Château tel qu'il était lorsque son importance militaire était justifiée par les circonstances, ce qui ne permettait pas de dépasser la fin du xve siècle.

5

Il devenait alors nécessaire de supprimer tout ce qui avait été construit depuis cette époque, c'est-à-dire précisément toutes les constructions encore habitables ou susceptibles de réparations. Mais une fois le principe admis, il ne fallait pas s'arrêter à des difficultés de détail. On ordonna tout d'abord la démolition de la poterne et des bâtiments de Pierre Riffault, puis l'enlèvement des toitures du donjon et de la tour de La Trémoille, la suppression des cloisons qui coupaient les grandes pièces, et la remise en état de presque toutes les baies qui avaient été mises à la mode du XVIIe siècle, par la restauration de Pierre Riffault.

M. Cazaux, architecte de la Ville de Paris, fut chargé des travaux de démolition et du déblaiement; puis, il eut mission de relever complètement toutes les parties encore existantes de l'ancienne forteresse et de faire un avant-projet de restauration, après lequel il fut nommé architecte du Château.

Les travaux furent féconds en découvertes; on retrouva l'entrée Saint-Michel et ses particularités défensives si curieuses, presque intactes: on retrouva également les fondations des bâtiments adossés intérieurement à l'enceinte. Le déblaiement permit de reconnaître les traces des bâtiments de l'époque de la fondation; ils étaient beaucoup plus étroits que ceux construits au XIIIe siècle.

On put alors fixer les principes qui devaient guider pendant la restauration : remettre les constructions des diverses époques telles qu'elles avaient dû être faites par leurs constructeurs respectifs, sauf le cas où des modifications importantes avaient été faites antérieurement au XVe siècle; enfin, il fallait aussi, sans altérer en rien l'aspect extérieur et les distributions intérieures de la forteresse, l'approprier complètement aux exigences de la vie moderne.

Pendant l'exécution même des travaux, l'architecte dut souvent modifier profondément le plan primitif de restauration. En effet, chaque découverte nouvelle était l'objet d'une étude et d'une discussion approfondie, qui amenait à envisager différemment la reconstruction de telle ou telle partie.

La seule modification au plan de l'enceinte fut le rétablissement du rempart entre les tours de La Faire et de La Trémoille, en le redressant comme il avait dû être autrefois; car, à la suite de diverses brèches, il avait pris une forme irrégulière qui avait nécessité au XVIe siècle la construction d'une petite tour ou bastion, aujourd'hui complètement démolie.

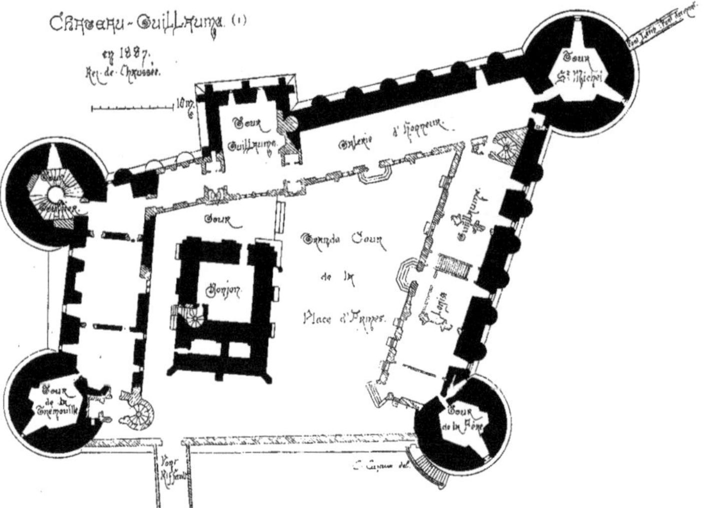

Plan du Château-Guillaume en 1887.

(1) Les parties des plans couvertes de hachures indiquent celles qui sont neuves.

DESCRIPTION DU CHATEAU

Entrée actuelle du Chateau. — L'entrée Saint-Michel a naturellement été conservée et rétablie dans son état primitif, mais l'entrée usuelle se fait par le pont Riffault, qui occupe l'emplacement de l'ancien pont de communication entre la première et la deuxième enceinte, et qui a été conservé à ce titre, puisque, en temps de paix, il était l'entrée habituelle du château.

Le pont Riffault. — Le pont Riffault donne directement accès dans la cour dont les côtés sont, comme au XIIIe siècle, parallèles à l'enceinte. Cette cour est, comme autrefois, divisée en deux parties : la partie gauche, où se trouve le donjon et sur laquelle donnent les bâtiments d'habitation; puis la partie droite, ancienne place d'armes, complètement libre, sur laquelle donnent les bâtiments qui ont remplacé les logements de la garnison et les magasins.

On suivra dans la description de l'intérieur du Château l'ordre suivant : le corps de logis principal avec les tours Gouffier et de La Trémoille; puis, la tour Guillaume, les bâtiments situés le long des remparts, qui ont repris leur vieux nom de logis Guillaume et logis Saint-Michel, la tour Saint-Michel, la tour de La Faire, et enfin le donjon. (Voir les plans, pages 14 et 18).

Le corps de logis principal. — Sur la cour, les bâtiments du premier groupe n'ont pas reçu de modifications bien considérables. La plus importante a été la reconstruction de l'escalier d'angle qui faisait communiquer les divers étages du corps de logis principal, et qui avait été démoli au XVIe siècle et remplacé par les bâtiments de Pierre Riffault. Toutes les ouvertures de ce corps de logis ont été modifiées, débarrassées des encadrements du XVIIe siècle et remises à leur état primitif.

La façade intérieure de la tour Guillaume et le bâtiment qui la réunit au grand corps de logis ont été refaits dans le style du XIVe siècle, comme les façades intérieures du logis Saint-Michel et du logis Guillaume.

En plan, on remarque les dispositions suivantes : au bout du pont, à gauche, se trouve l'entrée pour le service. Pour arriver à l'entrée ordinaire, il faut passer entre le corps de logis principal et le donjon. L'entrée s'ouvre dans un vestibule sur lequel donnent, à droite, le salon installé au rez-de-chaussée de la tour Guillaume, et à gauche, un autre vestibule conduisant à la salle à manger. Le reste du bâtiment est occupé par les cuisines et annexes.

Le grand escalier d'honneur (non encore construit) a été disposé à l'intérieur de la tour Gouffier. Il était indispensable, avec les habitudes modernes, d'avoir une communication plus facile que celle que donnait l'escalier d'angle à vis; d'autre part, il était impossible de le construire sur la cour, sans altérer l'ordonnance primitive des bâtiments.

Cet escalier débouche dans la grande salle qui, débarrassée de toutes les cloisons, occupe tout le premier étage du grand corps de logis. Elle communique avec la tour de La Trémoille, la tour Guillaume, et donne accès dans le donjon par l'ancien pont de bois qui a été conservé.

Les logis Guillaume et Saint-Michel donnent sur la grande cour; ils ont été rétablis sur les dimensions approximatives des bâtiments des XIIIe et XIVe siècles.

L'entrée d'honneur du Château se trouve au milieu du logis Saint-Michel. Ce logis n'a qu'un seul étage formant une vaste galerie et communiquant d'un côté avec la tour Guillaume et de l'autre avec le logis Guillaume. Dans le sous-sol se trouve la salle basse, dont il sera parlé plus tard.

Le logis Guillaume, qui servait autrefois de logis à la garnison, se compose d'une série d'appartements, au-dessous desquels se trouvent de vastes sous-sols communiquant avec l'extérieur par une poterne.

Tour La Faire. — Dans la tour La Faire, on a établi la chapelle avec entrée particulière sur la cour (voir pl. 4) : à l'étage inférieur de cette tour, se trouve un caveau voûté, dans le mur duquel est disposé un puits qui peut suffire à tous les besoins du Château.

La tour Saint-Michel renferme l'ancienne entrée principale du Château en temps de guerre avec ses curieux moyens défensifs.

Le donjon. — Le donjon, débarrassé de sa toiture, a été remis tel qu'il se trouvait au XIVe siècle : tous ses étages sont desservis par une vis qui aboutit à la plate-forme. Cette vis communique maintenant avec l'extérieur par une porte provisoire percée pour l'exécution des travaux.

Au rez-de-chaussée on remarque une cave non voûtée, comme dans toutes les constructions du XIIe siècle. Dans l'annexe du XIIIe se trouve la prison, disposée un peu en contre-bas du sol et communiquant avec l'extérieur par une étroite ouverture. Dans la partie primitive, à chaque étage, se trouve une pièce largement éclairée. Les hautes cheminées, toutes de types différents, sont parfaitement conservées. Au deuxième étage, dans l'épaisseur du mur, on avait ménagé une petite pièce voûtée servant de chartrier. Dans l'annexe, et comme dépendance de chacune des pièces principales, on trouve une petite chambre et de vastes cabinets d'aisances.

En sortant de la cour par le pont Riffault et prenant à droite vers la tour La Trémoille, pour faire le tour extérieur du château, les divers bâtiments se présentent dans l'ordre suivant :

Tour La Trémoille. — La tour La Trémoille, débarrassée des bâtiments Riffault et de la végétation qui l'entourait, a été rétablie avec son couronnement en pierre, tel qu'il avait été disposé au xve siècle, en remplacement du couronnement primitif. Il consiste en un mur de masque crénelé reposant sur des corbeaux. (Voir pl. 4.)

Le bâtiment entre les deux tours, qui était la partie la moins endommagée du château, n'a pas été modifié extérieurement.

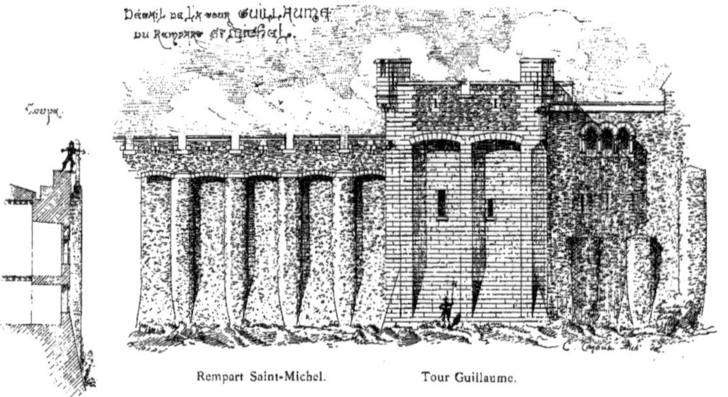

Rempart Saint-Michel. Tour Guillaume.

Coupe du rempart Saint-Michel.

ÉLÉVATION DU CÔTÉ DU PONT NEUF

Tour Gouffier. — La tour Gouffier, démolie jusqu'à moitié de sa hauteur, était remplie à l'intérieur de décombres dans lesquels, comme on l'a déjà dit, avait poussé un arbre de taille considérable. Cette tour n'avait probablement jamais été réparée, depuis sa ruine complète, au xive siècle.

Ses débris étaient encore à l'abri de l'escalade et suffisaient pour assurer de ce côté la sécurité de l'enceinte. Aussi a-t-elle été rétablie dans le style de la construction primitive, sans corbeaux ni mur de masque.

Des trous ménagés dans la partie supérieure permettaient d'établir des hourds, et de larges ouvertures faisaient communiquer ces hourds avec l'intérieur de la tour. (Voir pl. 5 et 6.)

La plus longue façade du château s'étend entre la tour Gouffier et la tour Saint-Michel; elle comprend la façade de pignon du bâtiment principal, la tour Guillaume et le rempart Saint-Michel.

La façade de pignon du corps de logis principal a été remise dans son état primitif; on a rétabli la double fenêtre ogivale, dont tous les morceaux ont été retrouvés pendant la restauration.

Le pied du mur est flanqué de trois gros contreforts.

Cette partie du rempart, en somme peu exposée, était suffisamment défendue par la tour Guillaume et la tour Gouffier; aussi n'est-elle pas munie de moyens de défense directs.

Tour Guillaume. — La tour Guillaume, construite pour renforcer la ligne de défense, trop longue pour la portée des armes de cette époque, est entièrement en pierres de taille calcaires bien appareillées. Le mur de masque est supporté par des contreforts partant du pied même de la tour; entre ce mur de masque et la plate-forme sont d'énormes créneaux de pied absolument semblables à ceux qu'emploie, dans certains cas, la fortification actuelle.

Bien que le fruit de la muraille englobe le pied des contreforts et supprime ainsi tout angle mort à hauteur d'homme, par surcroît de précaution les angles sont munis d'échauguettes flanquantes, disposées en surplomb et munies de créneaux de pied. Les angles, qui sont toujours le point le moins facile à défendre, sont donc ici munis de deux étages de défense directe.

Il ne pouvait s'élever aucun doute pour la restauration de cette tour. Toute la partie inférieure était intacte, et les débris de l'étage de défense étaient suffisants pour guider sûrement dans sa restitution.

Rempart Saint-Michel. — Le rempart Saint-Michel, construit par le fondateur du Château, se compose d'un mur très épais en moellons siliceux, agglomérés par du mortier extrêmement dur; par place, il est revêtu de pierres de dimension moyenne, sans appareil régulier. Ce mur a un fruit très considérable pour éviter que les contreforts ne donnent des angles morts. En effet, les six contreforts demi-circulaires dont il est muni n'ont leur pleine saillie qu'à la partie supérieure; en bas, ils sont complètement noyés dans le pied du mur, de sorte qu'aucune partie du pied du rempart n'échappe à la vue. Les contreforts supportent le mur de masque, au moyen d'arcs tendus de l'un à l'autre. (Voir pl. 5.)

Entre chaque contrefort, il existe aussi un vaste créneau de pied donnant des vues considérables et permettant l'emploi de toute espèce de projectiles. Le mur de masque est percé de créneaux de surveillance à l'aplomb de chaque contrefort et de meurtrières dans l'intervalle; pour permettre d'accéder facilement aux meurtrières, un corbeau, sur lequel on peut poser le pied, a été placé à leur aplomb.

Comme l'indique la coupe, la partie supérieure des remparts était divisée en deux étages, l'un destiné à la surveillance et au combat; l'autre, situé en contre-bas, abritait de la vue et des coups et servait de refuge pour les défenseurs et de dépôt pour les armes et les munitions.

Tour Saint-Michel. — La tour Saint-Michel, construite également par le fondateur, était, comme on l'a dit plus haut, le point délicat par excellence, puisque la disposition de la chaussée avait forcé d'y placer l'entrée.

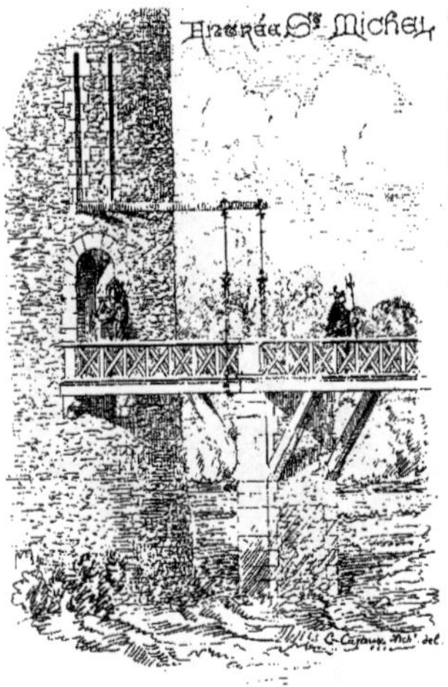

Construite sur un plan circulaire, avec les mêmes matériaux que les remparts, ces murs ont à la base une épaisseur de plus de trois mètres. Elle comprend un étage inférieur au niveau du fond de l'étang appelé fosse d'eau. Au-dessus se trouve l'entrée au niveau de la chaussée. Cette entrée donne dans une pièce hexagonale qui a été voûtée au XIIIe siècle; à l'étage suivant on trouve la chambre des treuils et appareils de manœuvre du pont-levis et de la herse.

L'étage du niveau des remparts était occupé par le logement du capitaine d'armes, le haut de la tour par diverses pièces. Le couronnement de cette tour, plusieurs fois démoli, avait été rétabli pour la dernière fois au XIIIe siècle; il a été refait dans le style de cette époque en prenant comme type le couronnement du fameux donjon de Coucy. En temps ordinaire, la hauteur des murs et l'absence d'ouverture suffisaient largement à la sécurité; en temps de guerre, on disposait sur les corbeaux des hourds à deux étages qui pouvaient contenir un nombre considérable de défenseurs et de dépôts de munitions.

Vue de l'entrée Saint-Michel.

Entrée Saint-Michel. — Il est nécessaire de donner quelques détails sur l'entrée de la tour dite entrée Saint-Michel, qui constitue une des parties les plus intéressantes du Château.

De la chaussée à l'endroit même où étaient disposées les pelles permettant, au moyen du canal, de faire varier le niveau de l'eau, soumis ainsi à une surveillance et à une défense facile, partait un pont fixe se dirigeant vers l'entrée Saint-Michel; ce pont aboutissait à un pont-levis qui, manœuvré de la tour, pouvait se rabattre contre la porte et obstruer complètement l'entrée, défendue, en outre, par une herse. (Voir les dessin et plan ci-contre, et pl. 4.)

Un couloir de près de trois mètres, percé dans l'épaisseur du mur, donne accès dans l'intérieur de la tour qui forme, à cet étage, une pièce hexagonale voûtée postérieurement à la construction primitive, comme il a été dit plus haut. Le plancher de cette salle était mobile autour de deux tourillons disposés perpendiculairement à l'entrée. Il a été remplacé par un plancher fixe. Ce plancher s'appuyait, du côté opposé à l'entrée, sur un large corbeau de pierre; son basculement était empêché par des taquets qui le contre-boutaient de chaque côté de la porte de sortie. Si ces taquets étaient enlevés, tout le plancher basculait autour de son axe horizontal et se plaçait verticalement; de sorte, qu'après avoir franchi par surprise ou violence les défenses de la porte, les assaillants, en mettant le pied sur le plancher, le faisaient basculer; ils étaient ainsi précipités dans la fosse d'eau.

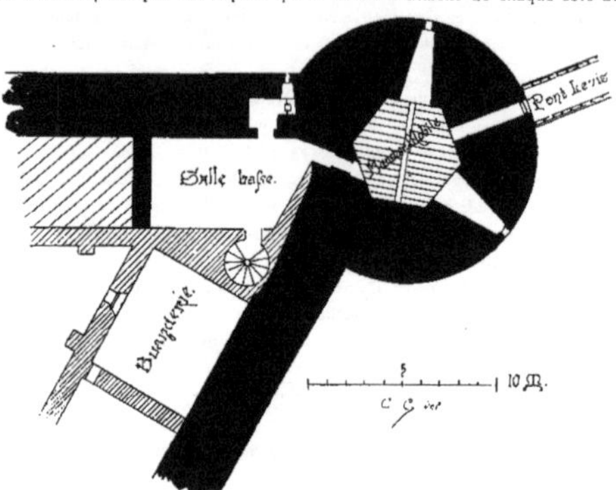

Plan de l'entrée Saint-Michel.

En même temps le plancher, placé verticalement, masquait aux assaillants la porte de communication de la tour avec le château. Cette porte, placée en face de l'entrée, communique avec la salle basse par un couloir dont l'axe est fortement incliné sur la direction de l'entrée; de telle sorte qu'on peut, de ce couloir, voir et battre l'entrée, tout en étant défilé aux coups et aux vues, par la saillie du mur. A l'extrémité du couloir on voit l'emplacement des rouleaux sur lesquels passaient les cordes permettant de rabattre le plancher mobile lorsqu'il s'était placé verticalement.

La salle basse dans laquelle on entre, après avoir franchi ce couloir, est une vaste pièce éclairée par une fenêtre donnant sur l'extérieur. Dans l'épaisseur du mur se trouve un cabinet d'aisances. Cette salle basse ne communique avec le château que par un escalier en vis qui, en haut, débouche sur la plate-forme du rempart, et, en bas, descend à la fosse d'eau.

La fosse d'eau. — Cette fosse est une pièce circulaire occupant tout l'étage inférieur de la tour et communiquant avec l'étang par deux canaux. Un couloir, traversant tout le mur de la tour, communique avec le bas de l'escalier dont il vient d'être parlé, et permettait d'aller rechercher les gens tombés dans la fosse d'eau.

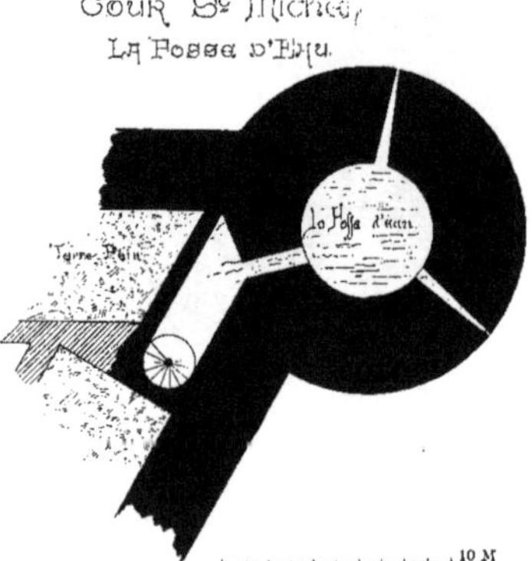

Par surcroît de précautions, ce couloir qui, au pied de l'escalier, a une hauteur de deux mètres, va en s'abaissant constamment et aboutit à la fosse d'eau par un orifice suffisamment bas pour forcer de se baisser complètement. Si, pour une cause ou une autre, les assaillants n'avaient pas été tués par leur chute ou noyés dans la fosse d'eau, ils étaient forcés, pour sortir, de se présenter un à un à l'orifice du couloir, dans une posture qui les mettait hors d'état de défense.

Rempart Guillaume. — Le rempart Guillaume, construit exactement comme le rempart Saint-Michel, aboutit à la tour La Faire. Le couronnement détruit de cette tour a été refait dans le style du XIIIe siècle. C'était un perfectionnement sur le type primitif qui termine la tour Gouffier. En effet, les hourds reposaient sur de solides corbeaux en pierre placés à demeure. En temps ordinaire, en l'absence des hourds, la surveillance, et, jusqu'à un certain point, la défense, étaient assurées par les créneaux et les meurtrières percés dans le couronnement de la tour.

Il reste à signaler l'organisation de la défense.

Organisation de la défense du chateau. — Le point d'attaque était la tour Saint-Michel; c'est là que non seulement on avait accumulé les obstacles, mais surtout centralisé la défense. L'escalier en vis, qui met en communication la salle basse avec le reste du château, débouche au niveau de l'étage de défense dans ce couloir, qui aboutit à l'appartement du capitaine d'armes. Ce dernier, installé juste au-dessus de l'entrée Saint-Michel, et immédiatement au-dessus de la chambre des treuils et appareils de manœuvres, commandait donc directement les défenseurs de l'entrée. De plus, il communiquait directement aussi, et de plain-pied, avec les deux remparts; il faut surtout remarquer que toute communication entre les remparts et l'intérieur du château se faisait forcément sous ses yeux, car, de sa porte, il surveillait tout le mouvement qui ne peut se faire que par l'escalier en vis.

Le rempart Saint-Michel donne accès à la plate-forme de la tour Guillaume au moyen d'escaliers à marches triangulaires, pour en diminuer le développement. Le capitaine d'armes commandait donc effectivement et directement toute la partie importante de la forteresse, et, sous ses yeux, aucune trahison ou défection ne pouvait se produire.

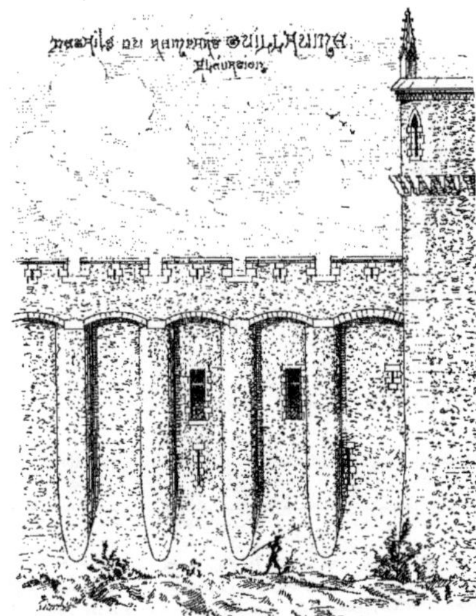

Élévation du rempart Guillaume.

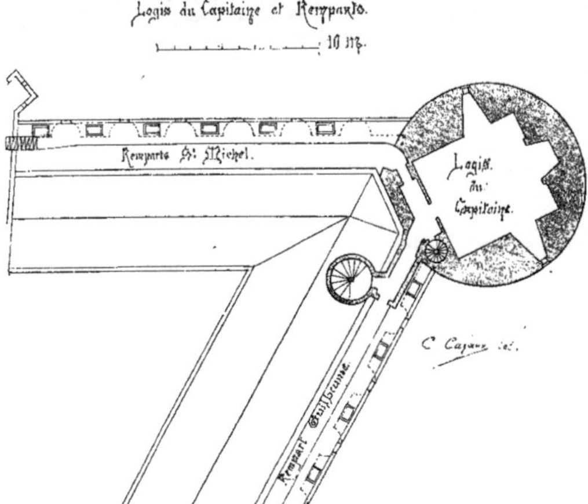

Plan du logis du capitaine et des remparts Saint-Michel et Guillaume.

LE VILLAGE ET L'ÉGLISE

Il ne reste plus à mentionner, à Château-Guillaume, que de rares débris de la deuxième enceinte, conservés par hasard, et l'ancienne église paroissiale, aujourd'hui chapelle Saint-Michel, dans le voisinage de laquelle se trouvent enterrés divers seigneurs du Château.

A part la chapelle, il n'y a rien de particulier à signaler dans le village; il ne se compose du reste que de quelques maisons groupées au pied du Château.

Depuis la restauration, il semble reprendre un peu d'importance et a nécessité le rétablissement de l'ancienne route qui passait sur la chaussée et lui donne accès à la route de Belabre à Lignac, le mettant ainsi en relations avec le monde extérieur.

Actuellement le Château a donc repris sa physionomie primitive; mais il n'est plus entouré d'eau, l'étang ayant été desséché et remplacé par une prairie.

La restauration actuelle a duré plus de dix ans; il ne reste à faire que quelques travaux de détail, et les intérieurs, œuvre délicate exigeant beaucoup de temps et d'étude.

Comte de BEAUCHAMP.

Paris, 15 mars 1888.

APPENDICE

Fac-similé du parchemin de 1347, extrait des Archives du Château-Guillaume, ordonnant les réparations de l'enceinte de la forteresse.

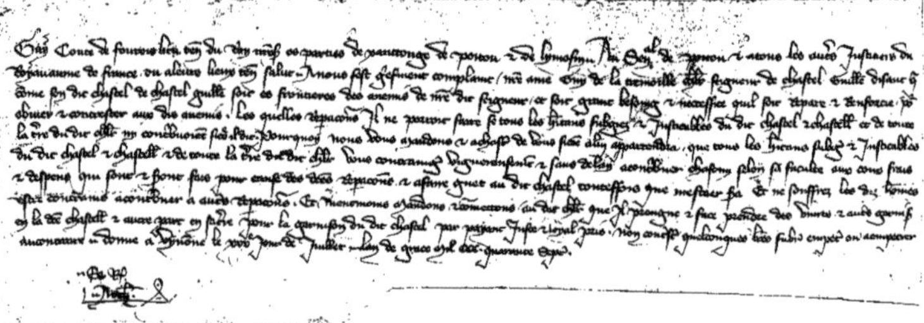

ORDRE DE 1347 POUR LA RÉPARATION DES MURAILLES DU CHATEAU

« Guy, Comte de Fourois, lieutenant du Roy notre Sire, ès parties de Xaintonge, de Poitou et de Limousin, au Sénéchal de Poitou » et à tous autres justiciers du Royaume de France, ou à leurs lieutenants, Salut :

» A Nous s'est gentiment complaint notre aimé Guy de la Trémoille, chevalier Seigneur de Chastel-Guillem, disant comme son dit » Chastel de Chastel-Guillem soit ès-frontières des ennemis de notre dit Seigneur, et soit grand besoing et nécessaire qu'il soit réparé et » renforcé pour obvier et contrester aux dits ennemis.

» Lesquelles réparations il ne pourrait faire, si tous les habitans, subjets et justiciables du dit Chastell et Chastellenie et de toute la » terre du dit Chevalier n'y contribuoit et ainsi comme il dit. Pourquoi nous vous mandons et à chascun de vous si comme à lui appar- » tiendra, que tous les habitans, subjets, et justiciables du dit Chastell et Chastellenie et de toute la terre du dit Chevalier, nous contraignons » rigoureusement et sans délay, à contribuer chascun selon sa faculté, aux couts, frais, et dépens, qui sont et seront fait pour cause des » dites réparations, et à faire guet au dit Chastel, touttefois que mestier sera, et ne souffrez les dits hommes être contraints à contribuer à » autres réparations. Seulement nous mandons et comettons au dit Chevalier, qu'il prenne et fasse prendre vivres et autres garnis en la » dite Chastellenie et autre part en sa terre pour la garnison du dit Chastell, en payant juste et loyal prix, nonobstant quelconques être » subreptices ou à empescher, au contraire. Donné à Vyvône, le XXXe jour de Juillet, l'an de grâce MCCC quarante sept. »

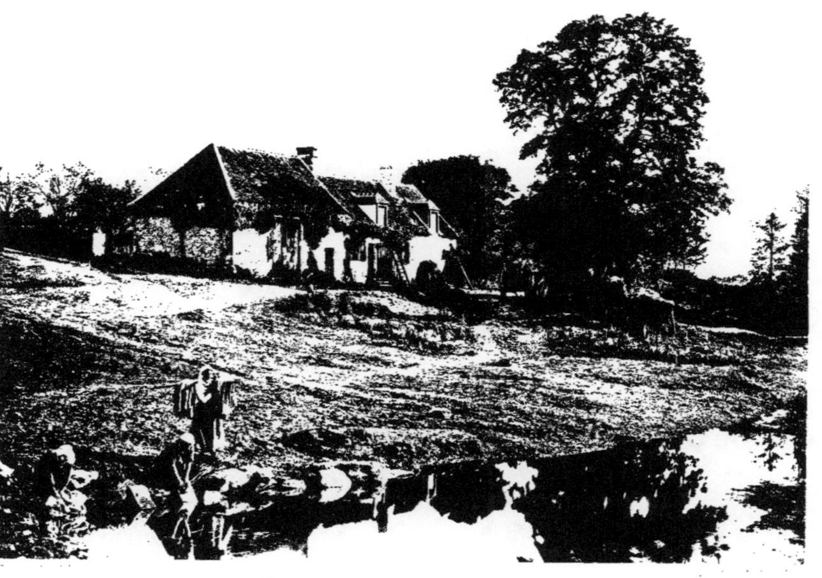

CHÂTEAU-GUILLAUME en Poitou (Indre)

CHAUMIÈRE DU HAUT-POITOU

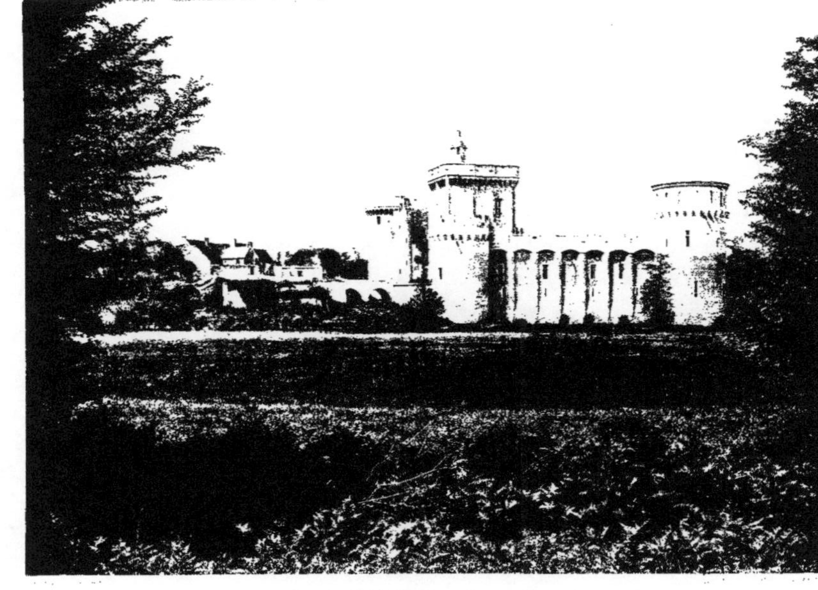

CHÂTEAU-GUILLAUME EN POITOU (INDRE)

LE CHÂTEAU

Vue prise près la route de Bélâbre à l'Est

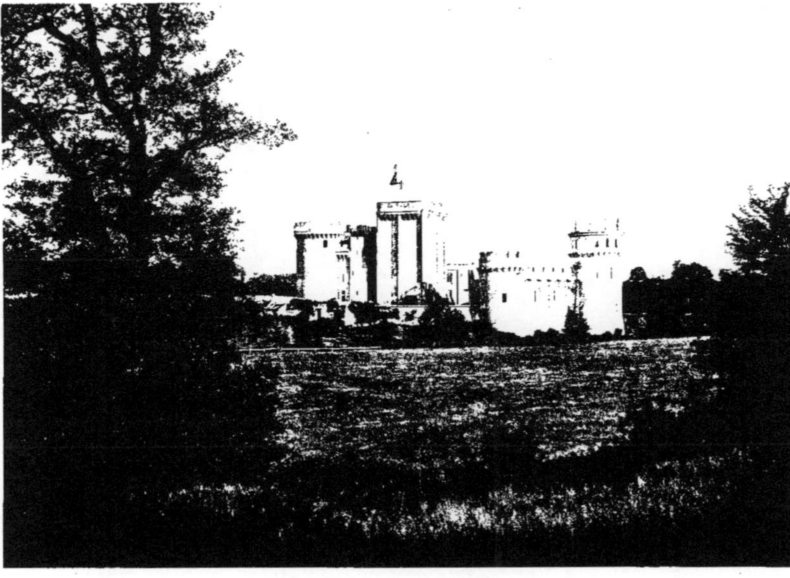

CHÂTEAU-GUILLAUME EN POITOU (INDRE)

LE CHÂTEAU

Vue prise de l'Ermont au Sud-Est

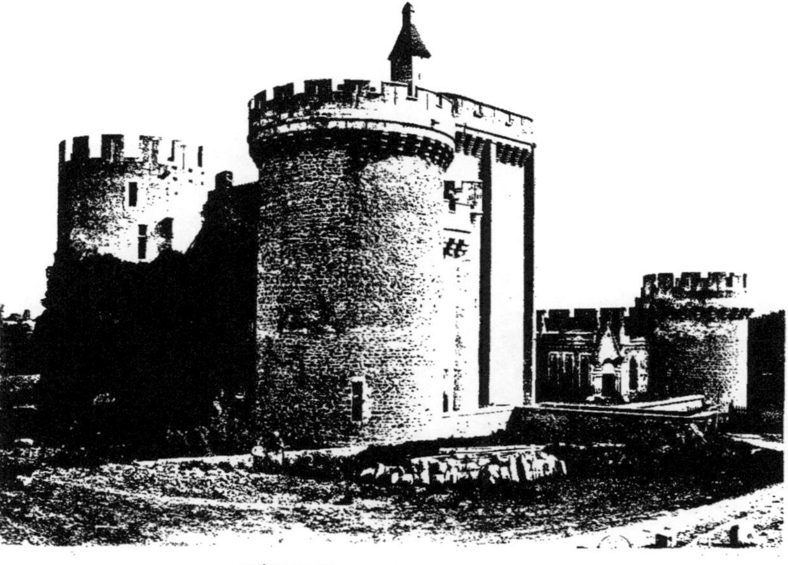

CHÂTEAU-GUILLAUME EN POITOU (INDRE)

LE CHÂTEAU

Vue prise de l'Esplanade au Sud-Ouest

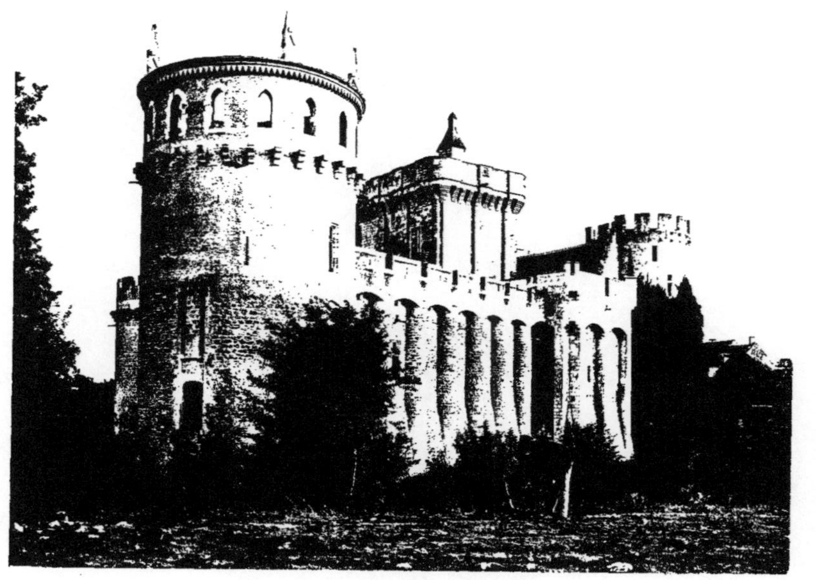

CHÂTEAU - GUILLAUME EN POITOU (INDRE)

LE CHÂTEAU

Vue prise de la Chaussée de l'Étang

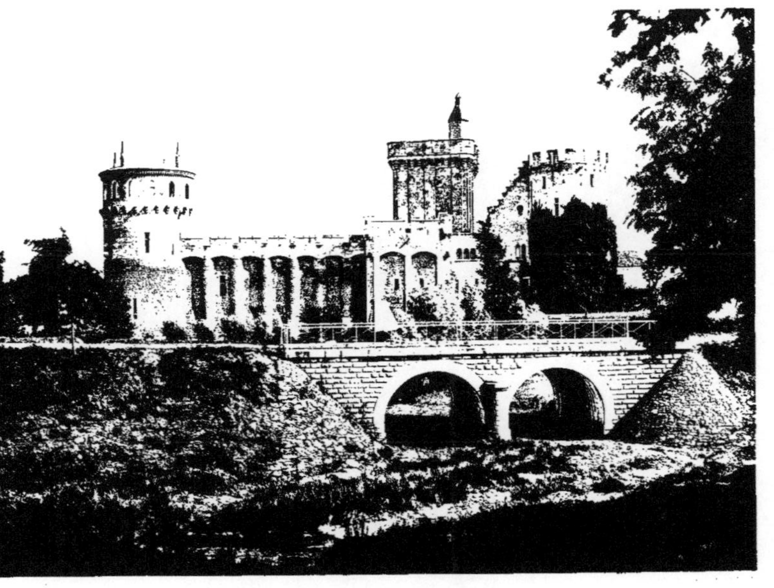

CHÂTEAU - GUILLAUME EN POITOU (INDRE)

LE CHÂTEAU

Vue prise au delà du Pont Neuf

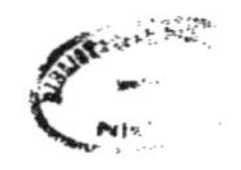

www.ingramcontent.com/pod-product-compliance
Ingram Content Group UK Ltd.
Pitfield, Milton Keynes, MK11 3LW, UK
UKHW021133260726
13994UKWH00001B/124

9 782329 469478